SV

Tilmann Moser

Lehrjahre auf der Couch

Bruchstücke meiner Psychoanalyse

Suhrkamp

21.–30. Tausend 1974

Druck: MZ-Verlagsdruckerei GmbH, Memmingen
Printed in Germany

Meinem geduldigen Analytiker gewidmet

Inhalt

Heinz Kohut: Brief an den Autor

Chicago, Juli 1973

Lieber Freund Moser,

Sie wollen also von mir ein Vorwort für Ihr Büchlein. Nun, ich kann es nicht leugnen: ich habe mich vor einiger Zeit dazu selbst erbötig gemacht. Als ich im Herbst 1972 Ihr Manuskript zum ersten Mal gelesen hatte, war ich genugsam beeindruckt davon, um mich freiwillig bereit zu erklären, Ihr Werk mit einer Vorrede auszustatten. Jetzt aber, da eine geraume Zeit seither verstrichen ist, fühle ich mich weniger bereit, trete ich mit größerem Zögern an diese Aufgabe heran – ja, ich möchte beinahe mit einem Scherz abwehren, indem ich Ihnen sage, daß, wenn *Wilhelm Meisters Lehrjahre* ohne Vorwort ausgekommen sind, das auch für Tilmann Mosers *Lehrjahre* gelten sollte. Aber ich will die Aufgabe nicht beiseite schieben; wahrscheinlich ist es für meine Stellungnahme besser, daß Monate seit meiner ersten Lektüre vergangen sind, meine anfängliche Begeisterung einem kühleren, obzwar noch immer warmen Wohlwollen für Ihre Aufzeichnungen gewichen ist. Ich sehe nämlich jetzt vieles klarer, was *gegen* Ihr Werk spricht oder zumindest, was gegen Ihr Werk zu sprechen scheint. Da aber andere dieselben Zweifel fühlen mögen wie ich, kann ich Ihnen wohl am besten behilflich sein, wenn ich diese Zweifel aufnehme und ihnen begegne. Ich bin überzeugt davon, daß Ihr Buch diesen Beistand verdient.

Also, was kann man gegen Ihre Bekenntnisse einwenden? Lassen Sie mich zunächst als Analytiker beginnen, als alter und erfahrener Analytiker. Das ist wichtig für Sie, weil Sie ein junger Analytiker sind und sich zweifellos unsicher fühlen, wenn Sie von älteren Kollegen zu hören kriegen, Sie hätten etwas analytisch Verdächtiges mit der Beschreibung Ihrer eigenen Analyse – noch dazu Ihrer Lehranalyse – unternommen, besonders da Sie sich dieser schriftstellerischen Arbeit während und nach der Beendigung Ihrer Analyse widmeten.

Ich habe viel über die Beendigung von Analysen nachgedacht und auch manches über dieses Thema geschrieben. Und wenn Sie mich, sagen wir, vor zehn Jahren gefragt hätten, was ich von einer Analyse halte, die damit endet, daß der Analysierte die Geschichte seiner Analyse niederschreibt und veröffentlichen will, hätte ich bestimmt ohne viel Nachdenken der Meinung Ausdruck gegeben, daß da etwas mit dieser Analyse nicht gestimmt hat. Eine gute Analyse, hätte ich wohl gesagt, endet im Zustande der Trauer, des endlichen-endgültigen Aufgebens der Kindheitsbindungen des Analysanden, so wie sie in der Übertragung an den Analytiker wiedererlebt worden waren. Nach der Beendigung einer Analyse, nach dem guten Ende einer Analyse, hätte ich gesagt, ist der Analysand so sehr damit beschäftigt, sich mit der Trennung vom Analytiker und mit der Trennung von den großen Figuren seiner Kindheit abzufinden, daß ihm nicht mehr viel emotionale Kraft für andere Aufgaben übrigbleibt. Die *innere* Arbeit an der Analyse soll gewiß noch eine Weile nach deren Ende weiter vor sich gehen, aber ein Bericht über das, was stattgefunden hat, insbesondere ein Bericht, der sich an die Öffentlichkeit wendet: das ist gewiß eine Art des Agierens, der Wiederholung des kindlichen Erlebens durch Tätigkeit und nicht, wie es in der guten Analyse sein soll, ein Sich-Erinnern, ein Sich-damit-Abfinden, daß diese Konflikte und Reaktionen nicht ins erwachsene Leben hineingehören.

Heute denke ich anders: Sie wissen es ja, haben es sich wohl auch schon theoretisch und nicht nur praktisch zu eigen gemacht. Soweit es sich um kindliche Bindungen handelt, um infantiles Lieben und Hassen, ist das Urteil ganz richtig, daß ein Agieren dieser Bindungen, anstatt sie zu verstehen, sie als nicht mehr ins erwachsene Alter gehörig zu verstehen, gewiß anzeigt, daß nicht alles in der Analyse richtig zu Ende gekommen ist. Ich will mich nicht auf technische Einzelheiten einlassen – es gibt sogar da Ausnahmen. Aber im großen und ganzen ist es richtig.

Es stimmt jedoch – auch prinzipiell – dann nicht, wenn die analytische Arbeit hauptsächlich die Probleme des gestörten Selbstgefühls betroffen hat. Das Sich-Ablösen von alten Größenvorstellungen über sich selbst könnte man in diesen Analysen ja noch als analog zu dem Sich-Ablösen von den Eltern- und Geschwisterbindungen in der Analyse der anderen Hauptart von psychischen Störungen auffassen. Und eine Art von Trauer darüber, daß das alte Größenselbst, das alte idealisierte Bild der Kraft und Perfektion, mit dem man verschmelzen wollte, nicht mehr existiert, wird ja auch in diesen Analysen erlebt. Aber da geht auch etwas anderes vor, etwas, wofür es kaum eine Parallele in den anderen Analysen gibt: eine allmähliche Umformung des Größenselbst und der archaischen Zuneigung zu den Größenfiguren der Kindheit, ein graduelles Zunehmen der schöpferischen Initiative, ein Einfließen von Schöpferdrang und befreiter Schöpferkraft in Begabungen, die vor der Analyse nur skizzenhaft vorhanden waren (gewöhnlich seit der Adoleszenz des Analysierten) und die nun von den gewaltigen, jetzt transformierten Kräften der ehemals kindlichen Selbstgefälligkeit gespeist werden. Ich bin versucht, mich über diese Möglichkeiten weiter zu verbreiten, muß aber halt-

machen. Ich schreibe ja kein Buch, sondern nur das Geleitwort zu einem.
Der zweite Einwand, der sich mir aufdrängt, betrifft die Frage, ob nicht die Beschreibung einer Analyse für die Öffentlichkeit – *Ihre* Beschreibung *Ihrer* Analyse für die Öffentlichkeit – gegen die subtilen Gesetze des guten Geschmacks verstößt. Ich muß gestehen, daß ich diese Frage als schwererwiegend empfinde als die technische Frage der korrekten Beendigung der analytischen Arbeit. Es gibt Grenzen, die nicht leicht zu ziehen sind. Die Problematik der Abgrenzung des Häßlich-Obszönen von der Offenheit einer glückhaften sexuellen Freiheit ist nicht weit von dem Thema entfernt, das ich hier im Auge habe. Die Stellungnahme auf diesem Gebiet hängt von vielerlei Faktoren ab, und sie bleibt wohl immer relativ. Die Absicht des Schreibenden – ob er sensationell wirken möchte, ob er andere, höhere Motive für seine Bekenntnisse hat – spielt gewiß eine große Rolle; aber sie ist nicht alles. Man mag in guter Absicht schreiben, aber doch in den Lesern Erlebnisse hervorrufen, die einem viel niedrigeren Gefühlskreis angehören als dem, in welchem sich der Autor selbst zu Hause wußte. In einer bestimmten Hinsicht ist die Gefühlslage, die in der Analyse entsteht, jener der sexuellen Liebe ja einigermaßen ähnlich. In beiden Fällen entwickelt man ein intensives Gefühl zu einer anderen Person, und es entsteht eine Situation, die analytische Situation, in der ein Dritter einfach nicht dazugehört. Die Gegenwart eines Dritten oder sogar mehrerer anderer führt entweder zu einer Verflachung der Gefühle oder zu deren Primitivisierung – aus einer Liebesbeziehung wird eine sexuelle Orgie, aus einer analytischen Situation ein gespannter Zustand von erregten Trieben, die zur Aktivität drängen.

Die psychoanalytische Situation ist in ihrem Wesen etwas Privates. Sie stellt den Versuch eines Menschen dar, mit sich selbst ehrlich zu sein, das in sich Verleugnete mit wachsender Klarheit zu verstehen, zu akzeptieren und dann, soweit es nötig ist, jene Anteile seines Verhaltens, seiner Lebensführung, die vom Verdrängt-Verleugneten überstark beeinflußt worden waren, zu ändern. Die eigene Scham ist oft so groß, daß man es nur mit der wohlwollenden Hilfe eines anderen schaffen kann, bei dieser Arbeit zu verharren. Die Idee, daß es da viele Wohlwollende gibt, die Beistand leisten könnten, eine wohlwollende Öffentlichkeit, die einem behilflich sein würde, die Scham zu ertragen, scheint mir im allgemeinen – und mit Recht – nicht zu den Erwartungsvorstellungen des modernen Menschen zu gehören.
Ich habe aber das sichere Gefühl, lieber Freund Moser, daß die Veröffentlichung des Berichts über Ihre Analyse in keiner Hinsicht die Grenzen des guten Geschmacks durchbricht. Daß viele sich Ihrem Büchlein mit der Erwartung, ihre unsublimierte Neugierde zu befriedigen, zuwenden werden, daß manche es mit der (eingestandenen oder uneingestandenen) Absicht kaufen werden, von der Lektüre sexuell stimuliert zu werden, das glaube ich schon. Ich glaube aber nicht, daß Ihr Buch in dieser Hinsicht befriedigen wird. Hier kommt eben alles auf die Art an, in der der Autor vorgegangen ist. Es ist die Form, die die Kunst von der Zote sondert. Was immer auch Ihre Motive waren, dieses Buch zu schreiben, mit der Absicht, es der Öffentlichkeit vorzulegen: es war nicht kruder Exhibitionismus. Sie haben in Ihrer Analyse etwas empfunden, etwas Großes, Selbsterweiterndes, das Sie mit anderen, vielen anderen, der Welt, teilen wollten. Die Botschaft des Buches – die für meinen Geschmack

manchmal noch allzu personifizierte Botschaft – betrifft die heilende Kraft der Analyse, die heilende, wohltätige Kraft der Selbsterforschung, die positive, befreiende, zu schöpferischer Tatkraft führende Heilsamkeit dieses Prozesses. Man muß nur noch etwas hinzufügen, das bestimmt eine Rolle dabei gespielt hat, Ihren Wunsch zustande zu bringen, dieses Werk zu unternehmen – nämlich, daß es die *richtige* Analyse sein muß, auf dem Verständnis Ihrer Individualität beruhend, nicht ein psychologisches Prokrustesbett, in dem sich der Analysierte den formellen Auffassungen und Regeln einer etablierten Scheinanalyse zu fügen hat.
Wenn das die Botschaft ist, wenn ich Sie da richtig verstanden habe, dann erklärt dieser Umstand auch, warum die Frage des guten Geschmacks beiseite fällt. Ihr Buch ist ein enthusiastisches Buch, es ist ein Zeugnis. Vielleicht – und das mag ein Beispiel der Ironie in der Verarbeitung unbewußter Positionen sein – sind Sie am Ende der Abweisung Ihres desidealisierten Vaters doch wieder zu den Vätern zurückgekommen; von der abgewiesenen Predigt des großväterlichen Seelsorgers zur predigenden Darstellung der Seelenrettung auf einem andern Gebiet. Vielleicht wollten Sie den Vielen eine Heilungsbotschaft geben, nachdem Sie die Heilsbotschaft glücklich losgeworden sind.
Ich will hier diese unsicheren und vielleicht spielerischen Auslegungen nicht allzu weit verfolgen. Was immer auch die Grundlagen Ihres Enthusiasmus sein mögen – Enthusiasmus für Ihren Analytiker, für die analytischen Forscher, beginnend mit Freud, die zum Fortschritt der analytischen Wissenschaft beigetragen haben – und für das ganze Gebäude der Analyse und des analytischen Prozesses selbst –, ich empfinde ein starkes und klares

Gefühl der Dankbarkeit für Ihre Fähigkeit, enthusiastisch zu sein. Ich bedaure es nämlich sehr, daß eine ganze jüngere Generation, die der meinigen folgte, daß die besten dieser jungen Generation diese Fähigkeit verloren zu haben scheinen. Wahrscheinlich ist das eine Reaktion auf die Leichtgläubigkeit der Väter, die sich vom »Führer« verführen ließen. Was immer der Grund für den übergroßen Objektivitätsdrang dieser Generation ist, ich glaube, daß er etwas Fehlerhaftes darstellt. Der Enthusiasmus ist nämlich an sich nichts Schlechtes. Schlecht ist nur Enthusiasmus für das Schlechte. Ohne die Fähigkeit, enthusiastisch zu sein, ist man im Weltgetriebe bald verloren. Man muß in der Tiefe der Seele reagieren können, wenn man sich im sozialen Getriebe erhalten, wenn man im sozialen Getriebe das Gute mutig unterstützen will.

Aber diese Gedanken führen zu weit ins Feld, ich muß sie verlassen, um mich jetzt, mit der Behandlung des nun folgenden dritten möglichen Einwandes, dem Ende meiner schon allzu langen Vorrede zu nähern.

Der dritte Einwand gilt, wie der erste, einer technischen Frage. Anders als der erste betrifft er aber nicht eine Frage, die sich mit Ihrer Stellung als Analysand befaßt – es handelt sich hier um Ihre Stellung als Analytiker. Ihre Analyse war ja nicht nur eine therapeutische Analyse, eine Behandlung zur Heilung Ihrer persönlichen Leiden, sondern auch eine Lehranalyse, das heißt eine Stufe in Ihrer Ausbildung zum Analytiker. Ich weiß natürlich, daß man behaupten kann – und in einem gewissen Sinne mit vollem Recht –, daß es diesen Unterschied nicht gibt, daß jede Lehranalyse nichts anderes als eine therapeutische Analyse ist. Das ist gewiß richtig. In einem anderen Sinn ist diese Einstellung zum Problem der Lehranalyse jedoch nicht umfassend genug. Die Absicht des Analysanden, Analytiker zu werden, spielt zweifellos eine beträchtliche Rolle in den psychischen Umsetzungen, die während der Analyse stattfinden, beeinflußt insbesondere die Art und Weise, in welcher die Beendigung der Analyse empfunden wird. Der Analysierte, der nicht Analytiker wird, hat nichts anderes mit seinen neu erworbenen Einsichten zu tun, als diese für sein eigenes weiteres Leben, für die Aufrechterhaltung des eigenen psychischen Gleichgewichts, zu benutzen. Die psychologischen Entdeckungen, die er während seiner Analyse an sich gemacht hat, werden auch weiterhin in direkter Weise nur auf ihn selber angewendet werden. Beim künftigen Analytiker ist das anders. Er muß mit der Beendigung der Analyse noch einen weiteren Schritt machen, manchmal sogar zwei. Seine psychischen Einsichten müssen im wesentlichen vom ihm abgelöst und ins Allgemeine gelenkt werden[1] – ohne daß aber das Persönliche, das Eigen-Persönliche, dabei zu kurz kommt. Die Einsichten, die der Analytiker bei der Arbeit an sich selber gewonnen hat, müssen, in anderen Worten, dazu führen, daß die Lehren der Analyse nicht als trocken und lebensfern empfunden werden, sondern als Abstraktionen, die sich vom Erfahrenen ableiten lassen oder sich zumindest auf Erfahrbares beziehen. Der weitere, dritte Schritt wäre dann der von der therapeutischen Erfahrung des Analytikers in der technischen Situation mit seinen Analysanden hin zur Forschung, das heißt, der Schritt vom Spezifischen zum Generellen. Hier aber will ich nur einen einzigen Aspekt der weiteren Schritte ins Auge fassen, nämlich die Frage, ob die Publikation Ihres Berichts über

1 Daß diese Maxime auch für andere Berufe gilt, die sich, wie der analytische, mit dem Seelenleben des Mitmenschen beschäftigen, braucht wohl nicht besonders unterstrichen zu werden.

die eigene Analyse nicht zum Hindernis bei ihrer künftigen therapeutischen Arbeit werden könnte.

Das ist eine ernst zu nehmende Frage, die eine ernsthafte Antwort verdient. Ich möchte sie zunächst in zwei untergeordnete Fragen auflösen. 1. Wird nicht der Verlust Ihrer Anonymität, der die Folge der Publikation des autobiographischen Berichts über Ihre Analyse sein wird, die Analyse Ihrer künftigen Analysanden erschweren? 2. Wird nicht der Eindruck, den Ihr Buch auf noch unentschlossene etwaige Patienten macht, dazu führen, daß eine bestimmte Gruppe sich von Ihrer Persönlichkeit angezogen fühlen, zu Ihnen eilen wird, während andere sich von Ihrer Eigenart abgestoßen fühlen und deshalb nicht den Weg zu Ihrem Ordinationszimmer einschlagen werden?

Die erste Gefahr ist meines Erachtens nicht von großer Wichtigkeit. Ich glaube, daß die enge Auslegung der im Prinzip ganz richtigen Maxime, der Analytiker müsse anonym sein, dürfe nichts anderes sein als ein Spiegel, der die Eindrücke, die vom Patienten ausgehen, diesem zurückwirft, auf einem groben, unpsychologischen Irrtum beruht. Das Prinzip ist, wie gesagt, ganz richtig, aber Neutralität und Anonymität bedeuten nicht, daß der Analytiker nicht reagiert oder daß der Patient nichts über ihn wissen darf. In jeder Analyse stellt sich automatisch eine Grundlinie ein, ein stabiler Hintergrund, auf dem sich dann die Persönlichkeit des Analysanden und die Figuren seiner Kindheit abzeichnen. Wenn sich der Analytiker in der Analyse ganz auf den Patienten einstellt, des Patienten Persönlichkeit im Auge behält und von seiner eigenen Persönlichkeit möglichst nichts weiter zur analytischen Situation hinzubringt als die Reaktionen auf die Offenbarungen des Analysanden, dann entfaltet sich die analytische Arbeit ganz unbehindert – unabhängig davon, ob der Analytiker dem Analysanden völlig unbekannt ist oder ob er dem Analysanden mit vielen Einzelheiten seiner Vergangenheit und seiner Persönlichkeit bekannt ist. Jeder Analytiker lernt es bald, die Abweichungen von der Wirklichkeit zu erkennen, die in den Mitteilungen jedes Analysanden zum Vorschein kommen, ob es sich nun um Verfälschungen der Auffassung des Aussehens oder der Persönlichkeit des Analytikers handelt oder um unangepaßte, das heißt übertriebene oder fehlende Reaktionen auf dessen allgemeine Haltung oder die Deutungen, die er gibt. Und jeder Analytiker lernt es, weder die Wirklichkeit zu verleugnen noch die Abweichungen, die die Übertragung mit sich bringt, zu übersehen. Ich glaube darum nicht, daß Ihre analytische Beichte Ihren Patienten schaden wird. Im Gegenteil, ich bin der Meinung, daß Ihr Mut, Ihre Fähigkeit, trotz Angst in die psychischen Tiefen hinabzuschauen, auch Ihren Analysanden Mut einflößen wird, sich nicht zu schämen, nichts zu verleugnen, da Sie ja selber ein Vorbild der psychischen Tapferkeit gegeben haben.

Die zweite Hälfte der dritten Frage aber scheint mir am schwersten zu wiegen von denen, die ich hier zu beantworten versuche – besonders für einen jungen Analytiker, wie Sie es sind. Ich glaube schon, daß die Publikation Ihres Buches zu einer bestimmten Auswahl Ihrer Patienten führen wird, daß sich gewisse Persönlichkeitstypen von Ihrer Persönlichkeit angezogen fühlen werden, und daß andere von Ihnen wegbleiben werden, die sonst – vielleicht nach der Überwindung von einigem Zögern, nachdem sie Ihre oberflächliche Bekanntschaft gemacht hatten – doch noch Ihre Patienten geworden wären. Das ist schade – schade, weil ein junger Analytiker, der am

Anfang noch allzu sehr im Eigen-Psychischen befangen ist, langsam lernen muß, den ganzen Reichtum der psychischen Variationen in Krankheit und Gesundheit schätzen zu lernen. Gewiß, es gibt keinen Analytiker, der sich bei allen Persönlichkeitstypen gleichermaßen zu Hause fühlt. Wir alle haben Grenzen (wahrscheinlich häufig von frühkindlichen Erfahrungen gesetzte Grenzen), die wir nicht überschreiten können, ohne uns allzu großen Schwierigkeiten auszusetzen. Jeder Analytiker lernt es, gewisse Gruppen von Analysanden zu vermeiden – entweder, weil sie ihn zu sehr deprimieren, ihn ängstlich machen, oder weil er sie nicht wirklich verstehen kann. Trotzdem ist es jammerschade, wenn ein junger Analytiker auf irgendeine Weise gezwungen ist, seine Erfahrungen zu Beginn seiner Lehrzeit allzu sehr einzuschränken. Hier liegt ein Risiko, lieber Herr Moser, das Sie selber abwägen müssen. Ich nehme natürlich an, daß Sie es erwogen haben, und daß Sie glauben, daß die Einschränkung keine allzu große sein wird. Ich hoffe es für Sie. Eines kann ich wohl zur Tröstung, auch Beruhigung hier sagen. Wenn Sie gute analytische Arbeit leisten: das spricht sich herum, und wenn Sie Ihre Patienten gut verstehen, dann werden sich bestimmt, auf dem Wege der direkten Empfehlung, auch solche Patienten bei Ihnen melden, die sich vielleicht bei der Lektüre Ihres Buches auf subtile Weise abgestoßen fühlten oder überhaupt nicht gern zu einem Analytiker gehen wollten, der Bücher für die Öffentlichkeit schreibt.

Nun muß ich wirklich Schluß machen. Es ist am besten, wenn ich am Ende, nach allen meinen sorgfältigen Überlegungen, doch wieder meine Reserve durchbreche und Ihnen sage, daß mich Ihr Buch sehr froh gemacht hat. Ich bin nämlich, wie Sie wissen, trotz meines Alters, ein begeisterter Analytiker; ich glaube, daß die Analyse eine Wissenschaft ist, die eine große Zukunft hat; daß sie eine Wissenschaft ist, die eigentlich noch in den Kinderschuhen steckt. In der Entstehungszeit war die größte Gefahr, der die Analyse ausgesetzt war, der Mangel an wissenschaftlicher Diszipliniertheit: bereits Freud warnte vor der »wilden Analyse«. Obwohl die Analyse sich bald eines hundertjährigen Bestehens wird rühmen können, ist diese Gefahr noch immer nicht vorüber. Aber ich meine, daß eine vorzeitige Senilität, eine Senilität der Kindheit, möchte ich sagen, heute die größere Gefahr darstellt. Was die Analyse heute braucht, wenn sie das volle Potential ausschöpfen will, das in ihr steckt, sind mutige Analytiker, junge, schöpferische Geister, die das Wesentliche der Analyse verstanden haben und nicht im Formell-Traditionellen steckengeblieben sind. Ich habe daher Ihr Buch mit Freude gelesen. Ich habe darin etwas Jugendlich-Schöpferisches gefunden, das sich ganz mit dem Wesentlichen der analytischen Tradition vereinbaren läßt. Und ich kann Ihnen darum, zum Schluß dieser Vorrede, nichts Besseres wünschen, als daß Ihr Buch in diesem Sinne gelesen werden wird – von der gebildeten Öffentlichkeit, von künftigen Patienten, von Analytikern: als Zeugnis der Vitalität, der gegenwärtigen Vitalität unserer großen wachsenden Wissenschaft.

Ihr
Heinz Kohut

Vorwort

Oktober 1972

Weil ich, als die Entscheidung über eine Veröffentlichung dieses Berichtes heranrückte, nachts häufig aufwachte mit alptraumartigen Gedanken über mögliche Folgen der Publikation für mich und andere, habe ich einige Freunde und erfahrene analytische Kollegen um Rat gefragt. Fast alle plädierten für eine Veröffentlichung unter einem Pseudonym. Aber das hätte ich schwer ertragen, nicht nur aus Autorenstolz und weil dann vieles umgeschrieben hätte werden müssen, sondern auch aufgrund der Eigentümlichkeit der Beziehung zur dargestellten Analyse sowie zu dem Bericht über sie: dieses Buch ist ja ein Bekenntnis zur Psychoanalyse, zum Analytiker, zu meinen Störungen, zu seiner Art, sie zu mildern oder zu heilen. Und was soll ein anonymes Bekenntnis? Es wäre nur ein Versteckspiel. Das bei Beginn der Niederschrift vorausgeahnte Köpfeschütteln mancher Kollegen hat eingesetzt, sobald sich die Existenz des Manuskripts herumgesprochen hatte. Es wurden Fragen laut, ob in der Analyse alles mit rechten Dingen zugegangen sei, weshalb denn der Analytiker meinen Exhibitionismus nicht gründlicher analysiert habe, warum zwischen Analyse und Niederschrift des Berichts nicht ein paar Jahre ins Land gegangen seien, usw. Eine besorgte Kollegin hinterbrachte mir, meine Aufnahme in die Berufsvereinigung sei jetzt möglicherweise gefährdet.

Der erste Leser des Manuskripts, ein Nicht-Analytiker, meinte nach der Lektüre betroffen: »Es ist ja alles genauso schlimm in der Psychoanalyse, wie ich es mir immer vorgestellt habe.« Das Buch würde ihn also eher abschrecken, sich im Falle einer seelischen Störung an einen Psychotherapeuten zu wenden. Wird das vielen Lesern so gehen? Hält es von der Psychoanalyse ab, wenn man weiß, wie sie, in einem bestimmten Fall, funktioniert hat? Dies ist eines der Argumente, mit denen ich mich auseinanderzusetzen hatte: die Vorurteile gegenüber der Psychoanalyse könnten sich in breiten Kreisen verdichten, die Abwehr könnte rigider, das Kopfschütteln und das Unverständnis könnten massiver werden. Demnach wäre das Buch ein Schaden für die Psychoanalyse – einfach deshalb, weil bekannt wird, was einer erlebt, der sich einer gründlichen Behandlung unterzieht. Es müßte also der Schleier des Geheimnisses über diesen Vorgängen bleiben wie bei okkulten Mysterien, die nicht durch ungebetene Zuschauer entweiht werden durften? Der Vorwurf des Okkultismus gehört freilich längst zum Inventar der Polemik gegen die Psychoanalyse, gerade *weil* meist nur theoretisch und aus der Sicht des Analytikers beschrieben wird, was in einer Analyse vorgeht. Das Argument, es könnte für die Psychoanalyse schädlich sein, wenn wirkliche, konkrete Erfahrung publik würde, erschien mir ganz und gar unanalytisch, ja antianalytisch. Doch gebe ich gern zu, daß nichts dieses Buch vor Mißverständnissen bewahren kann.

Ein anderes Argument lautete: Du mußt deine Familie schützen. Doch schädige ich sie, wenn sie erfahren, wer ich bin, und wenn es andere erfahren? Ich wurde vor der zudringlichen Neugier gewarnt, die mein weiteres Leben begleiten würde, vor böswilligen psychoanalytischen Nachinterpretationen dieses Berichts, vor der Gefahr, für immer auf meine Psychopathologie festgenagelt zu werden.

Ein gewichtiges Argument war dieses: Du wirst irgend-

wann wählen müssen zwischen dem Beruf des Schriftstellers und dem des Analytikers. Freud war unerbittlich im Verbergen seiner privaten Existenz vor den Patienten, die sich ihm anvertrauten. Anonymität des Analytikers ist eines der Grundprinzipien der Psychoanalyse; seine Anonymität ist der Prokjektionsschirm, auf dem sich die Schattenspiele der Übertragung entfalten.
Dieser Bericht, so wurde mir gesagt, ist ein aggressiver Akt gegen alle gegenwärtigen und zukünftigen Patienten; ihre Therapie wird erschwert, wenn nicht gar unmöglich gemacht, wenn sie sich über deine eigene Neurose nach Belieben informieren können. Sie werden dir in schwierigen Übertragungssituationen das Buch unter die Nase halten und sagen: Du bist ja nicht anders, oder: Wie willst du mir helfen? Du hast ja die gleichen Schwierigkeiten gehabt. Freunde rieten mir, wenigstens die »heikelsten« Stellen zu streichen, weil sie einer Fixierung der Phantasie der Patienten Vorschub leisten müßten.
Es war ganz deutlich, daß sich in den vielen gemeinsamen Überlegungen, für die ich dankbar bin, ein Schwanken abzeichnete: zwischen den für unverrückbar gehaltenen Leitsätzen von Abstinenz und Anonymität; zwischen vorsichtig freigelassener Phantasie, ob nicht dieser Bericht sich auf viele laufende Analysen auch günstig, auflockernd, ermutigend, angstmindernd auswirken könne einerseits, und den jeweils eigenen Ängsten vor der Aufhebung von Intimitätsgrenzen, für die es keine andere Rechtfertigung gab als die, daß sich auf einer bestimmten Linie die durch Abwehr festgemachte Unterscheidung zwischen »öffentlich« und »privat« eingegraben hat, andererseits. Es zeichnete sich immer klarer ab, daß es für die Unterscheidung des Sagbaren vom Nichtsagbaren keine verläßlichen Regeln gibt. Wieviel ein Mensch von

einem anderen erfahren darf, bis die Schamgrenze erreicht ist; wann einer sich zu schämen beginnt bzw. wann er sich zu schämen beginnen sollte, ist gänzlich offen. Aber es gibt zwischen Menschen mindestens ebensoviel Gratisscham wie Gratisangst. Das ganze Buch ist auch ein Versuch, mit dem Problem meiner Scham fertigzuwerden.

Ein ernsthaftes Problem gibt es jedoch nur zwischen dem Analytiker und seinen Patienten. Und dieses Problem sieht so aus: Über den Analytiker nichts zu wissen ist für die Patienten ein Ärgernis *und* eine Chance. Die Chance besteht darin, ihn nach den eigenen Bedürfnissen in der Analyse, wenigstens in der Phantasie, gestalten zu können. Er kann dabei ebenso beschützende wie bedrohliche Formen annehmen, je nachdem, wie es der Fortgang der Übertragung verlangt. Die Übertragung ist jedoch durchflochten von einem konstanten Bedürfnis nach Identifikation, und zwar mit einem geläuterten Bild des Analytikers, in dem die kränkenden Einschränkungen der Elternbilder, zumindest in der Phantasie, noch einmal aufgehoben sind: er repräsentiert vorübergehend die Idealeltern, und dies ist unerläßlich für den Aufbau einer stabilen seelischen Struktur. Ein kleines Kind kann nicht die volle seelische Realität der Eltern erfassen, es *muß* sie verzerren, sogar verklären und idealisieren, und wo das nicht möglich ist, sind Störungen die Folge, die in den letzten Jahren zunehmend erforscht wurden. Es ist, als ob ein Kind vorübergehend nicht leben könnte ohne den Glauben daran, daß die Eltern stark, gut und ohne eigene schwere Behinderungen sind. Die Orientierung an der *Wirklichkeit* der Eltern ist dann ein mühsamer Prozeß, vorangetrieben von der Notwendigkeit, Enttäuschungen ohne Haß zu ertragen. Viele Patienten sind an einer allzu frühen Desillusionierung über ihre Eltern gescheitert, sei sie nun bewußt oder unbewußt verlaufen. Sie müssen die Phase einer ihren tiefsten Bedürfnissen folgenden positiven oder negativen Idealisierung des Analytikers durchlaufen, um die Wunden, die die Enttäuschung über die Eltern hinterlassen hat, ausheilen lassen zu können. Die Auflösung dieser Idealisierung gehört in eine spätere Phase der Analyse.

Das gewichtigste Argument gegen die Veröffentlichung dieses Berichtes war also, die Anonymität des Analytikers in einer derart massiven Weise zu durchbrechen, störe die freie Entfaltung der Übertragung: Der Spiegel des unbekannten Analytikers werde zu einem Zerrspiegel, in dem der Patient zunächst nicht sich selbst, sondern ein mehr oder minder konkretes Abbild des Analytikers wahrnehme, mit dem er sich vergleiche, der ihn anziehe oder abstoße, der ihm jedenfalls seine eigene Realität aufzwinge; der Bericht störe die Entfaltung der Idealisierung, weil er dem Patienten vorschnell die im Vergleich mit seinen Bedürfnissen »allzumenschliche« Realität des Analytikers entgegenhalte.

Die Frage ist demnach: Wann und wie kann ein Patient die Kenntnis der seelischen und menschlichen Realität des Analytikers aushalten, ohne in seiner Heilung behindert zu werden? Sie ist nicht generell und ein für allemal zu beantworten. Aber ich benutze dieses Vorwort, um meinen Patienten abzuraten, sich in die Lektüre zu stürzen, sobald sie das Buch in den Händen halten. Die Ausforschung der Lebensrealität des Analytikers, an die sich viele Patienten heimlich machen, ist meist ein Zeichen heftigen Widerstandes gegen den Fortgang der Analyse. Der Widerstand meiner Patienten kann sich an diesem Buch festmachen. Es zu lesen, *kann* unter bestimm-

ten Umständen mir die Möglichkeit nehmen, ihnen wirklich zu helfen. Daß sie es irgendwann lesen werden, ist gewiß. Es geht nur um Aufschub und gemeinsame Vorbereitung.
Hinter den Warnungen und Reaktionen der Kollegen verbirgt sich das schwierige Problem, ob es den Analytikern in der Regel gelingt, gegen Ende der Analyse die Idealisierung wirklich in ausreichendem Maße aufzulösen – bzw. ob sie überhaupt genug tun oder geschehen lassen, um die Auflösung zu ermöglichen. Denn diese Auflösung ist ein schmerzlicher Vorgang: Selbst an eine Bewunderung, die man nicht voll verdient hat, kann man sich gewöhnen; Zeichen ihrer Verminderung wird man dann vielleicht nicht wirklich gelassen akzeptieren. Über viele Jahre sich hinziehende Abhängigkeiten ehemaliger Patienten und dauernde Fixierungen an eine überhöhende Wahrnehmung sind keine Seltenheit, und auch dieser Bericht scheint nicht ganz frei von ihnen zu sein.
In einem Gespräch mit meinem Analytiker über diese Fragen einige Monate nach Beendigung der Analyse sagte er, er bekomme manchmal eine Gänsehaut, wenn er, angesichts einiger von mir aufgezeichneter Abweichungen von orthodoxer methodischer Reinheit in seiner Analysenführung, an die Bemerkungen kritischer Kollegen denke. Es wurde da bei ihm eine Spur von Versuchung erkennbar, aus diesem Grunde ebenfalls für eine Veröffentlichung unter Pseudonym zu plädieren. Dann aber meinte er, das meiste könne er verantworten, und die Kritik werde er schon ertragen; wir müßten uns beide trösten – ich, weil ich nicht perfekt analysiert worden sei, und er, weil er mich nicht perfekt analysiert habe.
Ihm übrigen hoffe ich, daß ich allmählich lernen werde, mit der durch dieses Buch veränderten Situation meiner

Patienten umzugehen. Viele Analytiker hatten Angst vor Patienten, die schon Dutzende von Büchern über Psychoanalyse gelesen haben, wenn sie zur Therapie kommen. Es bietet inzwischen keine technischen Probleme mehr, mit ihren hinter Buchwissen verschanzten Widerständen umzugehen. Man muß nur die Varianten finden, um ihnen, trotz aller Verbarrikadierung, zu helfen, wenn sie es wirklich wollen; und ich hoffe, daß mich dieses Buch nicht von der Möglichkeit des Helfens abschneidet.
Einigen Freunden und Kollegen ist aufgefallen, daß die negative Übertragung gegenüber der positiven in dem Bericht zu kurz kommt; einer sprach sogar von einer »Verhimmelung« des Analytikers, die ich noch korrigieren sollte. Ich habe daraufhin versucht, mich noch einmal in Phasen von Haß, Wut und Verachtung hineinzuversetzen, die es ohne Zweifel gab, aber es ist mir nicht mehr gelungen. Immerhin sei die Aufmerksamkeit auf das sich durch die ganze Analyse ziehende Problem der Entwertung des Analytikers gelenkt, die eine zähe, wenngleich nicht aufdringliche Form negativer Übertragung war, eine schleichende Aggressivität, die den »Gegner« einer offenen Auseinandersetzung nicht würdigen will, weil sie ihn als hierfür zu schwach erklärt. Diese aggressive Verkleinerung des Analytikers, die freilich weniger stürmisch war als viele Phasen der Zuneigung, hat erst in den letzten Monaten der Analyse aufgehört.
Hinzuzufügen ist noch, daß der Untertitel *Bruchstücke meiner Psychoanalyse* ernst zu nehmen ist: allerdings nicht im Sinne bewußter Auslassungen. Aufgezeichnet sind im wesentlichen die *Erlebnisse*, die mich am stärksten berührt haben, nicht so sehr das intellektuelle Wissen über Genese und Struktur meiner Neurose. In diesem Punkt wird sicher auch dem Analytiker Unrecht getan,

dessen psychoanalytische Aufklärungsleistung unzureichend dargestellt bleibt. Berichtet wird mehr von den »Lehrjahren« des Erlebens, weniger über die des Trainings im theoretischen Verstehen. Das Verstehen breitet sich gerade in *den* Analyse-Intervallen aus, in denen nicht die gesamte seelische Energie durch die Gewalt der Gefühle aufgezehrt scheint. Es sind also hauptsächlich nur solche Deutungen des Analytikers notiert, die bei mir »angekommen« sind und mich nachhaltig bewegt haben.

Schließlich noch ein Wort zu den Menschen am Ursprung meiner Depression, die mich in die Analyse getrieben hat, den Eltern. Es ist nur allzu klar, daß sie in vielem ganz anders sind als ihre frühen Schattenrisse in diesem Buch. Der Fachjargon nennt das den Unterschied zwischen Repräsentanz und Realität. Ich hoffe, daß das Buch frei ist von Anklagen und nörgelnder Unzufriedenheit, wie sie mich fast drei Jahrzehnte begleitet haben, zu meiner eigenen Beschämung. Psychoanalyse ist ein Stück Versöhnungsarbeit mit der eigenen Abkunft. Die wichtige Fähigkeit zur Unversöhnlichkeit, die am falschen Ort gebunden war in der neurotischen Unversöhnlichkeit mit den Eltern, ist verfügbar geworden für Lebensbereiche, in denen sie gebraucht wird für das Bemühen um Veränderung von gesellschaftlichen Verhältnissen, die für ungezählte Menschen vermeidbares Leiden mit sich bringen. Der lange Zeit verschüttete Weg einer von Humor gebahnten Zuneigung zu den Eltern ist wieder begehbar geworden. Gleichzeitig ist die Fähigkeit gewachsen, Personen und Verhältnissen die Zustimmung zu entziehen, die sie einmal unter dem Druck der Angst oder der Gewöhnung erlangt hatten.

Die Bedingungen, unter denen die Eltern mich und meine Geschwister großgezogen haben, waren hart, und sie hatten dabei so gut wie keine Hilfe, schon gar nicht eine Hilfe im Verstehen. Sie selbst waren von ihren Eltern nie wirklich verstanden worden. Sie waren geübt im Gehorsam und im Verzicht. Sie haben ihr Leben den Kindern geopfert, vielleicht ohne wirklich eine Wahl zu haben. Es ist bedrückend, seine Eltern zu hassen, nicht, weil sie böse, sondern weil sie nicht »groß« oder erfolgreich waren. Glücklicherweise läßt sich diese Form des Hasses am leichtesten in Dankbarkeit auflösen, sobald nur die Zusammenhänge aufgedeckt sind. Ohne ihre Opfer wäre nichts aus mir geworden. Beide Eltern haben, mit Bestürzung und Trauer, das Manuskript gelesen und dennoch, wenn auch nach begreiflichem Zögern, der Veröffentlichung zugestimmt. Ich habe wirklich Grund zur Dankbarkeit.

Sorge bereitet mir beim Wiederlesen des Manuskripts an vielen Stellen die Sprache. Es gibt schwülstige Passagen, Abschnitte voll egozentrischer Koketterie, dann wieder Textstellen, in denen die Kinder- oder Märchensprache der Analyse oder des Analytikers sich allzu verharmlosend breitmacht. Am deutlichsten freilich werden Ausmaß und Funktion der Ironie: Sie legt sich als Widerstand distanzierend und Überlegenheit vortäuschend über manche Erlebnisse, für die ich keine authentische oder angemessene Sprache gefunden habe. Besonders peinlich klingt die Sprache dort, wo Omnipotenz und Selbstüberschätzung – aus dem Treibhausklima der Übertragung – in die Grammatik und in die Wortwahl fließen, wo das berichtende Subjekt unter dem Einfluß übergroßer Beachtung durch die analytische Perspektive anfängt, auf Stelzen zu gehen; so wie bei beginnender Trunkenheit die Gestik ausladend und theatralisch wird, so schleicht sich manchmal mieser Pomp in die Selbstbeschreibung des Subjekts, dem vorübergehend sein Alltagsmaß verlorengeht, weil es sich unter dem Mikroskop als etwas Besonderes vorkommt. Aus Depression und narzißtischer Störung war meine Diagnose zusammengesetzt. Für den zweiten Bestandteil ist die Sprache ein geeignetes und entlarvendes Vehikel, und hier besteht wohl am meisten Grund zur Scham.

Der Bericht

Teil I

geschrieben Weihnachten 1971

Es ist ein nicht ganz unfeierlicher Augenblick, mit einem Experiment zu beginnen, dessen Ausgang gänzlich ungewiß ist. Möglicherweise sitze ich in einigen Tagen oder Wochen vor Bruchstücken einer Konfession, die ich nur beschämt beiseite legen kann. Das hängt mit dem Versuch der Darstellung von Vorgängen zusammen, die tief Inneres nach außen kehren und normalerweise und zu Recht im Schutz einer gesicherten Intimität verlaufen.

Jeder Versuch, das Erlebnis der eigenen Psychoanalyse noch während ihres Verlaufes zu beschreiben oder zu umschreiben, stößt zunächst beim eigenen Analytiker auf die gewohnte Frage: »Was fällt Ihnen dazu ein?« oder: »Was könnte das bedeuten?« Die Fragen brauchen nicht einmal vom geduldigen Analytiker hinter der Couch zu kommen, sie sind ja verinnerlicht und auch am Platze bei einer Unternehmung, die plötzlich den ganzen Vorgang der Analyse zum Thema machen möchte. Die Frage nach der Legitimierung des Versuchs wird sicher nicht verstummen, sondern vermutlich bei jeder neuen Schicht offengelegter Intimität erneut auftauchen. Jetzt kann ich nur kurz auf sie eingehen. Klären wird sich die Frage nur lassen mittels einer analytischen Haltung beim Schreiben selbst. Ein paar Stichworte vorweg: Der Hauptvorwurf wird der des Exhibitionismus sein. Er ist mir von Kollegen bereits vor Jahren auf einem Kongreß gemacht worden, als ich versuchte, anhand der Interpretation einer Episode aus meiner Analyse etwas beizutragen zu dem Diskussionsthema des Verhältnisses von Ausbildungskandidaten und Lehranalytikern. Mir schien damals, als könne die Beschreibung einzelner Episoden oder Abschnitte aus den Lehranalysen reiches wissenschaftliches Material für Entdeckungen im Bereich der Psychoanalyse oder der psychoanalytischen Ausbildung erbringen. Denn schließlich bildet die eigene Lehranalyse den Grundstock des beruflichen Instrumentariums, mit dem Analytiker seelisch kranken Menschen zu helfen suchen. Es wurde mir sofort klar, daß damit ein Tabu berührt war: Wer über die eigene Analyse redet, der *agiert*, und Agieren ist ein schlimmes Wort. Agieren dürfen nur Patienten, denen man aus analytischer Distanz zusieht; sie sind Kranke, die von uns Hilfe erhoffen. Der Vorwurf des Agierens macht den jungen Analytikern Angst und eine Gänsehaut, weil er die tiefen Zweifel an ihrer analytischen Tauglichkeit trifft. Agieren ist bei Patienten bedauerlich, aber normal; es liefert Stoff für neue Interpretationen und soll durch Erinnern und Durcharbeiten abgelöst werden. Bei Analytikern gilt das Agieren als »Sünde«, sicherlich nicht zu Unrecht, sofern es bedeutet, unter Triebdruck zu handeln, ohne zu wissen, was man tut.

Ich muß mich also mit dem Vorwurf des Agierens auseinandersetzen. Daß er mir zuerst einfällt, zeigt, wie wach und reizbar das psychoanalytische Überich, das quasi institutionelle, ist. Ich könnte sogar sagen: es ist nur zum Teil verinnerlicht und stellt sich externalisiert dar als Bild der vom Kopfschütteln hin und her bewegten Gesichter einiger gestrenger Kollegen und psychoanalytischer Altvordern. Das erste Gebot lautete hier: Über die eigene Analyse spricht man nicht bei Strafe von möglicherweise schmerzhaften Interpretationen. Dieses Gebot ist nicht sinnlos. Wer es nicht erträgt, mit den Gefühlen und Erkenntnissen, die psychoanalytische Stunden erbringen, im stillen umzugehen, wird kein analytisches »Fleisch« ansetzen. Die wiederbelebten frühen Emotionen werden zerfließen, noch ehe das geschwächte Ich zugreifen kann, um sie handhaben zu lernen. Bei dem dritten meiner vergeblichen früheren drei Versuche, mich einer Psychoanalyse zu unterziehen, habe ich die Zerstörung der Möglichkeit, Hilfe zu finden, selbst durch Agieren betrieben, und zwar dadurch, daß ich nach jeder Stunde einem diesem Vorgang gegenüber höchst ambivalenten Bekannten Bericht erstattete. Ich wurde zum Zuschauer, ja zur Klatschtante der eigenen Analyse und habe dafür mit schmerzlichem Abbruch bezahlt. Bei *der* Analyse, an deren Beschreibung ich mich gerade machen will, war ich nicht Zuschauer, sondern Erlebender. Den Versuch, mir gelegentlich Stichworte zu notieren, habe ich bald wieder aufgegeben, obwohl der Wunsch oder der Gedanke, die Erlebnisse zu beschreiben, der ein paar Monate nach Beginn der Behandlung auftauchte, zwar ab und zu zurücktrat, doch nie ganz verschwand. Er hat auch alle analytischen Sitzungen überstanden, die der Interpretation dieses Wunsches gewidmet waren. Einige dieser Interpretationen werden im folgenden wohl sichtbar werden.

Der erste Einfall zum Schreiben über die Analyse in einer Sitzung war der: »Ich möchte Ihnen ein Denkmal setzen.« Der Gegeneinfall des Analytikers: »Das würde ja heißen, daß ich tot bin.« Über diese kurze Sequenz könnte man natürlich stundenlang nachdenken. Die Kundigen merken sogleich, welch verworrenes Geflecht bewußter und unbewußter Motive da gemeint ist. Der Analytiker spielte auf die Auseinandersetzung mit der väterlichen Autorität an, auch auf die Ambivalenz, in der die Auseinandersetzung damals stattfand, und er gab eine klassische Deutung: »Todeswünsche«. Es war der Anfang längerer gemeinsamer Bemühungen, diesen Versuch einer Beschreibung zu verstehen. Wir entdeckten nicht nur Todeswünsche, sondern auch viele »Lebenswünsche«, also Wünsche, das, was er mit mir gemacht hat, bekanntzumachen und ihn zu rühmen. Das hängt, ich kann es jetzt nur andeuten, unter anderem damit zusammen, daß er sozusagen des Schreibens unkundig ist und sein Handwerk, dem ich sehr viel verdanke, so nachdrücklich im stillen ausübt, daß es mich oft schmerzte, weil es mir damals wichtig war, einen auch »wissenschaftlich« großen Vater zu haben. Das hat sich gelegt; auch das verdanke ich ihm.

Am unbeschadetsten von allen Motiven hat das der Dankbarkeit alle analytischen Interpretationen überstanden. Zu ihr bekenne ich mich auch jetzt als dem Hauptmotiv beim Schreiben, wenngleich mir klar ist, wieviel Exhibitionismus hier noch im Spiel ist, vielleicht vor allem Stolz über eine Abkunft, deren man sich endlich nicht mehr schämt.

Mit der Dankbarkeit hat es in diesem Fall eine eigene Bewandtnis: es handelt sich bei dieser Analyse um eine seelische Lebensrettung. Ob ich irgendwann Selbstmord begangen hätte, ist natürlich nicht sicher; aber ich bin, während und nach dem zweiten Analyseversuch, oft an eine bestimmte Stelle der Bahngeleise gegangen oder nachts zu einer hohen Flußbrücke, die bekannt war als Ausgangspunkt für geräuschlose Suizide. Doch auch wenn ich es nicht getan hätte, es war ein ziemlich unerträgliches Leben, das ich unter dem Etikett »depressiv-narzißtische Charakterneurose« führte.

Der erste Analyseversuch ist übrigens nicht gescheitert, sondern ich mußte abbrechen, weil ich aus äußeren Gründen in eine andere Stadt zog, mit der Absicht freilich, die Analyse dort fortzusetzen. Die beiden anderen Versuche sind regelrecht mißlungen; den einen habe ich selbst abgebrochen, der andere ist vom Analytiker abgebrochen worden. Ich fühlte mich danach wie zweifach vorbestraft und neben meiner Quasilebensunfähigkeit, die allerdings ziemlich gut getarnt war, zusätzlich von dem Gefühl bedroht, ich sei zu meiner eigenen Heilung unfähig. Falls in meine Arbeit mit Strafgefangenen ein Stück Einfühlung eingegangen ist, so lag das nicht zuletzt daran, daß ich mir ebenso abgeschrieben vorkam wie sie. Die Identifikation mit ihrer Asozialität war für mich eine Weise des Überlebens.

Diese Andeutungen sind wichtig zum Verständnis der Tatsache, daß ich die Analyse als eine psychische Lebensrettung erlebte. Es kommt noch ein kleiner Umstand hinzu, der aber eine große Bedeutung hatte. Er kennzeichnet eine Eigenschaft meines Analytikers, die zu dem großen Bereich des Verhältnisses von psychoanalytischer Technik und Menschlichkeit gehört, von dem noch die Rede sein wird. Es war damals an dem psychoanalytischen Institut, dem er angehörte, die Regel, daß diagnostisches Interview und Testergebnisse in der sogenannten Ambulanzkonferenz diskutiert wurden. Die Konferenz könnte man als die dritte diagnostische Stufe nach Interview und Test bezeichnen, die durch die Einfälle der Therapeuten zum anonym vorgetragenen Fallbericht Wesentliches zur Klärung von Diagnose und Behandlungsvorschlag beiträgt. Da ich später oft in dieser Konferenz gesessen habe, kenne ich heute Funktion, Wert und Verantwortungsgefühl dieses Gremiums. Zum Zeitpunkt meiner Vorstellung im Institut oder, besser, meiner Strandung dort jedoch war die Konferenz für mich ein Gremium von

Richtern, die ein endgültiges Urteil über mich zu fällen hatten. Ihr Urteil lautete: Mein Analytiker, bei dem ich das Interview gemacht hatte, möge mir nahelegen, die von mir abgebrochene Analyse beim zweiten Analytiker wiederaufzunehmen. Das erschien mir wie eine Verurteilung. Ich wäre damals um keinen Preis dorthin zurückgegangen. (Heute bestehen freundliche Beziehungen.) Ich hätte das Urteil aufgenommen wie die Bestätigung, daß mir von einem Psychotherapeuten nicht zu helfen ist, und daß ich »abgeschrieben« bin. Im Konferenzprotokoll heißt es lapidar: »Patient steckt voller narzißtischer Phantasien über die eigenen innerseelischen Vorgänge, sein Ich steht unter einem hohen Druck. Er verfügt über keine echten Verdrängungsmechanismen, seine Abwehrformen stecken sozusagen noch in Frühformen. Die Art der Übertragung wird vermutlich sehr schwer angehbar sein, [. . .] zurück zu Dr. Z. oder Pat. soll hier abgelehnt werden. Sehr schwierige, fast borderlineartige Therapie wird angenommen.« Es muß aber zwischen dem Interviewer und mir etwas vorgegangen sein, das ihn veranlaßte, mich, gegen den Beschluß der Konferenz, innerlich zu adoptieren. Er hatte keinen Analyseplatz frei, so daß ich ein Jahr warten mußte, das durch eine einstündige Therapie überbrückt wurde. Die Adoption war kein rational faßbares Erlebnis, sie erschien mir als eine Erlösung und bildete den Grundstein zu einer Beziehung, zu der mir nach einigen Jahren Analyse der Ausdruck »unverbrüchlich« einfiel. *Er* ist bis heute, nach der naturgegebenen Unentbehrlichkeit der Eltern, der einzige Mensch, der für mein seelisches Leben unentbehrlich geworden ist. Das bedeutet nicht, daß ich ihn immer brauchen werde; im Gegenteil, das Ende der Analyse naht. Doch es kennzeichnet den Grad meiner Abhängigkeit von ihm, das Ausmaß der Hilfsfunktionen, die er für mich erfüllt hat.

Lehrjahre auf der Couch heißt dieser Versuch einer Beschreibung auch deshalb, weil ich seit dem Beginn eigener therapeutischer Arbeit mit Patienten spüre, wie das Bild des Analytikers in mir weiterwirkt. Manchmal in einer Analysestunde mit meinen Patienten bemerke ich, wie ich eine Deutung zurückhalte oder umformuliere – dann, wenn der eigene Anteil an der analytischen Arbeit für einen Moment verschwinden will hinter der hilfreichen Erinnerung an ihn. Kopieren will ich ihn allerdings auch nicht; das wäre gar nicht in seinem Sinne. Trotzdem sitzt er in den Analysen und Therapien, die ich selbst durchführe, gewissermaßen hinter mir, als mein Schutzengel.

Die Abhängigkeit vom Analytiker kann zeitweise qualvoll und demütigend sein. Wo eine Analyse mißlingt, ist sie traumatisch. Auch ich habe gewütet gegen diese Abhängigkeit, gegen die Infantilisierung, gegen die Mediatisierung des eigenen Lebens: das heißt, daß es während der Analyse Phasen gibt, in denen keine Handlung ganz verständlich wird ohne den interpretierenden Rückbezug auf den Stand der Übertragung. Dies ist für Freunde oder Angehörige, die zwar die Auswirkungen erleben, aber in diese Intimität nicht eindringen, nicht an ihr teilhaben können, oft schmerzlich. Am Ende einer solchen Krise des Protests gegen die vielen Nabelschnüre, die mich mit ihm verbanden, sagte er, als ich ihm vorhielt, ich ginge mit den Gefühlen einer Freundin nur deshalb derart hilflos um, weil ich von ihm übermäßig abhängig sei: »Ich weiß, die Partner von Analysanden haben es schwer, und manch einer hat schon daran gedacht, mit anderen Leidensgefährten einen Verein der indirekt Analysegeschädigten zu gründen.«

Für Außenstehende ist es bisweilen unbegreiflich, daß man über Jahre hin Tag für Tag sich auf eine Couch begeben kann, hinter der ein Mensch sitzt, den man nicht kennt, und zu dem in der Realität in der Regel keine Kontakte bestehen. Und obwohl ich manchmal geschäumt habe vor Zorn, daß er so fest und mitunter riesengroß in meinen Alltag eingebaut war, bin ich ziemlich regelmäßig hingegangen; wenn ich nicht aus beruflichen Gründen verreist war, sogar kontinuierlich. Nur neulich, ein paar Tage bevor er in die Weihnachtsferien gefahren ist, habe ich, zum ersten Mal in fast vier Jahren Analyse, eine Stunde einfach vergessen. Es war nicht schwer, herauszufinden, warum: Ich hatte Angst, daß in der Stunde doch noch eine Interpretation meines langgehegten Planes, die Ferien für die Niederschrift des Berichtes zu nutzen, zutage träte, die mir das Schreiben unmöglich machen könnte. Es gelang dann doch noch eine weitgehende Aufhellung der Bedeutungen dieses Berichtes.
Ich schreibe also heute, ohne mich im Konflikt mit ihm zu fühlen. Eindeutig berühren meine Motive ja auch *seine* persönlichen Interessen. Zwar beschreibe ich nicht ihn, seine reale Person, sondern, psychoanalytisch gesprochen, sein Abbild in mir, die psychische Repräsentanz, also das, was ich von ihm wahrnehmen und aufnehmen konnte; gleichwohl steckt ein Verfügen darin, fast ein Stück publizistischer Gewalttat, gegen die er ohnmächtig ist, außer er kann mir meine Motive zeigen, und ich kann mich dann fragen, ob ich es angesichts all dieser Bedeutungen meines Handelns noch will. Ganz ohne Zweifel spielt ein unbändiges Verlangen nach Autonomie eine Rolle. Gewiß, ich habe ihn bezahlt, zum größten Teil aus eigener Kraft; aber das betrifft nur meinen Beitrag zu seiner bürgerlichen Selbsterhaltung. Auf einer anderen

Ebene bedeutet das Schreiben vielleicht auch, das Gewicht der Dankbarkeit zu mildern. Und noch etwas anderes mag mitspielen: das Wissen, wie viele seelisch Leidende es gibt, und wie viele von ihnen nicht ihren Therapeuten finden. Natürlich könnte man sagen, die vom Zufall Bevorzugten sollten den Mund halten. Aber das Schweigen mindert nicht jenes Schuldgefühl, das zurückbleibt, wenn man an etwas teilgenommen hat, das nicht vielen zugänglich und also ein Privileg selbst dann ist, wenn es nicht ohne eigenes engagiertes Zutun gelingen kann.

Wenn das psychoanalytische Institut, wie seit Jahren, mit der Zahl der Hilfesuchenden nicht mehr zurechtkommt, verweist es sie, versehen mit einer Adressenliste, an die niedergelassenen Therapeuten. Mehr als einmal pro Woche hatte ich auf der Couch jenes zwiespältige Erlebnis, daß ein unbekannter Patient anrief und ich die Stimme meines Analytikers hörte: »Es tut mir leid, ich habe keinen freien Platz.« Und nach einer kurzen Pause, in der der Unbekannte wieder etwas sagte, antwortete er: »Frühestens in zwei Jahren, aber es ist sehr unwahrscheinlich.« Manchmal kam ich mir vor wie ein Überlebender auf einem kleinen Boot, während ringsum zahllose Schiffbrüchige im Wasser trieben.

Die Auslese derer, die schließlich einen Platz finden, funktioniert auf eine merkwürdige Weise. Sie brauchen Ausdauer, Gläubigkeit, eine gewisse Fähigkeit zur Darstellung ihres Leidens, eine Frustrationstoleranz, die im Grunde irrational ist und die dennoch unter die Kategorie des »prognostisch Günstigen« eingereiht werden kann, weil sie mit der notwendigen Motivation für den analytischen Prozeß zu tun hat. Die Gegner der Psychoanalyse haben es leicht, an dieser Stelle auf den irrationalen Charakter des Heilungsvorganges, ja schon seiner

Vorbereitung durch Warten zu verweisen. Psychoanalytisch ließe sich dazu sagen: An eben jenen Funken Hoffnung beim oft langen, geduldigen Warten knüpft die Analyse an, wie sie bei mir angeknüpft hat an eine irrationale Hoffnung, stark vermischt mit Verzweiflung. Das soll jedoch auf keinen Fall als Rechtfertigung des gegenwärtigen Zustandes bei der Versorgung vieler seelisch Kranker mit Psychotherapie verstanden werden. Er ist für die ständig Absagen erteilenden Therapeuten peinlich und für die bittstellenden Patienten demütigend. Man müßte insgeheim ein Darwinist sein, um an eine sich selbst einpendelnde Regelung von Angebot und Nachfrage zu glauben.

Doch das ist eine Abschweifung von meinem knappen Versuch der Legitimierung dieses Buches. Ich nannte die Dankbarkeit, den Drang nach Autonomie, das stellvertretende Schreiben für den stummen Therapeuten. Ich fühlte mich als Subjekt, Objekt und Zeuge eines Vorganges, der meine Lebensmöglichkeiten tief verändert hat. Ich habe das Handwerk des Analytikers inzwischen selbst aufgenommen, und insofern beschreibe ich, aus der Position des Patienten, auch die Technik der Behandlung. Analyseberichte von Patienten gibt es inzwischen einige. Es sind psychoanalytisch erhellte Autobiographien, die im wesentlichen den Inhalt des in der Analyse wiederentdeckten frühen Lebens darlegen, nicht aber den Weg zu dieser Erhellung. Beispiele sind John Night's *Geglückte Psychoanalyse* oder das *Journal d'une psychoanalyse* von Paul Diel. Dieses Buch soll, soweit möglich, keine psychoanalytisch erhellte Autobiographie werden: das Gewicht soll vielmehr auf der Darstellung der Psychoanalyse als eines erlebbaren und technisch beschreibbaren Vorganges liegen, also eher auf dem handwerklichen

Aspekt. Im Vordergrund steht die Frage: Wie funktioniert eine Psychoanalyse? Reale autobiographische Details sollen lediglich zur Aufhellung des Krankheitsbildes oder zur Verdeutlichung des Übertragungsverlaufes dienen. Meine reale Vergangenheit ist uninteressant, ich bin kein Zeitgenosse, dessen bloße Autobiographie wichtig wäre. Vergleichbar mit den Motiven der beiden genannten Autoren ist vielleicht das: Am Ausgangspunkt steht das Staunen über das Erlebte. Da ich das psychoanalytische Handwerk selbst erlernen wollte, habe ich bei dem Mann hinter der Couch aufmerksam wahrgenommen, wie er es ausübt.

Aus dem Jahr der einstündigen Therapie habe ich nicht viele deutliche Erinnerungen. Es war eine Art Auffangstunde zur Bändigung der Depression und zur langsamen Entfaltung der Hoffnung auf mögliche Heilung; man könnte auch sagen: zur Vorbereitung der Analyse und der analytischen Regression. Denn am Ende des Jahres, so kann ich mich erinnern, geschah es häufig, daß ich voller Sehnsucht zur Couch hinübersah. Ein fast unwiderstehlicher Hang, umzusinken, überkam mich – umzusinken natürlich in die Arme des Analytikers, und da das nicht möglich war, auf die Couch. Manchmal schien mir, als könnte ich mich nicht länger auf dem Stuhl halten, und es war beiden deutlich, daß es Zeit wurde, tiefere Schichten aus dem Unbewußten heraufkommen zu lassen. Rückblickend muß ich sagen, daß er den sicher schwierigen Übergang vom Stuhl zur Couch hervorragend »geschaukelt« hat. Auch haben sich, soweit ich sehe, nie Schwierigkeiten ergeben aus dieser quasi fötalen Frühzeit der Analyse im Sitzen. Es gibt allerdings eine Reihe von

Analytikern, die diesen Wechsel für einen Kunstfehler halten würden. Ich glaube jedoch, es hat für die Minderung meines ins Uferlose angewachsenen Mißtrauens gegen alle Analytiker sehr viel bedeutet, daß ich einmal in der Woche nicht nur seine Stimme, sondern auch sein Gesicht erforschen konnte, wenngleich es mir nie gelang, ihn lange anzuschauen; mein Blick glitt immer sehr bald zum Boden. In seinem Zimmer standen neben dem bequemen Sessel hinter der Couch zwei Stühle, ein gepolsterter und ein karger, ungepolsterter. Als sei dies selbstverständlich, setzte ich mich anfangs auf den kargen Stuhl, der an dem mir zugewiesenen Platz stand. Nach einigen Wochen, als er zu Beginn noch einmal hinausging, nahm ich den gepolsterten Stuhl für mich und stellte ihm den kargen hin, nicht weil ich wollte, daß das nun die endgültige Verteilung sein sollte, sondern weil ich einem Gefühl der Demütigung zu begegnen suchte. Er war nicht schlecht verwundert darüber und meinte, darauf sei noch kein Patient gekommen. Er muß über den Anspruch, der hinter der Verkehrung der Stühle stand, wirklich sehr erstaunt gewesen sein. Ich weiß nicht mehr, wie wir das Ganze damals interpretierten. Rückblickend erscheint es mir als der anfangs geheimgehaltene und aus der Sicht des verlorenen Patienten zunächst auch anmaßende Anspruch auf Ranggleichheit, der da unbewußt hervortrat. Soweit ich weiß, hat die Affäre später direkt keine Rolle mehr gespielt (dafür um so mehr in Abwandlungen) bis auf ein leichtes Erstaunen bei mir, daß ihm, der achtsam auf mein seelisches Wohl aus war, der Stuhltausch halbwegs befremdlich blieb. Diese Erinnerung ist sicher nicht zufällig gekommen. Als Depressiver läuft man ja häufig herum mit der Maske fügsamer Bescheidenheit, hinter der die unerfüllten Kindheitsansprüche lauern. Und ein wichtiges

Moment der Erkrankung besteht gerade in dem Maß der Kränkbarkeit. An einer früheren Arbeitsstelle hatte mir meine Kränkbarkeit den treffenden Beinamen »Mimöserlein« eingetragen.
Daß ich die Stühle verstellte, war indes auch ein vertrauensvolles Angebot, ein inszeniertes Symptom. Damals hatte ich freilich vor allem den Eindruck, daß es ihm einen Augenblick lang die Sprache verschlug. Dem Kundigen wird längst aufgefallen sein, daß hier ein ausgewachsener infantiler Größenwahn zum ersten Mal ein klares Signal in der Therapie gab. In seiner ganzen Lindwurmlänge wird sich dieser Größenwahn im folgenden noch darstellen, doch darf vorweg verraten werden, daß er in den vier Jahren halbwegs domestiziert worden ist zu einer Art Haustier, das sich von solider Arbeit und nicht mehr vorwiegend vom Fleisch der Mitmenschen oder ausschweifender Phantasie nährt. Eines Tages in der Therapie und nach nicht allzu vielen Wochen seit Beginn mußte ich in den ersten fünf Minuten hinaus zum Pinkeln. Ich meinte das in aller Unschuld tun zu können. Damals habe ich wirklich noch geglaubt, man könne während einer psychoanalytischen Sitzung zum Pinkeln gehen, ohne daß das eine tiefere Bedeutung hätte. Da bin ich eines Besseren belehrt worden. In der kleinsten Geste sitzt oft das Unbewußte. Seltsamerweise fallen mir jetzt beim Schreiben lauter kleine Konfliktsituationen ein. Denn die folgende war ohne Zweifel auch eine, deren Spuren sich bis heute durch die Analyse ziehen, gleich dem Größenwahn. Genauer kann ich das erst später erklären. Ich kam jedenfalls in aller vermeintlichen Unschuld vom WC zurück, faselte etwas wie: »Zu lange nicht auf dem Topf gewesen« und »Vor der Stunde vergessen« und ähnliches psychoanalytisches Anfängerzeug, faustdicke Rationali-

sierungen, über die man ein halbes Jahr später selbst den Kopf schüttelt. Und da fing nun der gute Mann an, mit vorsichtigen Deutungen loszulegen: Ihm sei aufgefallen, daß ich die Türe offengelassen hätte, wie um den Kontakt nicht abreißen zu lassen, und vielleicht sogar in der unbewußten Hoffnung, er würde mich unter Umständen begleiten. Als ich ungläubig schaute, fragte er, warum ich mit offenem Hosenstall zurückgekommen sei. Ich spürte, wie meine Ohren rot wurden und es auf meiner Stirn zu tauen und zu rieseln anfing.

Offen gestanden, mir ist dieser Deutungsüberfall damals nicht sehr gut bekommen. Man kann sagen, der Mann hat mich überschätzt, sicherlich nicht ohne Grund. Was Theorie und eigene Erfahrung mit Analytikern angeht, so war ich bereits gewitzigt, wenn nicht gar durchtrieben. Theoretisch hätte ich das Ganze durchaus für einen der leichteren Scherze in einer Psychoanalyse gehalten. Aber so wie ich die Dinge heute sehe, lag ich damals (nein, saß) in den ersten Wonnen der Säuglingsliebe, zu denen natürlich gehören kann, daß man der lieben Mutti den Zipfel zur Pflege hinhält. Gleichzeitig war ich immerhin ein junger Mann mit gräßlicher Angst vor Homosexualität und sicherlich auch bereits einigermaßen verliebt in meinen Retter. In einem Kraftakt der Verleugnung und Wiederverdrängung erledigte ich das Ganze als einen Zufall und ging zur Tagesordnung depressiven Klagens über. Sehr lange ist dieser Zwischenfall verschüttet gewesen; er kam erst neulich wieder zum Vorschein, und zwar nach einer analytischen Stunde, in der es darum ging zu klären, weshalb ich mit der Bearbeitung meiner homosexuellen Strebungen Schwierigkeiten habe. Er hat jedoch Nachwirkungen gehabt, wie mir eben einfällt, und zwar insofern, als er, ohne daß ich dies bemerkte, im

Unbewußten meine Verführungshypothese verstärkte. Damit ist, vorwegnehmend, gemeint: Lange Zeit hatte ich vor dem Anwachsen meiner eigenen homosexuellen Neigungen zum Analytiker solche Angst, daß meine einzige Wahrnehmung immer wieder die von Verführungsversuchen von seiner Seite war. Darin war ich wahrlich zäh, sogar quälend zäh, und der kühne analytische Griff nach meinem Patentgeschenk in einer Situation, in der die Übertragungslage nicht recht klar war, hat daran zweifellos mitgewirkt. Merkwürdigerweise gab es auf diesem Feld der Homosexualität noch andere winzige Vorfälle, die im Sinne der Verzögerung der Bearbeitung wirkten. Aber was zieht man als Analysand nicht alles zur Verzögerung heran, wenn einem die Angst an der Kehle sitzt.

Ich fange jetzt natürlich an, mich zu fragen, wieso ich bei analytischen Episoden ansetze, die den Eindruck erwecken könnten, mein Analytiker hätte grobe Fehler gemacht. Also horche ich in gewohnter Manier eine Weile in mich hinein, stelle die Schreibmaschine ab, meditiere, finde schließlich als Motiv: Erwecke nicht allzu leicht den Eindruck der Überschätzung des Liebesobjekts, der unreifen Idealisierung; zeige deine Fähigkeit zu kritischer Distanz; gib den Feinden des Handwerks keine Waffen in die Hand oder Argumente, die z.B. lauten könnten, ohne staunende Gläubigkeit gehe die Sache halt nicht. Andererseits sehe ich, wie zäh mir diese Episoden im Gedächtnis haftengeblieben sind. Das muß einer Tendenz *gegen* die Idealisierung entspringen, einer Vorsicht, den Analytiker nie mehr so zu überschätzen oder mich dermaßen in ihn zu verlieben, wie es mir beim dritten vergeblichen Versuch gegangen war. Überhaupt scheint die Möglichkeit, etwas über diese Analyse zu schreiben, mit der Situation des »gebrannten Kindes« zusammenzuhängen, das mit einem Rest seiner selbst eben doch ein Zuschauer bleibt, genauer: das quasi einen kleinen Beobachter im Mastkorb der Analyse sitzen hat, der nun bei Gefahr rascher warnt als früher. Also, es könnte sein, daß ich mit der hellwachen Wahrnehmung kleiner Fehler meine immer noch vorhandene Neigung in Schach halten wollte, blind drauflos zu lieben und zu bewundern. Unter diesen Bedingungen ist in der Analyse sicherlich manches langsamer, zäher, anstrengender vonstatten gegangen, als wenn ich diesen Künstler der Einfühlung früher und in unbefangenerem Zustand gefunden hätte. Parallel dazu lief vielleicht jene Entdeckung des Menschen hinter der analytischen Technik des Therapeuten, der sonst eher abgedunkelt und ausgespart bleibt. Ich will keinem Patienten raten, es darauf anzulegen; es kann die Analyse gründlich stören. Ich tat es unfreiwillig, wohl aus Notwehr und um die Gefahr eines Absturzes zu bannen. Und ich erlebte es wie einen Triumph, keinen bösen, über ihn davongetragenen, sondern eher wie eine Anerkennung, als er einmal sagte, daß ich ja sehr viel über ihn und seine Eigenarten beobachtet hätte, ohne daß er darüber gesprochen habe. Es gibt in der Tat keinen Menschen, den ich ähnlich intensiv erforscht habe wie ihn. Anfangs stand diese Erforschung im Dienst der Prüfung seiner Zuverlässigkeit, später wurde sie zum Interesse an seinen Stärken und Schwächen, teilweise seiner Gefühlswelt. Was ich zuerst als Enttäuschung erlebte, verwandelte sich dann in Sympathie. Die Entdeckung seiner Gefühlswelt war deshalb wichtig, weil ich als Kind nicht wußte, ob erwachsene Menschen überhaupt, außer in Ausnahmesituationen, Gefühle haben.

Eine andere Episode aus der Therapie ist haftengeblieben, die ich in ihrer Tragweite ebenfalls erst später verstanden habe. Ich saß in einer Stunde ihm gegenüber und hatte die Empfindung des Gebremstseins, der Stagnation. Da sagte er: »Mir fällt auf, daß Sie mit Ihren Fingerkuppen ganz vorsichtig über die Tischkante streichen.« Das machte einen starken Eindruck auf mich. Ich sah mich plötzlich sowohl verstanden als auch ertappt. Ich war verblüfft von seiner Wahrnehmung und dem Maß der Einfühlung, das dahintersteckte. Denn obwohl mir das Fingerspiel nicht bewußt gewesen war, stellte es in dem Augenblick eine bedeutsame Aktivität dar; es band einen Teil meiner Aufmerksamkeit und meiner Gefühle, es war Zuflucht, ja Anklammerung an die eigenen Fingerkuppen. Das Erlebnis des Ertapptseins hatte wohl damit zu tun, daß hier eine Form des Widerstandes oder der Abwehr plötzlich offen zutage lag, vielleicht auch einfach mit der Unfähigkeit, mit meinen starken Gefühlen umzugehen. Er faßte es zusammen in dem knappen Satz: »Sensationen statt Gefühle.«

Solche Erfahrungen bewirkten zweierlei: sie festigten das Gefühl der Geborgenheit. Es steckte eine liebevolle Enthüllung versteckter Vorgänge darin, so daß jeweils ein Stück Angst überflüssig wurde. Andererseits förderte es natürlich die Bewunderung. Manchmal mußte ich einfach schlucken vor Staunen. Und dann passierte gelegentlich etwas Merkwürdiges mit dem intellektuellen Pseudokaltblütler: Ich brauchte meine ganze Kraft, um ihm nicht um den Hals zu fallen. Das ist keine sehr gemütliche Situation. Zwei ausgewachsene Männer sitzen einander gegenüber, und der eine hat ein fast anfallartiges Umarmungsbedürfnis. Daraus entstand nun wiederum eine ganz andere Art von Angst. Es ist eine der Merkwürdigkeiten in der Psychoanalyse, daß die Aufhebung von Angst in einer bestimmten Schicht die nächste auf einer anderen Ebene mobilisieren kann, wenn sich dort Verdrängtes wieder regt.

Während des Therapiejahres und noch einige Monate während der Analyse mußte ich zu den Sitzungen eine Stunde mit dem Zug oder dem Auto fahren. Ich erinnere mich an einige Bahnfahrten. Da saß ich in den offenen Abteilen eines Eilzuges, und die Leute redeten und lachten; mir war das alles nur halbwirklich, ich hatte Empfindungen, die ich unbeholfen so umschreiben kann: Ihr armen Leute sitzt hier nichtsahnend in eurer Alltagsrealität und merkt gar nicht, daß unter euch einer ist, der jetzt zum Dr. X in die Therapie fährt! Ich kam mir wie ein Erwählter vor, der ein Geheimnis mit sich trug. Natürlich fällt mir jetzt beim Schreiben auf, daß das Wort »ein Erwählter« ziemlich hochgestochen klingt, geradezu schwülstig, ich gebe es zu; aber es hilft nichts, wenn ich die Stimmungen verleugne, in die ich damals geriet. Kenner der Sache wundern sich darüber nicht, sie haben längst bemerkt, daß es vom Prognostischen her nicht ungünstig mit mir aussah, wenngleich man sich nicht einbilden sollte, man könne »prognostisch günstig« gleichsetzen mit »einfache Analyse« – prognostisch günstig allenfalls für einen Analytiker wie ihn. Ich glaube, er hat das selbst gesehen, er konnte sozusagen immer wieder an allerlei Anzeichen ablesen, daß der analytische Haken, an dem er mich hielt, tief saß, in einem Herzmuskel. So dürfte es auch zu erklären sein, daß er nie gewankt hat in der Geduld und in der Zuversicht, wenn ich ihn gequält habe mit Zweifeln, Kritik, Entwertung und Vorwürfen, daß keine Fortschritte zu erkennen seien. Dies ist überhaupt ein zentraler Punkt: daß *er* für mich die Zuversicht behalten hat, selbst dann, als ich kein Land mehr sah. Dann bin ich in die Stunde gegangen und kam mir vor wie ein Idiot, der in einem absurden Stück weiterspielt, weil ihm nichts Besseres einfällt, und weil er mit der skandalösen Tatsache nicht zu Rande kommt, daß der Analytiker ihn nach wie vor gleichbleibend freundlich erwartet, vielleicht sogar erkennen läßt, daß er bemerkt, es gehe einem schlechter als sonst, gerade weil Haß und Wut und Mißtrauen die Oberhand gewinnen wollen.

Noch etwas anderes fällt mir ein. Einmal habe ich einen Termin verwechselt oder den Zug verpaßt, jedenfalls kam ich nicht zur Stunde. In der folgenden Woche packte mich der Unabhängigkeitsdrang; ich legte mich für die Zeit der nächsten Stunde auf einen Termin fest, den ich dann einhalten mußte, in der Hoffnung, daß *er* mir eine andere Zeit einräumen würde. Ich rief also an und bat um einen anderen Termin, doch er gab mir keinen, sondern vertröstete mich sanft, aber bestimmt auf die nächste Woche. Es dauerte eine ganze Weile, bis ich mich wieder gefangen hatte. Ich hatte mir durch Trotz und Leichtsinn eine dreiwöchige Pause eingehandelt, mit der ganzen schmerzhaften Entfremdung, die das bedeuten kann. Mir wurde klar, daß *ich* für die Regelmäßigkeit der Stunden verantwortlich war, und daß ich mit meiner Wut über das Ausmaß des Zwanges, der in der Tatsache *seines* Stundenplanes steckt, fertig werden mußte. Natürlich kann man sagen, das habe mit Unterwerfung zu tun; aber es ist vielleicht doch ein falscher Ausdruck. Schließlich muß die Sache ja organisiert werden. – Allmählich konnte ich also mit seiner Härte etwas anfangen, ich habe sie nicht als Gemeinheit interpretiert, sondern als einen Appell an meine Verläßlichkeit, so wie er verläßlich war in einem

Ausmaß, das ich bei keinem anderen Menschen entdeckt hatte. Übrigens war er später durchaus entgegenkommend, wenn ich zu manchen Stunden nicht kommen konnte, und gab sich große Mühe, Termine zu verschieben, wenn ich wirklich unter Druck stand. Manchmal freilich ließ er mir die Wahl zwischen einer Analysestunde und einem anderen Termin, den ich hatte. Das heißt, untergründig hat er mich immer in der Situation belassen, über den Wert, den ich der Regelmäßigkeit der Sitzungen beimaß, selbst zu befinden, wobei die Regelung, daß, außer bei Krankheit, auch zu bezahlen war, wenn ich die Stunde nicht einhielt, natürlich zur Disziplinierung beitrug.

Ich will jetzt von der Therapie zur Analyse übergehen, natürlich mit dem Vorbehalt, daß Wichtiges aus der Therapie, wenn es mir einfällt, nachgetragen wird. In bezug auf die Analyse sollte ich vielleicht zuerst noch einmal auf den Größenwahn eingehen, weil er das Gegenstück zur Depressivität darstellt. Nach einigen Wochen der Analyse, also bei täglicher Sitzung im Liegen, sagte ich einmal, satt, in omnipotentem Behagen und in jenem mir spezifischen gönnerhaften und großväterlichen Tonfall in solchen Stimmungslagen: »Ja, ja, Herr Dr. X, ich habe den Eindruck, Sie sind ein ganz guter Analytiker. Aber ich werde Sie zwingen, ein sehr guter Analytiker zu werden.« Nach diesen programmatischen Sätzen hat er, glaube ich, zum ersten Mal schallend gelacht, wie seither viele Male; dennoch fühlte ich mich nicht ausgelacht, sondern verstanden. Außerdem hat er während der langen Analyse mir immer wieder zu verstehen gegeben, daß er tatsächlich durch mich und an mir eine Menge gelernt habe; und das war überhaupt nicht schmeichelnd gemeint, sondern klang nach einer beinahe kollegialen Anerkennung, jedenfalls nahm ich es in den späteren Jahren so wahr. Zu Anfang war es mehr ein Geschenk, eine feine Regulierung meines Wertgefühls. Das Programmatische an den Sätzen war natürlich, daß ich es beim vierten Analyseversuch nicht unter einem gewissen analytischen Niveau würde mit mir machen lassen. Wenn ich das Ganze einmal kurz in die Hosenmatz-Sprache übersetzen sollte, die er hervorragend beherrscht, zum Teil aus dem Umgang mit den eigenen Kindern, zum Teil weil er lange Zeit als Arzt auf Kinderstationen gearbeitet hatte, dann würde das Programm lauten: Wenn du mir nicht hilfst, einen ganz großen Bogen zu pissen, dann bin ich böse mit dir.

Zuzeiten, wenn der Allmachtslindwurm schlaff am Boden lag, ging es mir natürlich ganz anders. Dazu kann ich gleich ein Beispiel geben, wenngleich ich nicht weiß, in welche Phase es gehört. Seine Couch war am Kopfende in der Höhe verstellbar. Ich hatte mich an eine mittlere Einstellung gewöhnt, also: Gestänge unten an der Couch in der ersten oder zweiten Ritze, dazu ein Kissen. Eines Tages kam ich zu einer anderen Zeit, und irgendein Idiot von Mitpatient, offensichtlich mit einem ganz verdrehten Hals, der vor mir dagewesen war, hatte die Couch und somit die Höhe verstellt; außerdem war das Kissen weg. Ich lag also völlig flach, und siehe da: ich bekam eine Panik: Es begann sich in meinem Kopf zu drehen, es fiel mir das Bild eines Kipplastwagens ein, auf dem ich lag und der sich langsam hob, die Ladefläche war die Couch, Beine langsam nach oben, immer höher, bald würde ich kopfüber in seinen Schoß kippen. Ich hielt das Ganze in hemmungsloser Projektion für eine perfide Veranstaltung des Teufels, mit dem ich den Analytiker ohnehin oft im Bunde glaubte, und fing an zu stöhnen. Erst auf seine Frage, was denn los sei, gelang es mir, den beunruhigenden Vorgang in Worte zu fassen. Meine Abwehr war immerhin noch so stark, daß ich immense Mühe hatte, das Erlebnis als meine eigene Inszenierung voll zu begreifen: Nicht *ich* sehnte mich fest auf seinen Schoß, sondern eine Teufelsmaschine mußte mich gegen meinen Willen dorthin befördern. Seitdem war ich auf der Hut und baute aus Kissen einen Damm gegen ihn, bis ich allmählich wieder frecher wurde und voller Angstlust von neuem anfing, mit der schiefen Ebene zu experimentieren. Es gab wieder leichten Schwindel, aber ich hielt ihn aus, ohne nach dem Kissen zu rufen oder das Gestänge zu verstellen. Diesmal stammte das interpretierende Bild, das mir einfiel, aus einem anderen Bereich. Ich erinnerte mich an das Bild der Grube, die der Ameisenlöwe gräbt, und fühlte mich wie das Insekt, das unrettbar dem gefräßigen Untier auf dem Grund der Grube in die Klauen rutscht, mag es noch so sehr am Rand der Grube zappeln. Das Bild kündigte, neben anderen Inhalten, bereits eine Übertragungsebene an, an die ich mich erst im vierten Jahr richtig herantraute, nämlich die, auf der Vater oder Mutter als Moloch erscheinen, der seine Kinder verschlingt. Rückblickend finde ich es erstaunlich, wie lange ich das vor mir herschob, nachdem das Bild des Ameisenlöwen so klar darauf hingewiesen hatte. Es scheint, als sei dies auch dem Analytiker nicht deutlich gewesen, wiederum mit gutem Grund, weil wir damals im Kampf mit meinen Ängsten vor körperlicher Annäherung an einen Mann standen und uns also vielleicht gemeinsam, wenigstens teilweise, auf einer minder archaischen Ebene der Interpretation aufhielten.

Später machte es mir immer weniger aus, relativ flach zu

liegen, wenngleich das stets ein Unbehagen hinterließ. In der neuen Praxis, die er nach einiger Zeit bezog, lagen auf der Couch viele Kissen, so daß einer unauffälligen individuellen Dosierung nichts im Wege stand. Allerdings ließ sich an der Höhe des Kissenberges auch einiges ablesen über die Höhe des Dammes, den meine Mitpatienten wider die Anziehungskraft des Ameisenlöwen bauen mußten. Und da ich für solche Dinge, aufgrund einer nie aussetzenden, allenfalls sich wandelnden Geschwisterrivalität, ein scharfes Auge hatte, konnte ich in einem späteren Stadium zu meinem eigenen Trost gönnerhafte Bemerkungen machen über die Säuglinge und Krabbelkinder, die sich neu in seiner Praxis tummelten, und die offenbar noch erhebliche Angst vor dem Ameisenlöwen hatten.

Ich sehe, wie schwierig es wird, aus der Flut der Einfälle und Erinnerungen auszuwählen. Ich könnte jetzt den Assoziationen zu Geschwisterrivalität und Mitpatienten folgen und würde mich sicher bald in Affekten und Bildern verlieren. Aber da ist nun doch zu fragen: Weiß ein Neugeborenes etwas von seinen Geschwistern? Ich glaube, ich habe in der Analyse ein Stück vorgegriffen auf Zeiten, in denen man als Kleinkind bereits anfängt, den Dolch in der Strampelhose zu tragen und gelegentlich zu umklammern. Das Seltsame ist nämlich, daß mir zum ersten Jahr überhaupt nichts einfällt an Geschwisterrivalität. Das ist nicht weiter verwunderlich, denn ich war damals der Jüngste, und die Jüngsten haben es ja jeweils gut; ich hoffe, ich habe es ausgiebig genossen.

Jetzt kommt freilich eine Erinnerung, typisch kinderställchenhaft, aber eben doch schon von mindestens einjähriger Wahrnehmungskraft. Richtig, das war die erste affekthafte Wahrnehmung eines Nebenbuhlers auf der

Couch. »Die Alte«, wenn ich meinen analytischen Vater in dieser Übertragungsphase einmal so nennen darf, hatte sich, wie manchmal, weil er auswärts wohnte, frühmorgens verspätet, mit meinem Vorgänger auf der Couch also ein paar Minuten länger gemacht, was mir, angesichts meiner ungestümen Bedürfnisse, ziemlich unverständlich erschien und in sich schon eine schmerzliche Enttäuschung über die Mutter und eine erste zaghafte und quasi vorödipale Erfahrung ihrer Untreue darstellte. Ich kann mich nicht erinnern, ob ich den Kerl vor mir als Person überhaupt wahrnahm; aber als ich auf der Couch lag, hatte ich die Empfindung, in einer warmen Urinpfütze zu liegen. Das war mir dermaßen unangenehm, daß ich die bizarrsten Verrenkungen machte, um mich hart am Rand der Bettkante so zu halten, daß wenigstens größere Rückenpartien von der Empfindung klebriger Nässe verschont blieben. Natürlich habe ich kräftig gemault und gelästert, aber was half es. Er konnte sich auf eine verkehrstechnische Notlage hinausreden, und überdies war die Realität von Geschwistern jetzt schlechterdings nicht mehr zu verleugnen. Ihre Wahrnehmung erfolgte jedoch mit den Empfindungsqualitäten, wie sie unter Kleinkindern üblich sind. Von Zufall kann hier allerdings nicht die Rede sein, denn als Depressiver war ich bis in die Pubertät hinein quasi Berufsbettnässer. Urin war für mich also durchaus ein vertrautes Medium der Kommunikation. Der Kerl, dem ich ob einiger Wärmespuren auf der Couch den Urin andichtete, war in der Tat mein erstes jüngeres analytisches Geschwister, und wenn man die Projektion vom Kopf auf die Füße stellt, dann könnte schon sein, daß meine Empfindung den Wunsch verhüllte, ihn in meinem eigenen Urin zu ertränken.

Als ich gut eineinhalb Jahre alt war auf der Couch, kam

es, weil der Lauf des Jahres selbst durch Kindermagie nicht aufzuhalten ist, zu den zweiten Sommerferien des Analytikers. Damals war ich schon ein rechter Gernegroß und fuhr, obwohl ich mit der Zunft der Analytiker formell noch wenig zu tun hatte, frech auf den römischen Weltkongreß der Psychoanalyse, wie um die Geheimnisse einer weltweiten Elternversammlung neugierig auszukundschaften und anderen Naseweisen in der Zeitung darüber zu berichten. Zu jener Zeit waren die ersten Amerikaner entweder gerade auf dem Mond gelandet oder hatten ihn umkreist, jedenfalls hatten sich Menschen im Weltall auf ziemlich komplizierte Begegnungs- und Wiederfindungsabenteuer eingelassen. Die Rückkehr vom Urlaub und das Wiederfinden des Analytikers stellte ich mir in den Kategorien der Weltraumfahrt und einer sogenannten Punktlandung am Montag früh um neun Uhr auf der Couch vor. Ich hatte ihn in Rom in dem Gewimmel gesehen und kurz begrüßt; zwischen uns war verabredungsgemäß ein Stück luftleerer Weltraum gewesen, nicht angenehm zu schnuppern, saukalt und kränkend. Um so wichtiger war nach vier Wochen die Punktlandung, zu der ich mir ihn als Bergungsflugzeugträger vorstellte. Ich kam pünktlich herunter, Bremsfallschirme weit geöffnet, um ihm nicht in beschädigend stürmischer Weise an den Hals zu springen, und was geschah? Die Sekretärin richtete mir aus, ich müsse leider noch ein wenig warten, der Herr Dr. X sei mit einem Dringlichkeitsfall beschäftigt. Ich sah, daß das rote Lämpchen vor seinem Zimmer auf dem Flur brannte, was hieß: Halt, nicht eintreten, ich habe schon jemanden an die Brust gelegt. Ich drücke es zurückhaltend präödipal aus. Später wurde mir das rote Lämpchen, wenn ich warten mußte, zur rechten Hurenlampe, zum Zeichen des Verrats, der

Serientherapie, Fließbandversorgung, Seelenprostitution usw. Sei's drum, das Lämpchen brannte, und drinnen waren der Flugzeugträger und ein Dringlichkeitsfall; ich machte also meine Punktlandung auf einem harten Holzstuhl im Warteflur. Nach einer Viertelstunde kam er mit einer älteren Frau heraus, die vermutlich eine neurotische Erblindung hatte und die mir unter anderen Umständen sicherlich leid getan hätte, in der ich jetzt freilich nur die alte Vettel des Märchens zu erkennen vermochte. Nach einer Weile stummen Grollens auf der Couch sprach ich über das Bild der Landung und Bergung der Apollo- oder Geminikapsel. »Verstehen Sie, ich komme nach Mond- und Erdumkreisung zielsicher und pünktlich zu Ihnen herniedergeschwebt und denke, Sie liegen hier wartend am Treibanker. Aber was tun Sie, statt mich glücklich und strahlend aufzufangen? Sie sind mit der Bergung eines havarierten Fischkutters beschäftigt.«

Ich muß mich natürlich fragen, warum mir solche Dinge bis in die Einzelheiten der Formulierung im Gedächtnis geblieben sind. Da ergibt sich mancherlei an Erklärungsmöglichkeiten. Ich bin als Literat ohnehin in Sprachschöpfungen vernarrt. Die Erinnerungen haben aber auch damit zu tun, daß die Sprachschöpfungen eine intensive Werbung um den Analytiker darstellen. Vielleicht aus Furcht, nicht genug geliebt zu werden, trieb es mich manchmal zu unterhaltsamen Höchstleistungen. Natürlich wurde das gedeutet, aber das half nur bedingt. Die werbende Spracherotik fiel außerdem in eine Zeit, in der in der Analyse viel von meinem realen oder befürchteten Gestank die Rede war, von dem penetranten Uringeruch, der durch meine Kindheit zog, und von dem Gestank des Schweißes, den ich wie ein Gewand um mich wähnte, weil ich viel schwitzte, um so mehr, je mehr ich Angst hatte, nicht arbeiten konnte, gehetzt war, Schuldgefühle hatte: Sprachparfum, so könnte man sagen, mühsam zusammengemixt, um den eigenen Gestank zu übertönen. Ich hatte Mühe, das Thema überhaupt zur Sprache zu bringen. Eines Tages fühlte ich: es stinkt zum Himmel. Ich war durchgeschwitzt, ungewaschen, unrasiert, halb vergammelt. Erinnerungen wie die folgende zogen mir durch den Kopf: Ich habe tagsüber selten in die Hosen gepinkelt, und wenn, dann nur in der Kirche (dies ist ein Hinweis auf den ekklesiogenen Anteil meiner Neurose, meine beiden Großväter waren Pfarrer). Oder: Ich tummle mich auf den von meiner Mutter frisch gemachten Betten der Eltern, kacke auf das frische Leintuch und freue mich so lange über das optisch Eindrucksvolle des Ergebnisses, bis es Schläge setzt. Kurz, Bilder von uretraler und analer Peinlichkeit umgeben mich, und ich fühle mich zum Wegwerfen beschissen, kann aber gerade noch davon Kunde geben. Da tönt es von hinter der Couch: »Ihre unausgesprochene Frage an mich lautet doch eigentlich: Können Sie ein so verdrecktes und stinkendes Kind auf dem Arm behalten oder werden Sie es wegschmeißen? Aber eine gute Mutter kann ein Kind auch dann noch auf dem Arm behalten, wenn es von oben bis unten vollgekackt ist.« Da fuhr durch die dicke Schicht von Scheiße, mit der ich mich umkleidet fühlte, ein Schauer des Wohlbehagens, so daß ich loslachen mußte. Fortan wich der Gestank langsam von mir.

Es ist merkwürdig, wie wenig mir aus den ersten Monaten der Analyse einfällt. Sie war dem Ausschwingen der Depression gewidmet. Es spielte zum Beispiel das Problem eine Rolle, ob ich überhaupt reden konnte. Manchmal ging es nicht, da war das Mundaufmachen schon zu anstrengend oder es schien einfach nicht lohnend in der Verlorenheit. Manchmal kam einfach Klagen, stundenlanges Klagen, fast Wimmern, verbunden mit immenser Scham über dieses Daliegen und Nicht-weiter-Können, über die Hoffnungslosigkeit. Es konnte sein wie eine körperliche Krankheit: daliegen und kein Glied mehr richtig bewegen können. Vielleicht muß ich einfach warten, bis die Erinnerung von selbst wiederkommt. Sie läßt sich ja nicht erzwingen: die schlimmen Wochenenden: das Gefühl, nur über die Ader der Analyse, die stillgelegt ist, mit dem Leben verbunden zu sein: Freitag, Samstag, Sonntag, nichts als Warten auf den Montagmorgen. Es konnte vorkommen, daß ich am Samstag oder Sonntag vor dem Telefon saß, mit aufgeblättertem Adressenkalender. Manche Bekannte waren nicht da, manche hatten Besuch, aber bei den meisten habe ich es erst gar nicht versucht. Sie wären meinem Zustand nicht gewachsen gewesen, und ich nicht ihren Vorstellungen von Geselligkeit. Oder es blieb, wenn ich Bekannte besuchte, das Gefühl, daß die Ebene des Kontaktes nicht stimmte. Es waren die Zeiten der Anklammerungssexualität, des rauschhaften Anschmiegens und Drauflosvögelns, eines Strohfeuerglücks, mit der Neigung, bald wieder wegzulaufen, ein Orgasmus des Saugens.

Natürlich kennzeichnet dies nicht alle Beziehungen, sondern die Tiefpunkte: eine verzweifelte Treulosigkeit, weil die gierig erzeugte Nähe rasch wieder Angst machte und nur durch Flucht aufzuheben war. Es gibt Menschen, die *Opfer* meiner Neurose waren; Schmerzen, die man zugefügt hat, Verrat, geweckte und enttäuschte Hoffnungen, zerstörte Beziehungen, diese Mischung von Quälen und Helfen, von der für immer ungewiß bleibt, ob die Wun-

den je wieder verheilen werden. Ich glaube, die Schuldgefühle, unter anderem, haben mich auch dazu getrieben, Partnern immer wieder zu raten, selbst eine Analyse zu machen. Sie sollten nicht allein *mir* und meinen und ihren kumulierten Beschädigungen ausgeliefert sein. Und sie sollten nicht ins Leere fallen, wenn sich als unhaltbar erwies, was ich in suchthafter Beziehungsgier immer wieder begann, ohne es dauerhaft gestalten zu können.
Es geht mir bei diesen Erinnerungen immer wieder ein Bild durch den Kopf: Eines Morgens kam ich verspätet zum Institut in die Stunde und war traurig und angstvoll, auch wegen der Verspätung, und da war *er* aus dem Zimmer gegangen, den Gang vor bis an das Fenster, von dem aus man auf die Straße sehen kann. Ich kam um die Ecke gerannt, fast ein wenig in Panik, weil so viel Überich-Last und Selbstverurteilung und Angst vor Liebesverlust in dieses Zuspätkommen sich mischten; sah ihn oben stehen und mir entgegenlächeln. Da riß es mir einfach die Arme hoch, ihm entgegen. Erst dann sah ich die anderen Leute auf der Straße und ließ die Arme wieder sinken, aber in der Phantasie habe ich sie ihm um den Hals geschlungen, obwohl es mir schwerfiel, solche Dinge überhaupt auszudrücken.
Sicher konnte er nicht meinem manchmal fast blinden Suchen nach Zuneigung, sexuellen Beziehungen, Anerkennung zustimmen. Aber nichts von dem, was mein wildgewordenes Gewissen ihm andichtete, anprojizierte an Verurteilung, Abscheu, Abneigung, Verlust an Achtung und Zuneigung, war wahr. Ich machte ihn oft für Wochen, wenn nicht für Monate, zur bösen Mutter, die mir nichts gönnte, die kopfschüttelnd dasaß. Neben der primitiven Geborgenheit in seiner Nähe war es vielleicht diese vorsichtige Projektion von Überich-Trümmern auf

ihn, die die erste Zeit ausfüllte. Ich war ein Meister im Projizieren, nahm jede Regung des eigenen Gewissens zuerst als ein Runzeln seiner Stirn, eine Trübung seines Blickes wahr. Jederzeit war es möglich, durch irgendein Verhalten oder einen Gedanken eine vermeintliche Katastrophe bei ihm heraufzubeschwören. Wenn er fünf Minuten zu spät kam, war ich verloren. Nach drei Minuten hatte ich mich aufgegeben und brauchte tiefe Trauer, Schmollen oder Wut, um wieder aufzutauchen. Ich litt an einer immensen Kränkbarkeit beim leisesten Verdacht der Abwendung, der Lieblosigkeit, ja nur der Verminderung seiner Zuneigung; ebenso an einer riesigen Anfälligkeit meines hypertrophen Melancholikergewissens, das vorübergehend ganz von ihm abhängig war. Möglicherweise ist die Kränkbarkeit dadurch erhöht worden, daß das strenge, manchmal sadistische Überich mir immer wieder suggerierte: Alles, was dir an Schlechtem von ihm passiert, ist verdient, weil du böse bist. Es gab monatelang die Angst, irgendwann müsse er die Unbrauchbarkeit, ja Verworfenheit meines Charakters erkennen und mich bedauernd nach Hause schicken.

Die Analyse war eine langwährende Revision der Unmöglichkeit, mich selbst zu akzeptieren. Wen das Theoretische interessiert, der mag Freuds Arbeit über die Melancholie nachlesen, sie ist zu einem Teil meine Leidensgeschichte, mindestens auf dieser Ebene der Analyse. In den Zeiten der Kränkbarkeit wuchs meine Bereitschaft zu Mißverständnissen ins Uferlose. Machte er eine halbe Minute vor der Zeit Schluß oder glaubte ich das auch nur, so wurde für mich ein Rausschmiß daraus oder die Phantasie, daß er das Stundenende nur mühsam erwarten könne, um mich endlich los zu sein. Sprach er auf dem Gang ein paar Sekunden mit Kollegen, so wurde er mir zum endlich entlarvten Verräter, der demonstrativ idiotische Gespräche führt, um mich auf die Folter zu spannen. Am schlimmsten war es, wenn er mit Frauen oder Mädchen sprach; dann fühlte ich mich endgültig und für alle Zeiten ausgeschlossen. – Ich sprach von der Revision der Selbstablehnung. Ich erinnere mich da an einen Traum aus dem zweiten Analyseversuch, der schließlich zu einem schmerzlichen Tagtraum wurde: Ein Mann hat ein Nest mit jungen Raben ausgenommen, hält sie an den Füßen zusammen und schlägt sie mit den Köpfen gegen einen Baum, um sie zu töten. Das beruhte auf einem realen früheren Erlebnis, aber jetzt wurde es zum Symbol meines Umgangs mit mir selbst. Manchmal wurde aus den jungen Raben ein Kind, vor allem in der Zeit, als ich meinen Lebensunterhalt mit der Berichterstattung über den großen Auschwitz-Prozeß verdiente. Da war von solcher Art der Kindertötung vor den Verbrennungsöfen die Rede, und diese Art der Tötung dachte ich mir im Traum immer selber zu. Der Selbsthaß hat sich langsam gemildert. Wie, kann ich nicht genau sagen. Es muß mit der Milderung des Überichs zusammenhängen, wohl auch mit einem Nachlassen eines mitgeschleppten Hasses auf meine Mutter, der mir in der Realität kaum noch faßbar war. Immerhin fing der Haß während der Analyse wieder an zu lodern, einfach deshalb, weil er zugänglich wurde. Obwohl ich nicht mehr versucht war, ihn an realen Personen auszutragen, konnte es geschehen, daß ich stundenlang spazierenging und innerlich nur mit Hassen beschäftigt war; es wechselte zwischen dem Analytiker und meiner Mutter. Jede Kleinigkeit im realen Leben konnte sich zu einer Katastrophe der Zurücksetzung ausweiten, die in endlose Rachetiraden auslief. Ich fühlte mich verfolgt, zurückgesetzt, geschunden und getreten, spie Feuer und

Galle, wurde von Haß geschüttelt. Auch der Analytiker konnte von einer Stunde zur anderen vom Engel zum Teufel und umgekehrt werden. Später einmal hat er zur Kennzeichnung dieser ersten Phase, die gut eineinhalb Jahre, natürlich mit Schwankungen, dauerte, gesagt: »Sie boten mir damals fast nur wunde Flächen an, und jedes vorsichtige Anfassen konnte schon den grimmigen Schmerz auslösen.« Ich fand das eine ausgezeichnete Zusammenfassung. Ein Jahr lang hat er fast nur vorsichtig Wundbehandlung betrieben, und das ist ein wahrhaft undankbares Geschäft; es kam ja noch der Haß auf zwei erfolglose Analytiker hinzu. Einerseits half das, *ihn* zuerst einmal in leuchtendem Kontrast erscheinen zu lassen, aber sehr rasch konnte sich das auch vermischen, dann haßte ich in ihm die ganze Zunft und nannte sie Ausbeuter und Menschenschinder, Quälgeister und Sadisten. Wie soll ein Kind wissen, wie lange es geht, bis die Wunden auch nur freigelegt sind? Oft habe ich ihm damals unterstellt, er brauche meinen Schmerz zu seinem Wohlbefinden. Viele Kränkungen hielt ich für willentlich arrangiert, um mich am Leiden zu halten. Ich war paranoid auf einer frühen Stufe, und so wie er ein Ungeheuer war, so wuchs ich in meinen Rachephantasien ins Ungemessene, um ihn und seine Zunft eines Tages gänzlich zu zerschmettern. Ich entwickelte einen kalten Sarkasmus, mit dem ich ihn ab und zu wirklich quälte. Denn so viel schizoide Einfühlung hatte ich längst, um zu merken, wann er sich eine Blöße gab. Seine Gefühle waren viel freundlicher als die meinen, und ich verspottete sie, weil ich sie für Schwäche hielt; ich nannte ihn einen Kitschier, einen Poeten aus dem Rosengärtchen, einen Säusler für kleine Kinder und alte Tanten. Gegen das Locken in seiner Stimme war ich gepanzert. Wenn er Bilder zu Deutungen verarbeitete, die meinen Zustand exakt trafen, ließ ich ihn hohnvoll stürzen: wie ich meinte, in die Gosse der Sentimentalität.

Er hat es ausgehalten, weil er gewußt hat, daß ich mir selbst viel mehr weh tat als ihm. Doch wie wütend war ich, wenn er mir das sagte: »Ich sehe vor allem, wie Sie sich quälen und das Gute kaputtmachen müssen.« Er hatte recht, aber ich mußte wüten und zerstören und verhöhnen und die aufkommenden Gefühle immer wieder auslöschen. Alles kam mir wie dreckige Lügen vor, Fallen, aufgestellt, um mich in frühes Unglück zurückzulocken, in eine Zeit, in der ich, um mit dem Haß über die Geschwister und dem seelischen Verlust der Mutter fertig zu werden, Frösche und kleine Fische mit Glasscherben sezierte. Hier fällt mir eine Deutung von ihm ein, von der ich nicht mehr weiß, auf welche meiner verbalen Schandtaten in der Analyse sie antwortete. Er sagte: »Kleine Kinder wollen oder müssen manchmal erproben, ob sie Erwachsenen weh tun können, weil sie wissen wollen, ob sie überhaupt *da* sind und irgendeinen Einfluß haben. Und Sie wollen ganz genau wissen, ob es weh tut.« Vorsichtig ließ er mich gelegentlich durch Verstummen merken, daß ich ihn wirklich traf, wenn ich ein Stück Freundlichkeit wieder zerstört hatte, und ich war dankbar dafür, wenn ich es, ohne Rache zu fürchten, verstehen konnte. Aber das ging nicht oft, weil mein Schuldgefühl alles an ihm, was mir nicht gefiel, zu Rachehandlungen hochspielte. Wenn er in einer Stunde einmal weniger redete, erlebte ich es als ein teuflisches Schmorenlassen, obschon es im Grunde nur ein Versuch war, herauszufinden, ob ich schon zwei, drei Schritte allein gehen könnte, ohne alle paar Minuten eine kleine Ermunterung zu bekommen. »Sie lassen mich zappeln«,

sagte ich dann, und manchmal war es wütend-ohnmächtig gesagt, manchmal lag mein ganzer Harm darin, manchmal war es auch Machtkampf, und er brauchte zweifellos eine Menge analytischen Scharfsinns, um herauszubekommen, wie tief ich grade abgesackt oder wie rauflustig mir in Wirklichkeit zumute war. Jeder Analytiker und jeder Analysand kennt das Ringen um den ersten Schritt oder das erste Wort, oft auch nur um den ersten Laut in einer Analysestunde, in dem es darum geht, wer zuerst auf den anderen zugeht. Sehr oft brauchte ich die Brücke; häufig ging es aber auch, wenn er lange genug schwieg, selbst wenn es dann wie eine kleine Demütigung und mit Wut verbunden war. Wenn er das Gefühl hatte, ich schaffte es nicht allein, hat er freilich stets geholfen. Es gibt, wie ich weiß, auch Analytiker, die sich eher die Zunge abbeißen würden, als ihren Patienten zu Hilfe zu kommen. Sie haben sicher ihre Gründe, aber ich bin mir sicher, daß ich das nicht ausgehalten hätte. Sobald Mama oder Papa, je nach Übertragungslage, gemerkt hatte, ich sei stark genug für einen Machtkampf, fing das Interpretieren an, und genaugenommen hat man dabei natürlich immer das Nachsehen.
Ich will kurz eine Episode berichten, die mir symbolisch erscheint für einen Zustand, den ich als postdepressiven Frieden, als wiedergewonnene Freude am Spiel und am eigenen Wachstum, bezeichnen möchte, aber auch für eine Phase, in der Regression nicht mehr nur eine Mischung aus Verschmelzungswunsch und Angst vor dem Verschlungenwerden war. Es ereignete sich eines Tages, daß ich ein paar Minuten nach Beginn der Stunde entdeckte, wie wohlgelaunt ich war; ich bekundete dies durch einen Grunzlaut, averbal, behaglich, ziemlich animalisch. Als Antwort kam von ihm ebenfalls ein sonorer Grunzlaut,

tiefer, bestätigend, eine ebenso animalische Bekundung einfacher Anwesenheit. Und nun entspann sich ein Grunzdialog, wie wenn Muttersau und einziges Ferkel in der Sonne liegen, einander nicht sehen, aber sich in *ihrer* Sprache, also für unser grobes Ohr averbal, doch nicht ohne tierischen Genuß an breiter Modulation, mitteilen wollen: »Hallo, bist du da?« »Ja, ich bin da, du auch?« »Na klar, Sau, das hörst du doch?« »Wieso, ich hab' nichts gehört, sag's noch mal!« Und dann grunzen sie eine Weile im Wechselgesang vor sich hin, weil es so schön ist, beieinander zu sein und an den Lauten und der Kürze des Echos die Nähe des anderen zu messen. Man könnte sagen, daß da die Depression als Dauerkrankheit zu Ende war, bis auf die Rückfälle, manchmal schwere Rückfälle. Ich konnte wieder in der Sonne liegen und Nähe und Distanz besser miteinander mischen.

Manche Episoden oder analytische Sequenzen haben für den Therapeuten und den Patienten eine ähnliche, gemeinsame Funktion der Festigung der Beziehung. Es sind gemeinsame Erinnerungen *in* der Analyse, auf die man sich berufen kann, entweder um sich einander wieder zu vergewissern, oder um Mißverständnisse zu klären. Es gibt jedoch auch Schlüsselepisoden, die jeder für sich allein erlebt, oder in denen die Erlebnistiefe bei beiden unterschiedlich ist. Sie ist natürlich ohnehin unterschiedlich, einfach deshalb, weil das emotionale Engagement des Analytikers dosiert und kontrolliert bleiben muß, während ein maßvoller Kontrollverlust auf seiten des Patienten geradezu Voraussetzung für das Gelingen ist. Ein solches Schlüsselerlebnis für *ihn* scheint jedenfalls eine Episode gewesen zu sein, die für mich zwar auch eine gewisse Bedeutung hatte, aber doch nicht jenen Leitwert für die ganze Analyse, wie wohl für ihn. Das bezieht sich übrigens wieder auf den Beginn der Therapie. Ich hatte, wie berichtet, die Angst des mehrfach Vorbestraften oder Gescheiterten und stand unter dem Druck, mich als therapiefähig zu erweisen und gleichzeitig mit den stark erwachenden Relikten des Hasses auf den zweiten Analytiker umzugehen. Schließlich gibt es in solchen Situationen auch noch die Versuchung, um den neuen Analytiker dadurch zu werben, daß man die Fehler des anderen auf eine Weise darstellt, die dem neuen schmeichelt – also eine recht komplizierte Lage, in der ich selbst um eine Erklärung des Scheiterns der zweiten Analyse rang. Sie war an meinem Haß und meinem Mißtrauen gescheitert, die ich nicht mehr zu kontrollieren und in Schach zu halten vermochte. Ich sagte also, um Verständnis flehend: »Wissen Sie, wenn man mit so viel Haß in einer Therapie umgehen will, wie ich ihn hatte, dann braucht man darunter eine sehr gute, liebevolle Beziehung, und die hatte ich nicht.« Das muß als ein starker Appell auf ihn gewirkt haben, der ausschlaggebend wurde für seinen »inneren Kurs«. Er spielte immer wieder auf diesen Anfang an; man kann sagen, die Episode habe sein Mutterherz gerührt. Das klingt nach Kitsch. Ich bin jedoch auch nach gut verlaufener Analyse kein Anhänger von Kitsch geworden. Es ist eher so, daß ich des Analytikers Vokabular allmählich innerlich annehmen konnte, auch wenn ich es nicht übernommen habe. Das liegt daran, daß er, obwohl hochbelesen und gebildet, im Umgang mit den Gefühlen des Patienten, auch mit seinen eigenen, wenn er sie in einer Gegenübertragungsdeutung formulierte, sprachlich manchmal geradezu ein Analphabet war, der dies wußte und sich oft, wenn er zu einer längeren Deutungssequenz ansetzte, quasi prophylaktisch entschuldigte für sein »Gestammel«, wie er es einmal nannte. Aber zurück zum

Thema: Ich wollte sagen, daß diese Anfangsepisode und die Art, wie er sie wahrgenommen hatte, ein Fundament der Analyse war, man könnte fast sagen: ein Taufakt, in dem er das volle Maß seiner Verantwortung übernommen hatte, seine analytische, mütterlich getönte *Vaterschaft*.

Seine zuverlässige *Mutterschaft* war ebenfalls mit einer Episode verknüpft, deren Gewicht für ihn mir erst allmählich aus seinen Deutungen klar wurde. Das Gespräch, in dem die Aufnahme der einstündigen Therapie vereinbart wurde, fand etwa einen Monat vor seinem vierwöchigen Sommerurlaub statt. Da wäre es nun normal gewesen, den Beginn auf die Zeit nach seiner Rückkehr zu verschieben. Ich muß jedoch ein winziges Entgegenkommen gespürt haben, denn ich drängte darauf, die erste Therapie- oder Schäferstunde noch vor den Ferien zu kriegen. Es sei wie eine stürmische und liebevolle Vergewaltigung gewesen, was ich da mit ihm anstellte, sagte er später, und man habe gemerkt, daß ich nicht gern mit mir würde fackeln lassen, sondern gleich Nägel mit Köpfen machen bzw. klare Besitzverhältnisse schaffen wollte, um ihm noch den letzten Rest einer Versuchung zu ersparen, mir während des Urlaubs noch einmal untreu zu werden. Nach dieser analytischen Entjungferung habe ich das Warten viel besser ertragen.

Vielleicht kann ich in diesem Zusammenhang gleich etwas anmerken über mögliche Ursachen des Scheiterns der zweiten Analyse. Theoretisch könnte man sagen, daß sie für mich und vielleicht für den Analytiker unerträglich wurde, weil die Ambivalenz nach der Seite des Hasses umschlug und die libidinöse Basis allmählich aufgezehrt bzw. von mir aktiv zerstört wurde. Eine meiner letzten Äußerungen nach den zwei Jahren war: »Jetzt fällt mir ein, daß ich Sie quälen wollte.« Ich glaube, ich hatte mich gefangengesetzt im masochistischen Triumph. Mein jetziger Analytiker hat eine weitere Erklärung geliefert, die vieles erhellt. Er kam selbst erst darauf, als wir auf schwer faßbare Formen einer positiven Idealisierung stießen. Er sagte: »Mein Eindruck ist, daß damals eine negative Idealisierung vorlag.« Das würde bedeuten, daß ich den zweiten Analytiker auch in der Übertragung ins Große verzerrte, ihn jedoch mehr mit negativen, gefährlichen Eigenschaften ausstattete, die ich am besten so zusammenfassen könnte: kalte, gefühlsarme Potenz. In der Realität bestehen natürlich kaum Anhaltspunkte für diese Verzeichnung, doch fiel mir nach dieser Interpretation sofort mein allererster Eindruck im Zimmer des zweiten Analytikers ein, den ich ihm auch mitteilte: »Sie kommen mir vor wie ein kühler Diplomat an seinem Chefschreibtisch.« Darin war keimhaft das Ende bereits enthalten. Heute sind, ich habe es schon angedeutet, die Beziehungen fast freundschaftlich-kollegialer Art. An diesem Punkt frage ich mich, ob dies nicht alles besser ungesagt bliebe, weil ihm sehr viel quälendes Mißlingen zugrunde lag. Aber der Abbruch einer Analyse ist eben quälend und über lange Zeit mit Enttäuschung, Vorwürfen, Klagen und Haß verbunden. Ich habe mit meinem jetzigen Analytiker viel Zeit und Energie an die Aufarbeitung dieses Mißlingens gewendet, er hat die Wiederherstellung guter Beziehungen zum anderen mit der gleichen interpretierenden, ja ermutigenden Geduld begleitet wie viele andere Unternehmungen. Insofern liegt hier ein Feld des Erfolgs der Analyse und also meiner Dankbarkeit. Auch unter Analytikern herrschen Rivalitäten, und die Überweisung von Patienten, mit denen es Schwierigkeiten gibt, gar die Übernahme eines im Haß geschiedenen, ist keine leichte

Sache, rührt an die Größenphantasien, die Triumphbedürfnisse des Analytikers. Es ist quasi schmutzige analytische Wäsche, auf die man da zu stoßen glaubt, und all dies bringt für ein Kind, als das man den regredierten Patienten bezeichnen muß, der umadoptiert wird, verwirrende, wenn nicht gar überwältigende Gefühle und Phantasien mit sich. Jedenfalls wäre die Durcharbeitung des Scheiterns bis zur Wiederversöhnung nicht möglich gewesen ohne ein hohes Maß menschlicher Integrität des Analytikers und verläßlicher kollegialer Loyalität zum früheren, die eine vorübergehende Einfühlung in den anklagenden Patienten nicht ausschließt.

Eines der Grundprobleme dieses Versuchs, eine psychoanalytische Behandlung zu beschreiben, ist ohne Zweifel die Frage, inwieweit es möglich ist, seiner eigenen Neurose gegenüber einen halbwegs beobachtend-distanzierten Standpunkt einzunehmen. Normalerweise lebt man seine Neurose und weiß kaum richtig, daß man eine hat. Die Welt, in der man existiert, und die Menschen, mit denen man lebt, erscheinen in einer neurotischen Einfärbung, die man als Einfärbung nicht mehr erkennt. Ich habe mich jahrelang herumgequält, bis mir überhaupt der Gedanke kam, ich könnte von dergleichen befallen sein, das heißt, bis ich in der Lage war, Hilfe zu suchen und Hilfe anzunehmen. Vorher war die Scham vorherrschend, die Tendenz, die eigenen Schwierigkeiten zu verbergen, die verzweifelte Hoffnung, es handle sich um Reifungskrisen, die sich irgendwann von selbst erledigen würden. In meinen ersten Studiensemestern war ich bereits einmal so weit, mich an einen Psychotherapeuten zu wenden, habe mich aber vom Spott eines bewunderten Lehrers über diese Zunft abhalten lassen und die Tendenzen der Scham verstärkt, aber auch den Versuch radikalisiert, aus der Neurose eine literarisch verbrämte Existenzform zu machen. Doch gibt es bestimmte Grade der Depressivität und der Kontaktstörung, die die Freiheit in der Definition des eigenen Befindens und dessen medizinisch-psychologischer Benennung einengen oder zum Verschwinden bringen. Ich habe in Studentenzimmern vor Angst zu schwitzen begonnen, in den Hörsälen hat mich die Panik gepackt, an manchen Tagen konnte ich in den Seminarbibliotheken nur noch lesen, wenn ich ab und zu onanieren ging; der tröstliche Spaß, im Wald gelegentlich einen Beischlaf einzulegen, verlor sich wegen einer vorübergehenden Ejakulation präcox. Hier werde ich schwankend, wieweit man von seiner Neurose tatsächlich reden kann wie von Tuberkulose oder einem Herzklappenfehler. Auf einmal überkommt mich Scham, und die Frage stellt sich: *Bin ich nicht doch meine Neurose*, lege ich mich nicht fest vor aller Öffentlichkeit, werde ich nicht ein Gezeichneter sein, wenn ich dies alles eingestehe? In einer Diskussion mit Freunden habe ich den Begriff des medizinischen Selbstversuchs gebraucht für diese Beschreibung.

Mit der Aufzählung einiger Symptome wollte ich andeuten, daß ich nicht mehr die Neurose gelebt habe, sondern daß sie anfing, mich zu leben; sie wurde stärker als ich, mein Leben bestand manchmal nur noch in dem Versuch, sie zu mildern. Man könnte sagen, sie hätte mich besiegt oder ruiniert, wäre nicht die Tatsache gewesen, daß ich von einer bestimmten Schmerzgrenze an sagte: Jetzt reicht's, jetzt ertrage ich es halt, das Nicht-mehr-allein-Fertigwerden und das Etikett des psychisch Gestörten. Heute, zehn Jahre später, ist es wesentlich leichter geworden, eine Neurose zu haben, ohne sich deswegen in Grund und Boden zu schämen.

In gewissem Sinn stellt die Analyse eine Objektivierung der Neurose dar. Schritt für Schritt wird sie am Therapeuten in der Übertragung aktiviert, quasi vorgeführt, Hunderte von Stunden gemeinsamer Besichtigung psychologischer Röntgenbilder, manchmal Gesamtaufnahmen, manchmal Detailmikroskopie. Das schafft Distanz und einen gewissen Überblick. *Ich bin und bin nicht meine Neurose.* Sie fällt langsam ab, freilich nicht ohne Spuren und Narben; natürlich löst sich das psychoanalytische Charakterbild nicht in Wohlgefallen auf. Ich bleibe depressiv anfällig, und mit dem Lindwurm des Größenwahns muß ich weiterringen und versuchen, ihn zu zähmen. Das Krankhafte, das Anfallartige, die sich über Tage und Wochen hinschleppende Depression haben sich indes gelegt, und wenn eine depressive Phase kommt, kann ich darauf vertrauen, daß sie kürzer ist, daß ich eine gewisse interpretierende Mächtigkeit ihr gegenüber gewonnen habe (gegenwärtig hilft mir ja auch noch der Analytiker), ja daß ich geschickter geworden bin im Umgang mit ihr. Meine Neurose ist handhabbar geworden. Also kann ich auch versuchen, sie rückblickend zu beschreiben, am besten am Vorgang ihrer Behandlung.
Ich hoffte, in diesen Weihnachtsferien vierzehn wirklich abgeschirmte Tage zum Schreiben zu haben; es gibt jedoch große Unterbrechungen und Gänge in die Stadt. Das bedeutet jeden Vormittag einen neuen Anlauf. Außerdem bohrt heute einer über mir mit dem Elektrobohrer Dübellöcher in die Betonwände. Trotzdem will ich versuchen, mich wieder ein wenig zu versenken. Ich nehme heute, am vierten Tag, zum ersten Mal die Stichwortblätter zu Hilfe, die ich vor einigen Wochen angelegt habe. Und da ich bei den Geräuschen bin, nehme ich ein Geräuschstichwort auf: »Nießen«. Gemeint ist das Nießen des

Analytikers, das man als ein kleines Naturwunder bezeichnen kann. Ich schildere also zuerst das Reale, zögere freilich einen Augenblick, ob diese Mitteilung nicht die Diskretion verletzt, doch rede ich ja nicht von einer Perversion oder sonst etwas Beschämendem, sondern von etwas Harmlosem. Er hat die Eigenart, daß ihn gelegentlich das Nießen überkommt, und zwar in aller Regel so, daß es ihn dreimal erwischt. Da steckt etwas Ehernes dahinter und, wie er behauptet, Trans- oder Metapsychisches, das er mich nie analysieren lassen wollte. An diesem Punkt berief er sich stets auf die schlichte Physiologie, vielleicht deshalb, um einer Rollenumkehrung vorzubeugen. Wenn das Nießen anfing, war die Analyse für eine Weile unterbrochen, bis der Vorgang beendet war. Das hätte nicht unbedingt so sein müssen. Doch hier beginnt schon meine eigene Reaktion auf das Nießen. Wie man sich erinnern wird, schwankte der Unbekannte hinter mir, je nach meiner inneren Lage, sehr stark in seinen phantasierten Größendimensionen, manchmal, wie angedeutet, wuchs er bis zur echten Molochgröße an. Das Nießen kam unvorbereitet, schnitt mit Naturgewalt alles ab. Es schmiß mich sozusagen in den Graben, ich flog beiseite und suchte Deckung, von der Kränkung der Unterbrechung einmal ganz abgesehen. Im Anfang kannte ich den Dreierrhythmus noch nicht, kam also zu früh aus dem Graben wieder heraus, ordnete unvorsichtig und ohne Deckung meine psychischen Gliedmaßen; da kam die zweite Explosion, die mich noch weiter ins freie Feld warf. Diesmal robbte ich schon vorsichtiger zum Gefahrenherd zurück und warf mich beim ersten kleinen Warngeräusch platt auf den Boden, so daß ich den Endknall relativ gut überstand. Danach war eine Weile Ruhe. Dann begann das große Schneuzen und Aufräumen, ein unruhiges Geräkel im Sessel, auch fröhliches Trompeten durch den nunmehr freien Nasenkanal. Nach einer weiteren Weile, als sich auf beiden Seiten nichts rührte, sagte er: »Was gibt's?« Ich holte Atem und antwortete: »Herr Doktor, es war wie ein Naturereignis.« Ich merke, ich habe mich bei dieser Episode von Anfang an in die Ironie geflüchtet; warum, weiß ich nicht. Deshalb muß ich noch einmal für Nichteingeweihte wiederholen, daß man vom Analytiker, bis auf die Worte und Laute, abgeschnitten ist, und das bringt es mit sich, daß man, fast wie ein Blinder, zu einer allmählichen Steigerung der akustischen Wahrnehmungsschärfung kommt, um so mehr, als der Mensch hinter einem so viel bedeutet. Fühlt man sich ganz klein und spürt trotzdem, wie es den Großen hinter einem richtig durchschüttelt, und spürt man weiter, daß statt seiner sonst sanften und übersichtlichen Stimme ihm nicht kontrollierbare Laute entweichen, dann gerät die Sache entweder in die Richtung der Dinosaurierzoologie oder aber ins Kosmische. Die kosmische Deutung lag wegen des Getöses nahe, wegen der rituellen Dreimaligkeit aber auch das Religiöse. Wenn aus unerfindlichen Gründen einmal eine Dreizahl nicht ganz erfüllt ward, bemerkte ich einige Zeit später unzufrieden: Der Heilige Geist habe noch nicht sein Wort zur Lage gegeben.

Aber noch immer bin ich nicht ganz zufrieden mit der Schilderung meines Erlebens, ich setze also noch einmal an: Man stelle sich einen Zweijährigen auf dem Schoße des Vaters vor, der ihm etwas vorgelesen hat; es wird still, und dann schüttelt es den Riesenkerl, an den man gelehnt ist, und es donnern Riesengeräusche ans Ohr. Das Kerlchen ist zunächst fassungslos, denn der Alte hat ja wirklich Dinosauriergröße. Das Nießen des Analytikers hat mir eindrücklich etwas von seiner physischen Gegenwart vermittelt, das Stück mächtiger Vaterstatur und der Natur unterworfener Körperlichkeit. Daß es mich in diesem Ausmaß beeindruckt hat, hängt mit meinem wirklichen Vater zusammen, dessen Körperlichkeit von meinem ersten Lebensjahr an durch seine Krankheit geschädigt und eingeschränkt war, so daß es viel physischen Kontakt und herzlich-zugreifenden Umgang mit dem Dinosaurier nicht gegeben hat. Aber Nießen konnte auch er wie ein Tier der Urzeit. In der Regression war mir zunächst der Körper des Vaters immer fremd, eher bedrohlich oder verächtlich. Im Lauf einer langen Analyse erlebte ich dann die verschiedensten Regressionsstufen, auch in bezug auf die frühkindlichen Körperkontakte und die Phantasien über den Leib der Eltern. Davon wird später noch zu sprechen sein. Hier ging es mehr um die Erklärung, in welcher Weise mich das Nießen zuerst hineingeworfen hat in Wahrnehmungen, die mit Schaudern, Furcht, Andacht, manchmal auch mit schadenfrohem Gelächter verbunden waren. In den schlimmen Zeiten der Kränkbarkeit hatte das Nießen natürlich auch die Bedeutung: Er nießt aus Langeweile, er will mich bloß ärgern, dieser Idiot denkt ja an etwas ganz anderes; oder: Wieso nießt er gerade jetzt, ist es eine Strafe, um Gottes willen, bin ich vielleicht doch schlecht und er mag mich nicht mehr?

Ich brauche mich bloß wieder hineinzuversetzen in die Phase der Kränkbarkeit, dann fällt mir eine ganze Reihe anderer, von ihm ausgehender Geräusche ein, die mein Seelenleben berührt oder auch aus dem Gleichgewicht geworfen haben. Manchmal konnte ich ein feines Trommeln der Fingerspitzen auf der Sessellehne vernehmen, zugegeben selten, aber um so härter hat es mich getroffen.

Es durchzuckte mich wieder die Angst, er langweile sich oder versuche Ärger zu unterdrücken oder er sei mit seinen Gedanken anderswo. Ähnliches galt, wenn er in einem bestimmten Paar Schuhe seine Fußspitzen bewegte, so daß das Leder leise knirschte. Der innigste Wunsch des reizbaren Kindes ist doch, daß Vater und Mutter ausschließlich und mit der letzten Faser der Aufmerksamkeit ihm zugewandt sind; da kann ein Schuhknirschen wie Verrat erscheinen und Angst oder Wut auslösen. Als ich darüber mit ihm sprach, vielmehr mühsam und stokkend meine Gefühle gestand, brachte er ein sehr schönes Bild, natürlich aus seinen Erfahrungen als Familienvater. »Wissen Sie«, sagte er »manchmal, wenn man ein Kind auf dem Arm hat und es kommt ein anderer Erwachsener dazu und man redet mit ihm und vergißt das Kind für einen Augenblick, dann kann es passieren, daß das Kind einen bei den Ohren nimmt und mit Gewalt den Kopf herumdrehen will, das Gesicht dorthin, wo es selbst sitzt, und sagt: ›He du, du sollst *mich* angucken, nicht andere!‹«

So ist es mir tatsächlich mit ihm ergangen. Bei den Worten »Erfahrungen als Familienvater« bin ich unter dem Ansturm der Assoziationen zusammengezuckt, die ganzen Eifersuchtsattacken auf seine Kinder wurden einen Moment lang gegenwärtig. Ich hielt sie für vom Schicksal Begünstigte; Prinzen und Prinzessinnen mußten sie sein. Aber ich will dieses weite Feld der Eifersucht noch ein wenig hintanstellen. Ich will noch ein Weilchen verleugnen, daß überhaupt andere Menschen an ihm Anteil haben, näher und enger als ich, das kann ich jetzt noch nicht aushalten.

Und doch bricht es herein als Erinnerung, allerdings eine später zu datierende. Einmal nahm ich wahr, wie er während einer Stunde mehrmals stöhnte, als tue ihm etwas sehr weh. Schließlich fragte ich ihn. Er schreckte auf und entschuldigte sich, sagte dann, er sorge sich um eines seiner Kinder, das im Krankenhaus liege, er habe nicht gemerkt, daß er geseufzt habe. In jener Zeit war ich aber schon fähig, die Eifersucht durch Einfühlung zu mildern, und so ist mir die Episode in Erinnerung als ein Stück Entdeckung des Menschen. Ich wollte zuerst sagen: ein außeranalytischer Augenblick. Als ob es das gäbe! Er war insofern natürlich vollkommen analytisch, als die psychische Reifung als Kind auch mit dadurch zustande kommt, daß Gefühle der Eltern sichtbar werden, die man vorher nicht gespürt hat. Jetzt rede ich mich einfach um meine Rührung herum. Ich glaube, ich habe ihn geliebt, obwohl sein Seufzen nicht mir galt.

Nicht dieser, aber in ihrem Erleben ähnliche Augenblicke, einige seltene, können es gewesen sein, in denen sich in mir folgendes ereignete: es war zu einer besonderen inneren Nähe gekommen, und zwar auf einer Ebene, wo sich Gefühle noch direkt in Handlung umsetzen möchten. Ich lag auf der Couch, und alles strebte körperlich zu ihm hin. Ich kann es nur so ausdrücken, denn dieser Zustand läßt sich deutlich unterschciden von dem Impuls, meine Beine und Arme so zu bewegen, daß ich ihn hätte umarmen können. Das Zu-ihm-hin-Wollen ergriff den ganzen Körper, besser: alle Muskeln, egal, ob sie etwas mit der realen Bewegung zu ihm hin zu tun hatten oder nicht. Und gleichzeitig setzte von den jeweiligen Gegenmuskeln eine zurückhaltende Aktivität ein. Vielleicht muß man es sich so vorstellen, daß die ganze Muskulatur in eine libidinöse Aufregung kam und sich selbst mit Mühe zurückhielt. Jedenfalls erzeugte dies einen Zustand angenehmer Blockierung, der einer Schwerelosigkeit glich und für den mir, schon als er sich ereignete, der Ausdruck »gebremste Umarmung« einfiel. Es war eine Art Totalinnervation des Körpers, ein Schwebezustand, mit dem sich der Leib tröstete, weil er nicht der Seele zu innigerer Nähe folgen durfte.

Übrigens gab es oft Situationen, in denen ich still dalag, mehr oder weniger depressiv, und keine Lust hatte, zu reden. Oftmals in solchen Augenblicken neigte ich zur Heimlichkeit, besser: zu heimlichen Freuden, die zu gestehen ich lange brauchte, bis hinein ins dritte Jahr, glaube ich, von kleinen Ausnahmen abgesehen. Die Phantasie begann, sich mit seinem Körper zu beschäftigen. Fangen wir mit den unschuldigeren Dingen an. Es konnte passieren, daß die Depression eine Form annahm, in der ich glaubte, mein Gesicht sei ohne Haut, schutzlos. Bis hierher konnte ich es leicht gestehen, es war eine Empfindung, die ich schon früher oft gehabt hatte: ein Gefühl des Abgezehrtseins, der Verwundbarkeit, und es gab eigentlich keine Heilung für diese schmerzliche Empfindung im Gesicht, als es an die Wangen einer Mutter zu lehnen. Doch gerade das je getan zu haben, kann ich mich nicht erinnern. Doch konnte dieses Bedürfnis sehr stark werden. Und dann phantasierte ich, daß er seine Hand darauf legte, später, als ich kecker wurde, daß ich mein Gesicht an seinem barg; aber ich konnte und konnte es nicht sagen. Eines der frühen Geständnisse kam zustande in Anlehnung an eine Leseerinnerung, die mir haftengeblieben war, ich glaube aus Briefen von Hebbel. Er schrieb über den Tod eines zahmen Eichhörnchens, das sich in seiner Achselhöhe zu verkriechen pflegte. Diesen Wunsch hatte auch ich, wenn das Bedürfnis der Zuflucht stark wurde. Abgemildert konnte der Wunsch die Form annehmen, in seiner Westentasche oder seiner Brusttasche zu sitzen. Wenn die Neugier und die Zuwendung zur Welt stärker wurden, aber die schützende Identität des kleinen Däumlings noch nicht verlassen werden sollte, wollte ich in seinem Außentäschchen an der Brust des Anzugs sitzen und den Kopf herausstrecken und von dieser sicheren Stelle aus die Welt in Augenschein nehmen. Einmal träumte ich, ich sei, wie Jonas in den Walfisch, in sein Körperinneres gelangt und dort umhergewandert; im Dekor muß man es sich vorstellen ähnlich wie Bilder von Richard Oelze, der mich damals sehr beeindruckte, und bei denen der Traum Anleihen machte.

Dieser Ausflug nach innen war eine Ausnahme, es scheint, daß ich es im Mutterleib wirklich passabel gehabt habe, der Aufenthalt dort von ausreichender Dauer und Sättigung war, so daß ich auf eine Rückkehr nicht ständig fixiert war. Außerdem war meine Mutter gelernte und geübte Säuglingspflegerin, und ich denke, sie hat ihrem Erstgeborenen, soweit man das außerhalb des Mutterleibes kann, die Erde wirklich wohnlich zu machen versucht, vielleicht sogar verwöhnend wohnlich. Ich habe meine Neurose ja nicht davon, daß ich überhaupt zur Welt kam, auf welch technische Weise auch immer, sondern daß die Vertreibung aus dem Paradies des Erstgeborenen ein wenig roh und durch vielerlei widrige Umstände ungemildert vor sich ging. Äußerlich ist dies alles mehr eine Frage der Verarbeitung, der Anklammerung an geweckte, aber unerfüllt gebliebene Kleinkinderwünsche. Wie gesagt, Geständnisse, die mit dem Wunsch nach körperlicher Annäherung zu tun hatten, sind mir über die Maßen schwer gefallen. Das hing natürlich mit einer gewissen Verpönung solcher Dinge zu Hause zusammen. Immerhin waren meine beiden Großväter evangelische

Pastoren und überaus sittenstrenge Menschen, insofern ist meine Neurose wirklich vom Heiligen Geist des protestantischen Puritanismus mehrfach gesegnet und nicht zuletzt deshalb von solcher Zähigkeit und Niederdrückung. Ich habe mich ein wenig festgelegt durch das Geständnis geheimer Phantasien, die auftauchten, wenn ich auf der Couch lag und schwieg. Wenn ich nun zu einer anderen Schicht der Phantasien übergehe, muß ich viel erklären und sicher manches zur Erhellung sagen, was nicht leicht über die Tasten geht. Deshalb könnte dies eine günstige Stelle sein, einerseits mir Zeit zum Atemholen zu gönnen, andererseits noch mehr über den Analytiker zu berichten und seine Art, mir bei der Vorbereitung von Geständnissen zu helfen, überhaupt seine Art, in manchen Situationen mit mir umzugehen. Ich war in vielen Situationen ein schweigsamer Patient, aber nicht in einem trotzigen, zwanghaft zurückhaltenden, verweigernden oder verschleiernden Sinn, höchstens, wie gesagt, bei einigen Phantasien; das Schweigen hing mit meinen Autonomiebedürfnissen zusammen, auch mit der jahre-, fast jahrzehntelangen Gewöhnung an Einsamkeit, in der man sich vieles selbst zurechtlegen muß. Das Schweigen wurde also mehr zu einem Problem der Verständigung zwischen uns, nämlich darüber, was sich in der Zeit bei mir abspielte, und ob er dagegen angehen oder ebenfalls schweigen oder es deuten oder mir einfach Zeit lassen solle. Von den eigenen Patienten weiß ich inzwischen, wie sehr einen das Schweigen, auch wenn man hinter der Couch sitzt, vor Probleme technischer und emotionaler Art stellt.

Er lernte geduldig, was Schweigen bei mir bedeuten konnte. Später, als die Fähigkeit zur Ichspaltung bei mir besser entwickelt war, konnte ich ihm auch mitteilen, was vorging, um ihn nicht im dunkeln tappen und vergebens warten oder sich anstrengen zu lassen. Es gab Dinge, die ich allein, doch durchaus in seiner Gegenwart durchdenken und durchfühlen wollte. Schweigen hat bei mir oft bedeutet, daß ich etwas zu strukturieren versuchte. Ich erinnere mich an eine Frage von ihm in einer Phase des Schweigens, als er, mild und ohne jeden Vorwurf und wie in einem Hilfsangebot, auf das ich, ohne ihn zu kränken, verzichten konnte, meinte: »Soll ich still sein oder kann ich etwas sagen?« Das hat mich gerührt und mit Dankbarkeit erfüllt, so daß ich ihm im stillen versprach, es eines Tages zu rühmen. Es war das Maximum an Höflichkeit und Takt, das ich in meinem Leben erfahren hatte. Es war wie eine vorsichtige Anfrage: Ich weiß nicht, ob du meine Hilfe im Augenblick gebrauchen kannst, ich wollte auf jeden Fall sagen, daß ich da bin.

Ich habe während des Schweigens angefangen, einen immer größeren Raum in meinem Innern zu bewohnen, bildlich gesprochen, oder meinen eigenen inneren Raum in seiner Gegenwart und mit seiner Hilfe auszubauen, und obwohl dies also in gewisser Weise auch sein Raum war oder er der Architekt dieses Ichraumes war, hat er immer angeklopft, wenn er ihn betreten wollte. »Darf ich etwas sagen?« fragte er, sobald durch Schweigen eine Distanz oder Unsicherheit eingetreten war.

Einige Stunden hindurch habe ich völlig geschwiegen. Er hat dann zwei oder drei kleine Angebote gemacht, wohl um zu prüfen, ob ich vielleicht nicht reden könne oder verstimmt sei, aber ich war nicht verstimmt – doch, einmal habe ich auch aus Verstimmung geschwiegen, das war jedoch nicht die Regel –, dann hat er mich in Ruhe gelassen. Es konnte aber auch sein, daß ich in der letzten Viertelstunde zurückkehrte zu ihm, um ihm meine

Erlebnisse und Ergebnisse mitzuteilen. Ich weiß, daß sein geduldiges Schweigen mit Opfern für ihn verbunden war, mindestens manchmal, denn er ist ein geselliger Mensch und also auch in den Analysen darauf angewiesen, daß man ihn nicht Stunde um Stunde in die Ecke schiebt, jedenfalls nicht, nachdem ich schon so viel mit ihm geredet hatte. Nein, ich muß es ganz deutlich sagen: Er hat mich gehen und innerlich wandern lassen, ein wenig trauernd vielleicht, daß ich so viele Wege allein gehen wollte. Später war ich ab und zu fähig, ihn zu belohnen, durch Anerkennung oder eine Mitteilung über meine innere Wanderung. Irgendwann kann man ja bei einem Hausbau, wenn man lange genug unter Anleitung damit befaßt war, allein weiterbauen. Tatsächlich hat er mich allmählich zum Bauherrn meines eigenen inneren Hauses gemacht, es ist keine Fehlleistung, sondern eine überraschende Verdeutlichung. Sie verrät auch etwas über das bürgerliche, ja oft großbürgerliche Klima dieser Analyse. Nicht immer war ich mit Innenausbau beschäftigt, sondern, wie gesagt, mit meinen heimlichen Phantasien über ihn und mit den Tröstungen, die ich vermittels wechselnder Körperpartien an ihm vornahm; oder eben mit bockigem Widerstand und Barrikadenbau. Da er eine hervorragend gute Einfühlung in mich hatte und gar nicht sehr aufs Fragen angewiesen war, vielmehr einfach erschnupperte oder erfühlte, was ich bei mir trieb und dachte, konnte es auch sein, daß er schmunzelnd fragte: »Schweigt sich's schön?« Da mußte ich dann herzlich lachen und ertappt ein Geständnis oder ein Teilgeständnis ablegen. Oder er fragte vorsichtig, doch mit vielen Modulationen: »Was gibt's?«, so daß ich mit einem hohen Grad an Freiheit antworten oder darauf eingehen konnte oder nicht. Oder er hielt sich an jenen psychoanalytischen Urlaut, der viele tausend Psychoanalysen in der Welt in Gang hält und gleichwohl noch immer nicht abgenutzt ist, das berühmte und viel geschmähte »Hm«. Dieses »Hm« kann sein wie der Rettungsring, den man einem Schiffbrüchigen zuwirft; oder es gleicht dem ersten Pfeiler eines Brückenbaus über einen vorher unpassierbar scheinenden Strom oder eine Kluft, oder es ist eine Ermutigung, Bekundung der Neugier oder der Anteilnahme. Es kann aber auch, wenn man es fragend oder sinnend oder zweifelnd ausspricht, eine ganze Fülle von Deutungen ersetzen, ein Ertappen bedeuten. Oder es ist wie ein abgenagter Knochen, den man hingeworfen bekommt und den man unter wütendem Gekläff zurückstoßen möchte mit dem Vorwurf: »Mehr hast du wohl heute nicht«, oder: »Bei dir könnte man verhungern, ohne daß du es merkst, du Rohling«, oder: » Noch einmal ›Hm‹, und ich fahre dir an die Gurgel«.

Ich will keineswegs abstreiten, daß mir sein Schweigen oft anders vorkam denn als Maximum von Höflichkeit und Takt, das wäre eine Verkennung der Lage, der ich rasch vorbeugen muß. Das Schweigen kann wirken wie eine Strafaktion oder wie archaische Rache, oder wie Zappelnlassen, Gleichgültigkeit, Hohn, Abwesenheit, oder wie das Zuschauen des Herrn, wenn der Knecht sich abmüht, einen kleinen lumpigen Einfall zustande zu bringen. Da zieht man dann als Patient alle Register, um die Mauer des Schweigens zu durchlöchern, man droht und man bettelt, schmeichelt oder versucht es mit Schuldgefühlemachen, mit offener oder versteckter Anklage der Schurkerei, der Roheit, der Kaltherzigkeit, des Hochmuts, der Dummheit, oder der Mischung von Dummheit und Perfidie. Hilft es etwas? Leider nur selten. Einer der Vorwürfe, der mir prompt immer wieder in den Sinn und über die Zunge kam, war der: »Ich darf die Analyse für das ganze liebe Geld wieder einmal allein machen. Ihnen fällt wohl wieder mal nichts ein heute, und bis zur Pensionierung ist's noch lang.« Seit ich selbst Patienten habe, trommeln diese Anklagen nun natürlich auch auf mich ein, wobei hinzugefügt werden muß, daß ich *ihm* gegenüber ja keine weiblichen Waffen anwenden konnte, ich selbst aber jetzt, wie zur Strafe, von einem viel breiteren Arsenal des Drängens attackiert werde.

Um mich noch ein wenig vor meinen geheimen Phantasien zu drücken, die mich oft auf der Couch überkamen, will ich einen Vorfall erwähnen, der mit der Durchbrechung der sogenannten analytischen Situation und der Abstinenz im Umgang mit dem Analytiker außerhalb der Stunden zusammenhängt. Es ist eine Grundregel, daß der Analytiker mit seinen Patienten keinen geselligen Umgang, erst recht keinen geselligen Verkehr pflegen soll. Er soll anonym bleiben, damit der Patient ihm im Wahn der Übertragung alles ohne Störung durch reale Kenntnisse andichten kann, was aus seiner Seele aufsteigt. Dies ist aber für alle Patienten ein großes Ärgernis. Von einem bestimmten Moment an fangen sie, gleich mir und vielen Vorgängern auf der Couch, an, felsenfest davon überzeugt zu sein, daß ihr Glück im wesentlichen davon abhängig sei, mit dem Analytiker eben doch geselligen Umgang zu treiben, ungeachtet aller biblischen und mythologischen und juristischen Warnungen vor dem Inzest und verwandten Dingen. Ich habe schon von der neidvollen Verklärung seiner Kinder zu Prinzen und Prinzessinnen berichtet. Unter der Hand wuchs sich sein Haus in der Phantasie aus zu einer ansehnlichen Villa oder zu einem Schloß; sein Weib stattete ich aus mit wahrhaft göttlichen Eigenschaften, und mit dem Blech

seines Wagens, falls ich ihn mal zu sehen bekam, ging ich mit verstohlener Zärtlichkeit um. Es war kein Blech, es war Metablech, und sicher steckten unter der Haube nicht die üblichen durchschnittlichen Routine-PS, sondern etwas viel Raffinierteres. Es ist schwierig, Uneingeweihten zu erklären, was man im regredierten Liebeswahn, der natürlich auch ein Haßwahn sein kann und im Normalfall ein Ambivalenzwahn ist, für Phantasien und Wünsche hat oder an Handlungen vornimmt. Das macht die Absurdität des analytischen Unterfangens bei den Ketzern und Heiden aus, vor allem bei den Gebildeten unter seinen Verächtern, daß die Seele noch einmal kleinkindhaft zu agieren beginnt.
Ich merke, die Ironie ist wieder dabei, mich fortzutragen, das heißt, mir wird ein bißchen bang vor den Gefühlen, die aufkommen. Ich war im Begriff, zu erzählen, wie Verklärung, im Guten wie im Bösen, Platz griff, gleich der Verklärung der Eltern durch ihre kleinen Kinder. Nun soll mal einer versuchen, kleinen Kindern zu erklären, die Erziehung klappe viel besser, wenn sie ihre geliebten Eltern nur fünfzig Minuten am Tag sehen, wobei von »sehen« ja oft nur für ein paar Sekunden die Rede sein kann, bevor man umsinkt am Anfang und hinaustorkelt am Ende. Es wäre für die Kinder unbegreiflich, und sie würden sich die Nasen an den verschlossenen Türen plattdrücken und versuchen, durch die kleinste Ritze zu spähen; sie würden Gerüchte sammeln, in grober oder raffinierter Weise Mittelsmänner ausfragen oder Gespräche entfesseln und sie so steuern, daß irgendwann die Rede auf die Eltern kommen muß. All dies habe auch ich getan, um ein paar Körnchen Realität herauszufinden. Einmal habe ich sogar die große Chance und Lücke erspät, um auf außeranalytische Weise

in seine Nähe zu gelangen. Mit einer Mischung von Raffinement und plumper Inszenierung gelang es, bei einem Kongreß, noch während der Therapie-Phase, mit einem Glas Wein in der Hand, neben ihm am Biertisch zu sitzen, wie von Kollege zu Kollege oder Zeitgenosse zu Zeitgenosse. Aber es war ein Bierglück mit Katzenjammer. Die Therapie ist wirklich ins Schlingern gekommen, das Kumpelhaft-Ironische, mit dem ich gegen meine Idealisierung, Bewunderung, kurz gegen die Übertragung anrannte, fruchtete nichts; da war nur ein inneres Durcheinander entstanden, Risse in der Übertragung. Denn die Realität gleicht nicht immer dem Zauber der Idealisierung, womit ich nicht sagen will, daß die Begegnung mit ihm ein Reinfall war, nur eben: er wird dann ein Mensch mit eigenen Ansprüchen, Schwächen und Wünschen, der freie Raum, den es in der Analyse für die Entfaltung des Patienten gibt, ist plötzlich weg, es breitet sich Befangenheit aus, man denkt und drängt: Nutze die Chance! Aber welche eigentlich? Die Chance ist sein sicherer Umgang mit der eigenen Übertragung, seine Abstinenz, meine Abstinenz, die langsame Entfaltung der Übertragungsneurose.

Und man glaube doch bloß nicht, man könne, mitten aus der Übertragung heraus, eine reale Beziehung anknüpfen. Selbst unter dem Anschein der Vernünftigkeit spinnt man ordentlich in der Gegend herum. Wenn man dann selbst die Ausbildung durchläuft, drängt es sich ja geradezu auf, mit dem künftigen älteren Kollegen vorwegnehmend und ungeduldig Situationen herzustellen, die unter dem Schein der unschuldigen und berufs- oder ausbildungsnotwendigen Annäherung doch nur ein Opfer auf dem Altar der infantilen Anziehung sind. Dem widerspricht nicht, daß man wirklich Dinge, vielleicht sogar viele

Dinge, am Analytiker entdeckt, die die Freundschaft mit ihm zu einem Ziel machen können, für das man viel einsetzen würde. Ich habe eine Annäherung, ungläubig und meiner Triebe nicht mächtig, noch einige Male, wenn auch weniger gravierend, versucht, und mir immer wieder die Finger verbrannt, bis ich schließlich verstanden hatte: Ich selbst muß die Abstinenz schützen. Danach habe ich viel getan, um die analytische Situation so rein wie möglich von den Beimengungen des realen Umganges zu halten; wahrscheinlich war dies meine letzte Chance.

Ich merke, daß in diese letzte Passage pädagogischer Eifer eingeflossen ist. Er mag daher kommen, daß die inneren Kämpfe um die Abstinenz noch nicht ganz abgeschlossen sind, vielleicht auch daher, daß ich jetzt selbst den Annäherungsdruck von Patienten zu spüren bekomme und die Opfer, die sie bringen oder die ich ihnen auferlegen muß, mit den meinigen vergleichen kann. Man hört ja immer wieder, was in anderen analytischen Landstrichen alles passiert, wenn es mit der Genauigkeit der Abstinenz aussetzt. Anfänglich mag man fasziniert sein, später überwiegt das Achselzucken. Mich hätte jedenfalls ein Mangel an Disziplin, von seiner wie von meiner Seite, aus der Bahn geworfen.

Ich nähere mich den Phantasien. Es geht mir beim Schreiben wie in der Analyse selbst. Ich bitte um Aufschub und gewähre ihn mir. So war es übrigens häufig: Themen haben sich angekündigt, durch Einfälle, Situationen, Träume, und sind dann wieder untergegangen, besser; untergegangen worden. Dafür lautet der ordentliche Ausdruck: wiederverdrängt. Besondere Zeiten für das Auftreten neuer Themen oder das Ablegen von Geständnissen waren die letzten Tage vor einer Analysenpause. Darin war ich groß: ein Gefühl einmal kurz herzeigen, dann verschwinden. Das hat er mir unbarmherzig klargemacht, mit wechselndem Erfolg. Das Unbewußte ist eben auch listig, zumindest vorsichtig, das heißt, um korrekt zu sein, die unbewußten Teile des Ichs, deren Aufgabe das Wacheschieben ist auf den Schutzwällen der Abwehr.

Ein kleiner Umweg sei erlaubt, er fügt sich gut zum Thema der Dringlichkeit von Nähe, sei es inner-, sei es außeranalytischer Nähe. Zum Beispiel konnte sich das Bedürfnis, ihm sofort, nachdem ich seiner ansichtig geworden war, die Hand zu geben, zu ungewohnter Heftigkeit steigern. In solchen Augenblicken konnte bereits die Tatsache, daß er telefonierte, nur mit der Hand zum Gruß winkte und eigentlich und völlig zu Recht dem Störenfried am anderen Ende der Leitung zugewandt blieb, mich aus der Fassung bringen.

Am Anfang gab es mißglückte Handdrücke, wenn ich z.B. nur zwei Finger von ihm zu fassen bekam oder einen Finger auf merkwürdige Weise zwischen seine und meine Handflächen steckte. Das konnte peinlich sein, so lange, bis darüber geredet war und derlei Kleinigkeiten auf dem festen Boden unserer Beziehung eher Anlaß für gemeinsame Heiterkeit bildeten. Oder das Problem der Dauer des Händedrucks: diese komplizierten anstrengenden Vorgänge bei der Lösung des in Bruchteilen von Sekunden verlaufenden Zwistes, wer den Druck zuerst lockert. Manchmal phobisch oder kontraphobisch oder sonstwie verklemmt und in jedem Falle darauf bedacht, mich nicht zu verraten, faßte ich seine Hand an wie ein heißes Eisen, an dem man sich verbrennen, oder wie ein klebriges Etwas, an dem man bis ans Lebensende hängenbleiben könnte.

Der kurze Akt des Aufstehens von der Couch kann zur

Qual werden, wenn man sich seines Körpers schämt, oder wenn man meint, man sei nackt oder ein angewinkeltes Knie verrate den dreisten Wunsch nach einer heftigen Umarmung. Eines Tages sah ich ihn vor der Stunde im Klo verschwinden; nach meinen vorsichtigen Zeitberechnungen hatte er sich gründlich entleert. Dann kam er zurück, und ich streckte ihm mit einer gewissen Befangenheit, aber freudig die Hand entgegen. Was tat er? Er ging zum Waschbecken und wusch sich umständlich die Hände. Ich war gekränkt. In der Stunde selbst konnte ich über die emotionalen Implikationen noch nicht reden, aber es rumorte gewaltig in mir, denn die Frustration wegen der vergeblich ausgestreckten Hand war groß gewesen; ich nahm in der nächsten Stunde einen Anlauf und sagte unter anderem: »Herr Doktor, ich glaube, es macht mir nichts, wenn Sie ein paar Klümpchen Scheiße an der Hand haben, wenn ich nur nicht so lange warten muß, um Ihnen die Hand zu geben.«

Es hilft nichts, die Phantasien werden drängender, ich glaube, ich muß jetzt Farbe bekennen. Ich brauche ja nicht gleich mit der höheren bzw. der tieferen analytischen Mathematik anzufangen, sondern mit einfachem Kopfrechnen: Am Kopf des Analytikers befindet sich ein Kinn, das man kraulen kann, entweder wenn der Dinosaurier liegt und schläft, oder wenn man ihm auf dem Arm oder Schoß sitzt. Er hat einen Mund, der zuschnappen kann, in den man aber trotzdem gern den Finger stecken möchte. Das ist ganz schön angstlustig, selbst in der Phantasie. Es gibt die Nase, in der man bohrend nach dem Ursprung der Dinge forschen kann, bis man durch Nießen herausgeschleudert wird. Und dann die Ohren, zum Zupacken oder um den Kopf in die gewünschte

Richtung zu drehen. Man sieht, ich klebe sozusagen am Kopf, vielleicht weil ich ihn für einen unschuldigen Körperteil hielt, hoffend, der Ursprung der Dinge sei dort zu finden. Aber so schmerzlich es ist, auch *meine* weltlichen Ursprünge liegen anderswo als im Haupte des Zeus, und der Kopf wird meinen Nachforschungen bald nicht mehr genügen. Ich klammerte mich noch eine Weile an eine Geschichte aus der indischen Mythologie, wo das Götterkind gemacht wird, indem ein weißer Elefant der Göttin seinen Rüssel ins Ohr steckt. Gemäß meinen Widerständen ging es auf dem Weg nach unten langsam voran. Zuerst taten es mir seine Schultern an; ich gönnte mir, sie mit den Händen zu ertasten, Halsansatz, Schulterbreite, Schulterblätter, Bi- und Trizeps eingeschlossen, ein stattlicher Kerl, den ich mir da modellierte. »Maßnehmen« nannte ich die Sache und meinte damit: das Geheimnis der männlichen Gestalt erforschen, der ich mich bei Laios, aus Scheu vor seiner Krankheit, nie genähert hatte. Nach den Schultern kam die erste Tastpause. Ich lief in der Phantasie im Zimmer umher, als kleiner Junge, der sich entfernt vom Alten und wieder zurückläuft. Ich tat dies ja auch in der Realität, mindestens könnte man meinen damaligen Reise- und Wanderpredigerdrang so deuten: Weglaufen und Wiederkommen, jede Woche weit auswärts zwei Vorträge und dazu noch Wochenendtagungen, bis die Ermattung mir auch hier Abstinenz nahelegte. Eine schöne Phantasie war: zwischen des analytischen Vaters Knien zu stehen, die Ellbogen auf seine Knie gestützt, Blick in die Welt, aber Halt am Alten. Oder Turnen zwischen seinen Knien wie im Barren, bis ich eines Tages beim Turnen mit einem nach hinten schwingenden Fuß wie zufällig, doch gezielt, an seine Hoden stieß. Er stöhnte kurz auf in meiner

Phantasie, ich tat verwundert, aber mit der Unschuld war's vorbei. Nebenbei gesagt hatte ich eine fast unüberwindliche Scheu, die Turnhaltung zwischen seinen Knien gelegentlich auch mit seinem Körper zugewandtem Gesicht einzunehmen. Da war einfach das Ding in seiner Hose, das mir gräßlichen Respekt einflößte, aber auch immense Neugier. Wieviel Mühe hatte ich, bis ich mich getraute, ihn in der Phantasie forschend am Sack zu kraulen und es auch zu gestehen, immer noch in scheuem Abstand vom Familienstammbaum.

Überhaupt ging dieser Phase der Annäherung an die Ursprünge eine lange Phase der Abwertung, ja der Verleugnung seiner Männlichkeit voraus. Ich krallte mich geradezu an die Mutterübertragung, die inzwischen vergleichsweise harmlos geworden war. Wenn er vorsichtig auf Anzeichen einer Vaterübertragung zu sprechen kam, nannte ich ihn mit zähem Spott »Mütterchen« oder bezweifelte, wenn die Situation zwielichtiger und sein Geschlecht schwieriger zu verleugnen war, daß er in seinem (besten Mannes-) Alter überhaupt noch eine Erektion zustande kriege. Diese Abwertungstendenz dem Mann in ihm gegenüber war massiv, langwierig, und eine der Erklärungen, die wir später dafür fanden, war, daß hinter einem eher schwachen Bild von Laios ein archaisches, ängstigendes, sehr potentes stehengeblieben war, vor dem ich mich unbewußt wirklich fürchtete. Es war der Moloch, der seine Kinder verschlingt und ständig neue zeugt.

Es gelingt mir nicht mehr, das ganze Zögern vor der Annäherung an seine Leiblichkeit wiederzugeben, es fallen mir eher die versöhnlichen Bilder der späteren Zeit ein, vor allem dieses: Ich bin an seinem Körper wie an einem großen Baum hinaufgeklettert und sitze nun zum

Ausruhen und In-die-Welt-Schauen in der Wurzelmulde des ersten großen, hochgereckten Astes, der aus der Vatereiche herauswächst. Über mir thront schützend die Vatereichel. Eine Weile war es ein friedliches Bild, bis ich merkte, wie meine baumelnden Beine nach hinten gegen seine Hoden stießen. Da entstanden natürlich sofort wieder Straf- und Racheängste. Dies alles könnte nun ein wenig schamlos klingen, wenn nicht deutlich würde, welche quälend lange Schamstrecke dabei zu durchlaufen war in der Analyse. Eine richtige neurotische Blindheit war zu beheben, bis die Phantasien sich überhaupt zeigten, und eine Sprachstörung, bis ich darüber reden konnte, und eine Schreibstörung, bis ich jetzt darüber zu schreiben vermag. Es bedurfte auch vieler stützender, das lärmende Überich mildernder Deutungen, bis ich mutiger wurde. Das Stützende bezog sich vor allem darauf, daß ich, da die körperliche Begegnung mit dem Männlichen bei mir gänzlich unentwickelt war, jede aufsteigende Phantasie sofort mit der Furcht vor manifester Homosexualität verknüpfte und es wirklich mit der Angst zu tun bekam. Hier tut sich die zweite Ebene der paranoischen Reaktion auf. Nicht nur, daß ich glaubte, er wolle mich verführen; ich befürchtete auch, er wolle mich zum Homosexuellen machen oder lasse dies zumindest unbedacht zu. Oder ich geriet in Furcht, ich sei in Wirklichkeit homosexuell, habe es nur nicht wahrhaben wollen, und ich sah meine Erlebnisse und Beziehungen zu Frauen als pseudoheterosexuelles Abwehrtheater schon endgültig vom künftigen Spielplan verschwinden ... Ich muß das Thema wieder beiseite schieben für eine Weile, es wird zu anstrengend. Also wieder ein paar Episoden, die nicht soviel Energien gegen den Widerstand verschlingen, bzw. bei denen der Widerstand eher der Vergangenheit angehört. Ich wollte mir ein neues Auto kaufen, das erste neue nach vielen alten VW nebst einem Plastik-Lloyd, und quälte mich mit dem Problem, wieviel ich ausgeben dürfte und wie zwischen Nutzwert, Komfort und Selbstdarstellung ein angemessener Kompromiß zu finden sei. Der Autokauf bedurfte einer Durcharbeitungszeit von drei Wochen, und es kam allerhand zutage über Probleme von Potenz, Exhibitionismus, Geschwindigkeit, Geschwisterrivalität, Tarnungsbedürfnis und Schuldgefühlen. Das alles kann unberücksichtigt bleiben, versteht sich sozusagen von selbst. Der krönende Moment war, als der Vorhang vor der Qual der Wahl weggezogen wurde. Als der Analytiker an einem Montagmorgen angefahren kam, fiel es mir wie Schuppen von den Augen: Marke und Farbe meines neuen waren die gleichen, nur das Modell ein bißchen kleiner. Ich war ganz und gar unfähig, zu beurteilen, ob mir die Farbe überhaupt gefiel, sie ließ sich mit vielen Rationalisierungen begründen, fürs Unbewußte jedenfalls war sie die schönste gewesen, obwohl ich zu Saharabraun wirklich keine primäre und spontane Beziehung hatte.

In äußerlichen Dingen war das wohl das Maximum an Identifikation. Es gab gewiße Identifikationsbremsen, von denen noch die Rede sein wird, auch Identifikationsbarrieren, obschon kaum im Bereich des Analytisch-Handwerklichen: da habe ich so gut wie keine Gründe gefunden, ihn nicht zu bewundern und nachzuahmen. Ein merkwürdiges Zwielicht ergab sich bei Vorgängen wie dem folgenden, wenn er beiläufig bemerkte, ich hätte neue Schuhe an oder eine neue Hose. Natürlich waren das vorsichtige Angebote: Was bedeutet Kleidung für dich, mein Kleiner, fällt dir etwas zu den neuen Schuhen ein? Wie ist das Wohngefühl in den neuen Hosen? Wenn der Exhibitionismus als Partialtrieb nicht gänzlich untergegangen ist, sondern, was dem Ekklesiogenen an meiner Gehemmtheit durchaus entspräche, im Keller oder auf dem Dachboden in einer alten Truhe nur mühsam verschnürt seiner Auferstehung harrt, dann erbringt neue Einkleidung mit Sicherheit inneren Aufwand an Abwehr und Gegenbesetzung, wie das im Fachjargon heißt; das bedeutet, man kann annehmen, daß hinter den Kulissen ein Gespensterkampf beginnt zwischen Überich, Scham, Dressur und den entfesselten Zeigetrieben. Wohlgezielte Interpretationen galten z.B. der pluderigen Weite der Hosen, die ich kaufte, in denen nichts von der realen Körperlichkeit zu erkennen war, ganz im Gegensatz zu den immer drängender werdenden Ratschlägen der Herrenmode jener Zeit. Es kann durchaus sein und ist sogar wahrscheinlich, daß die Weite der Hosen direkt ein Schutz war gegen die Verführungsängste, die ich vorübergehend nicht mehr zu bändigen wußte. Es konnte Kleidung also einerseits Ausdruck oder Verhüllung von Sexualität sein, andererseits meinte ich mit dem Zwielichtigen, wie ich es empfand, die große Verlockung, mir von ihm, gleich einem Mädchen, narzißtische Pflege angedeihen zu lassen, also im Grunde mich mit den Augen und Komplimenten oder mit bewundernden Händen streicheln zu lassen.

Der Wunsch konnte sich auch umkehren. Als ich erfuhr, daß er Klavier spielte, träumte ich prompt, ich spielte mit ihm vierhändig, und erzählte es voller Unschuld. Aber das Spiel war nicht unschuldig, die Tastatur erwies sich bei näherem Zusehen als die Tastatur seines Leibes, die mich lockte.

Immer wieder kamen die Phantasien des »Maßnehmens«,

in meinem Innern war eine Forschungsleidenschaft ausgebrochen. Ich mußte mir seinen Körper genau vorstellen und ihn nachmodellieren, auch mit ihm ringen, seine Brust drücken, Kräfte messen, meinem eigenen Körper Form und Statur geben durch den Widerstand des seinen. All das hat mich sehr geängstigt, ich wand mich vor Abwehr und Weigerung, das zuzulassen. Natürlich war ich, wenigstens in der Phantasie, in einer ziemlich manifest homosexuellen Weise in ihn verliebt, allerdings nie so, daß ich ausschweifende sexuelle Szenen mit ihm durchphantasiert oder geträumt hätte, im herkömmlichen Sinn eines sich wechselseitig Lustverschaffens. Einige Deutungen brachten in diese Angst wirklich Erleichterung, auch ein Stück Theorie, das er in die Deutungen einfließen ließ: z.B. über den Zusammenhang von kindlicher Homosexualität und männlicher Identifikation mit dem Vater. Es war ja längst nicht alles manifeste Homosexualität im landläufigen Sinne, und die Neigung, solche Kontakte in der Realität zu suchen, hat mich nur selten erfaßt. Es war eher so etwas wie kindliche Sexualforschung, eine nachgeholte Leidenschaft zum unzugänglichen Körper von Laios, und es tauchten in jener Zeit Erinnerungen auf an Szenen, bei denen ich neidvoll gesunden Vätern beim Spiel mit ihren Kindern zugeschaut habe: wie sie an ihnen herumklettern, mit ihnen raufen, sich an sie drücken und mit ihnen um die Wette laufen. Die Krankheit hatte Laios noch scheuer im körperlichen Kontakt gemacht, als er wohl ohnehin war, und der ganze, offensichtlich mühsam unterdrückte Wunsch nach väterlicher Leiblichkeit brach wieder durch. »Maßnehmen« wurde zu einem Schlüsselwort für mich, unter anderem deshalb, weil sich allmählich zeigte, daß ich kein ganz stabiles inneres und unbewußtes Gefühl für meinen Körper hatte. Einige Jahre während der Schulzeit habe ich fast suchtartig Sport getrieben, und zwar mehr, als mir wirklich Spaß machte, oft bis an die Grenze der Erschöpfung. Ganz langsam klärte sich, wie dies mit dem Kampf gegen die Scham und mit der Suche nach einem annehmbaren Körpergefühl zusammenhing, das dennoch, trotz vielem Sport, rasch wieder zusammenbrechen konnte.

Ich fühlte mich unförmig, von nichtmenschlicher Gestalt. Das Merkwürdige an der Sache ist nur, daß es ein unterschiedliches, unbewußtes Körperschema gegenüber den Frauen und den Männern gibt. Das körperlich zuverlässige Selbstempfinden gegenüber den Frauen gelang nach langem Suchen von selbst, und es konnte anknüpfen an die gelungene Säuglings- und Kinderpflege. Doch die Unsicherheit mit dem männlichen Körper gegenüber Männern brach massiv auf und speiste das ebenso suchthafte »Maßnehmen«: Wer bin ich in meinem Leib, wie sieht das aus, wie fühlt sich das an gegen einen anderen männlichen Leib?

Die Unsicherheit des Körpergefühls hatte bewirkt, daß ich mich fast nie an Raufereien beteiligte; ich kann mich nur an zwei Gelegenheiten erinnern; dabei brach hinter den libidinösen Möglichkeiten solch aggressiver Auseinandersetzung viel bitterer Ernst durch, der mich überhaupt erst raufen ließ: daß der Leib als Waffe nur für absolute Notsituationen tauglich erschien. Lange hat mich der Verdacht gequält, meine Abstinenz beim Raufen sei Feigheit. Die Abwehr gegen homosexuelle Verlockungen war auf diesem Hintergrund insofern panischer, als sich mehrere Bedürfnisse und Triebe kumulierten, sie schnitt mich freilich auch ab von korrigierenden Erfahrungen. Einmal als Student trat ich in einen Judoclub ein, ich habe es jedoch bald wieder aufgegeben, weil mir dieser gezielt kämpfende Einsatz des Körpers unmöglich war. Ich war unfähig, jemanden aus meinen Armen heraus auf den Boden oder über meine Schultern zu werfen, und ich war gekränkt und traurig, wenn ich spürte, daß das Ziel des umarmenden Zufassens beim andern nur der Wurf auf die Matte war.

Der Analytiker hat dieses Maßnehmenwollen hervorragend verstanden. Vorübergehend nahm es im Erleben die Färbung des Ringkampfes mit dem Engel des Herrn an: »Ich lasse dich nicht, du segnetest mich denn«; mit einem Stück Identität und der Fähigkeit, meinen Leib zu bewohnen. Als sich die Wahrnehmung für diese frühen Körpervorgänge schärfte, wurde deutlich, warum die Formung durch Frauen nicht zu einer festen psychischen Körperoberfläche geführt hatte: sie *lassen* sich selbst ergreifen und formen und in eine passagere Statur bringen, sie gestalten selten selbst in diesem architektonischen Sinn eines formgebenden Nachzeichnens des Leibes. Sie liebkosen ihn, aber sie konturieren ihn nicht. Sie gleiten an den inneren Deformationen und Gestaltlücken entlang und füllen sie nicht.

Nun könnte man sich fragen, ob dies alles, in der Phantasie durchlebt, überhaupt einen Sinn und eine Wirkung hat. Und während ich mir diese Frage stelle, werde ich unsicher. Warum habe ich das Gefühl, daß ich dennoch heimischer geworden bin in meinem Körper, daß die Erlebnisse der Deformation und der Entfremdung, ja des Unheimlichen nachgelassen haben? Wahrscheinlich gibt es doch eine Innervation während der Phantasien, eine Art Probehandeln der Muskulatur, wie es ja ganz deutlich war bei der Szene mit den »gebremsten Umarmungen«.

Zu diesem gestörten Körpergefühl gehörte auch, daß ich

meinen Penis oft als nicht zu meinem Leib gehörig empfand. Mir fiel dazu immer das Wort »exterritorial« ein. Die Schamgegend war eine Zone, die wirklich zum Schämen war, immer unter dem Verdacht des Gestanks, nämlich nach Urin. Der Zipfel war dem inneren Erleben nach ein lächerlicher und verächtlicher Gegenstand, keine Auszeichnung, sondern ein Makel und eher peinlich anzusehen, gleichzeitig aber eben doch Instrument und Sitz der Lust, und dies schafft eine mächtige Ambivalenz. Und das Merkwürdige ist, daß selbst sein ordnungsgemäßer und lustvoller Gebrauch, ein- oder zweisam, diese Exterritorialität und verminderte Zugehörigkeit zum Leib und zum Ich nicht völlig verringern oder heilen konnte. Es blieb immer Dreck am Stecken. Während ich all dies abhandelte in der Analyse, mit großer Scham, fiel mir zur Erhellung eine Szene wieder ein, die ohne Zweifel eine Vorstufe zur Heilung war, vor mehr als zehn Jahren. Eine Freundin lag neben mir nach dem Verkehr, unter offenem Sonnenfenster, ein arkadisches Bild, wir tranken Rotwein. Da nahm sie den schlappen Winzling prüfend in die Hand, hob ihr Rotweinglas über ihn und taufte ihn, sein erfreuliches Dasein, seine legitime und makellose Existenz. Dabei ist viel grimmige und puritanische Selbstverachtung sichtbar von ihm abgefallen, mindestens, so kann man sagen, erträglicher geworden, und eine Ahnung von Freiheit und legitimer Zugehörigkeit kam auf in mir, an die die Analyse anknüpfen konnte.

Auf dieser Stufe der Intimität ist wieder ein Stück Rechtfertigung fällig, das spüre ich. Ich spüre, wie viele hier nicht mehr werden mitgehen können, wie sie sich angewidert oder empört oder jugendschützerisch abwenden. Gibt es nicht Wichtigeres, Reineres, Familien- und Volkgemäßeres als diesen Aufwand um die sogenannte Exterritorialität eines Penis? Ich muß ihnen recht geben. Man kann mit einem exterritorialen Penis leben, Kinder machen, sogar Lust spenden und empfinden, und braucht es nicht einmal zu merken. Was ich hier treibe, ist dies: Ich prüfe, worin das Unglück meiner Neurose bestand, woher es kam, und wie es sich gemildert hat. Mein gestörtes Körpergefühl, einschließlich dem vom alter ego, rief in mir ein Fremdheitsempfinden hervor, oft eine Lähmung, und dies war an der Basis der Unfähigkeit zu befriedigenden menschlichen Beziehungen in schlimmer Weise wirksam. Mit Kontaktstörungen kann man sich abfinden, selbst wenn sie schmerzhaft sind. Sie sind eher die Regel als die Ausnahme. Ich habe mich nicht damit abfinden können, wohl deshalb, weil ich aus früher Kindheit eine unbewußte Erinnerung hatte, daß es nicht immer so war, und daß ich mich also auch nicht damit zufriedengeben muß. Ich habe mich, zuerst mit negativen Erfolgen, mit der Psychoanalyse einer Therapieform unterzogen, die derlei Dinge mit der bekannten Freudschen Radikalität angeht. Sie will nicht auf halbem Wege stehenbleiben, sondern folgt den Störungen bis zu ihren Wurzeln. Da ich diesen Weg gegangen bin und, obwohl er nicht zu Ende ist, mit Dankbarkeit auf die lange Wegstrecke zurückblicke, will ich ihn weitergehen und ihn beschreiben, selbst wenn mir jetzt immer häufiger Gesichter von bekannten Menschen erscheinen, die dies kopfschüttelnd unbegreiflich und zum Teil verwerflich finden, aus den verschiedensten Gründen. Einige Sicherheit gibt mir dabei die Gewißheit, daß sich hier nur das durchschnittlich Menschliche in einer individuellen Ausprägung wiederfindet.

Unter Umständen hat die kontinuierliche analytische

Arbeit mit fünf Wochenstunden so etwas wie eine Überbesetzung der inneren Vorgänge, wenigstens vorübergehend, hervorgerufen – das gehört ja in der Regel dazu –, vielleicht auch, nach der »Exterritorialität« so vieler Dinge in der Neurose, eine Überbesetzung der körperlichen Vorgänge, die sich durch die Analyse langsam in ihrer Bedeutung verändern. Es fällt mir deshalb schwer, die besondere Art des Exhibitionismus, die ich beim Schreiben jetzt benötige, für eine schlimme Dauereigenschaft zu halten. Ich versuche ihn mir so zu erklären, daß das »Gelingen« des vierten Versuchs einer Analyse mir nun so ungewöhnlich vorkommt und auf eine derart rege Wachheit für Kontraste und Nuancen stößt, daß Erleben und Beschreiben nicht mehr derart weit auseinander liegen wie bei einem ersten Anlauf. Ich kann mich erinnern, wie ich in einigen Stunden, in denen die Vorsicht mich offensichtlich den Pegel der Gefühle sehr niedrig halten ließ, neidvoll an jene dachte, denen der analytische Umgang mit der eigenen neurotischen Erkrankung im ersten Anlauf gelingt. Sie fallen quasi in die Analyse hinein und wissen hinterher kaum noch, was mit ihnen geschehen ist. Ich nehme also an, daß ich sowohl über den Analytiker begeistert bin, der mit mir schließlich doch eine hilfreiche Analyse gemachr hat und dem ich dabei skeptisch und vergleichend und wiederum staunend dankbar auf die Finger gesehen habe, als auch über mich selbst, von dem die Unfähigkeit, sich helfen zu lassen, allmählich abgefallen ist. Dies alles ist noch Rechtfertigung, auch für mich selbst, wenn ich ausgiebig über die Umstrukturierung meiner inneren Organe rede. Ich habe die Freudsche »Operation« erlebt ohne jene meist damit verbundene Narkotisierung des beobachtenden Bewußtseins und ohne Narkotisierung des Sprachzentrums, und ich würde es auch schwer ertragen, dieses ungewöhnliche Erlebnis, das über weite Strecken schon Sprache war, wieder im Schweigen zu begraben. Man wird mir Exhibitionismus vorwerfen. Ich will zugeben, daß ich heute nacht fürchtete, ich ginge mit diesem ganzen Vorhaben in die Irre, und rede mir also wieder Mut zu. Wenn ich es durchhalten will, kommen Dinge ans Licht, die noch viel weiter in die Intimität führen. Z.B. folgendes: Jeder Kundige wird sich inzwischen gefragt haben: Nun, was mag wohl mit der Onanie sein? Sie pflegt ja für Depressive eine Tröstung von ganz besonderer Bedeutung zu sein. Ich habe mich viel mit ihr trösten müssen, selbst in Zeiten, wo keine äußere Notwendigkeit dazu bestand. Sie ist oft letztes Mittel im Kampf gegen ein extremes Verarmungsgefühl, und sie schafft immerhin fiktive Kontakte, wenn man die sie begleitenden Phantasien in Rechnung stellt. Außerdem bezeichnet sie einen Umgang mit den Kastrationsängsten, genauer: mit der Angst, bereits kastriert zu sein. In einer normalen Entwicklung dient sie, neben anderem, geradezu der Anbahnung von Partnerbeziehungen. Sie hat jedoch auch mit der Entfaltung der Autonomie zu tun. Da ich innerlich sehr abhängig war von vielen unbewußten Bindungen an zu Hause, kam bei mir oft die Tönung trotziger Auflehnung hinzu: Ich brauche euch alle nicht, ich bin mir selbst genug. Allerdings liegt im Angewiesensein auf die Onanie auch etwas Tragisches. Sie ist ein Versuch, sich am eigenen Schopf oder Schwanz aus dem Sumpf der Einsamkeit und der Gefühle der Wertlosigkeit zu ziehen. Sie ist ein einsamer Triumph, den keiner teilt, und in Wirklichkeit ändert sie an der inneren Wertlosigkeit gar nichts, deshalb wird nie ein Fortschritt daraus, sondern nur eine Entschädigung für Stagnation.

Wo reale Partner fehlen und die Entwertung des Körpers stark ist, gibt es verzweifelte Lösungsversuche. Einer ist der des wirklichen Exhibitionismus, wo, wenn schon nicht mehr der Glanz, so doch der Schrecken im Mutterauge gesucht wird. Auf der Suche nach einem Ersatz für diesen Glanz bin ich an die Spiegel geraten, in verzweifelter Selbstbewunderung: »Seht her, wenn einer von euch sagen will, dies sei kein Mann, so schaut euch dieses Bild an!« Perversionen ernähren ihren Mann nicht, sondern enden in Katzenjammer. Die Abhängigkeit von Spiegeln war sicher eine Form von Perversion. Dies vorweg, um wieder ein Stück therapeutischen Vorgangs zu schildern. Eines Tages, ziemlich zu Beginn der Analyse, erzählte ich in einer Sitzung mit wirklichem Erstaunen, ich hätte am Vortage nach der Rückkehr aus der Analyse onaniert, völlig ohne Schuldgefühle, so daß ich ganz verwundert sei. Den Analytiker wunderte es nicht, er erklärte mit gelassener Stimme und vielleicht sogar mit einer Spur therapeutischer Zufriedenheit, er nehme an, er sei bei diesem Fest irgendwie zugegen gewesen. Das stimmte wirklich, wenngleich es sich nicht gut konkretisieren läßt. Sagen wir, er war im Raum, billigend und akzeptierend und beschützend präsent, und die Lust war nicht mehr einsam, sondern Ausdruck einer starken Beziehung. Obwohl dies nur ein Anfang war, gilt doch, daß es der Anfang der Aufhebung einer Verbannung von Lust in illegale einsame Randzonen des Erlebens war. Die körperlichen Triebwünsche richteten sich wieder auf einen geliebten Menschen. Seine Deutungen haben mich immens erleichtert. Man stelle sich vor: Einer hat sich, besonders in christlicher Jugendzeit, jahrelang gequält mit Gefühlen, die von Versagen bis zu Verworfenheit reichen, und nun sagt ihm einer, den er liebt und bewundert und an den er

vorübergehend einen Teil seines kranken Gewissens abgetreten hat: »Ich bin froh, daß du diese Brücken schlägst zu mir.«
Das war der Beginn einer Leidenschaft für ihn, die, da ich sie wegen meiner Homosexualitätsängste nicht offen und ungehemmt erleben konnte, viele Schleichwege gegangen ist. Es war eine schwelende Leidenschaft, die in viele Kanäle mit eingeflossen ist.
Einige Monate später z. B. geschah folgendes: Ich war eingeladen zu einer öffentlichen Diskussion in einer weit entfernten Stadt. Der Verlauf war qualvoll, ich war mies gestimmt, kam auch nicht zum Zug und wollte zuletzt mit keinem mehr reden. Ich war einlogiert in einem luxuriösen Hotelzimmer. Eine Eigentümlichkeit des Zimmers war ein riesiger Wandspiegel, fast eine Spiegelwand, mit indirekter Beleuchtung. Als ich deprimiert und abgeschlagen von dem Gequatsche zurückkam, hat es mir fast die Kleider vom Leib gerissen. Die verstellbare indirekte und direkte Beleuchtung – es standen mehrere bewegliche Lampen zur Verfügung – habe ich gehandhabt wie manieristische Maler ihre Lichtquellen. Ich habe mich eine gute Stunde mit optischer Körperkunst beschäftigt, geturnt, exhibiert, mich gekrümmt und gestreckt. Es war wie ein narzißtischer Rausch, in den sich allerdings nach dem Erguß beschämte Bitterkeit mischte, aber doch nicht so, daß alles wieder in sich zusammengefallen wäre. Da es ein außerordentlich starkes Erlebnis war, kam es natürlich in der Analyse zur Sprache. Selten habe ich mich so in Scham gewunden wie in jener Sitzung. Ich schwitzte bei der Geständnisarbeit, und nachdem ich es, mit vielen Pausen, geschafft hatte, war ich erschöpft und wollte weglaufen. Da geschah etwas Seltsames, ganz Unerwartetes. Er sagte: »Ich habe das Gefühl, hier haben

wir zusammen heiligen Boden betreten.« Mir blieb einen Moment der Atem stehen. Ich war innerlich zerrissen, einerseits unmäßig dankbar, andererseits von Kritik geschüttelt: Die Worte waren mir zu groß, zu bombastisch, zu religiös, ich konnte auch nicht so schnell umschalten von diesen christlichen Worten auf wirkliche Lebensvorgänge. Doch bald ließ die Kritik, die innere, nach. Ich dachte: Miß ihn doch nicht an den Worten, sondern an deinen Gefühlen. Und nach einer Weile sagte ich: »Ich war eben sehr überwältigt. Ich bin voller Scham zurückgekommen, und Sie haben mir einen großen Bahnhof bereitet.« Dieses Verstehen eines narzißtischen Rausches spielte als Erinnerung, ja als einer der Grundsteine der Beziehung, fortan eine tragende Rolle. Ein großes Stück Angst verschwand mit diesem Empfang: die Angst vor dem Ausmaß des verdrängten leiblichen Narzißmus. Es war in einem unkontrollierbaren Exzeß durchgebrochen, aber das hat auch seine Gewalt verringert. In einem Bild ließe sich das so ausdrücken: Jede Faser, die ich in wechselnder Beleuchtung vor dem Spiegel einsam bewundert hatte, schlang sich im Geständnis und danach wieder um den Analytiker. Es wich die Angst, es könnte jener lange eingesperrte leibliche Narzißmus derart stark sein, daß er die Kraft zu engen Beziehungen zu anderen Menschen quasi aufsaugen würde. Gleichzeitig meine ich, daß diese Art des Narzißmus weiter verbreitet sein muß als man denkt, obschon verdeckt von der Verdrängung und immer nur stellvertretend agiert von den Profis des Exhibitionismus in der Mode, der Bühne oder auf dem Bildschirm.

Um die oben erwähnte, schwelende Leidenschaft zum Analytiker hat es harte Kämpfe gegeben, die sich spannten von heftigen Vorwürfen gegen ihn bis hin zu dem

Gefühl, zur Entfaltung einer notwendigen Form der Übertragungsliebe nicht oder nicht mehr fähig zu sein. Ausgangspunkt waren immer wieder meine Homosexualitätsängste, die sich sehr lange in Phantasien, durch ihn verführt zu werden, niedergeschlagen hatten. Es gab einige Vorfälle, scheinbar winzig und dennoch von großer Tragweite, die mich in diesen Verführungsängsten festgehalten haben oder durch die ich mich festhalten ließ. Ich muß dazu ein wenig ausholen. Natürlich ist mir heute klar, daß es für einen Analytiker technisch schwierig sein kann, mit einem Thema umzugehen bzw. es vorsichtig voranzutreiben, von dessen Bearbeitung offensichtlich viel für den Fortgang der Analyse abhängt und gegen das derart massive Widerstände vorliegen. Er wird also gelegentlich tastende Andeutungen machen, sondieren, ob das nächste Schrittchen gegangen werden kann. Aber da ich hochempfindlich war in diesem Bereich, wurden mir selbst solche vorsichtigen Versuche zu Beweisen des Verführungsplanes. Es kam noch ein anderes Moment hinzu: der Trotz. Ich hatte das Gefühl, ich säße in der Falle. Ich spürte die Gefühle und Phantasien deutlicher werden, ich wußte, daß ich hindurch mußte, ich nahm an, daß er darauf wartete, und so manövrierte ich mich in eine Lage, die ich so erlebte: Der sitzt da hinten und weiß, er kann warten, ich gehe ihm ja doch auf den Leim, hier findet eine Art Ermattungsstrategie oder ein Wettlauf statt, bei dem der Igel immer vor dem Hasen am Ziel ist. Er wurde zur lauernden Figur, die kühl und ihrer Sache sicher zusieht, wie das Netz sich enger zieht. Und nun kam als unguter Bündnispartner mein Stolz ins Spiel: Er will dich kleinkriegen, dann bist du ihm ausgeliefert, er kann mit dir machen, was er will, dich um seinen kleinen Finger wickeln. Ich warf ihm vor, selbst homosexuell zu sein bzw. in der Analyse von jungen Männern wie mir und ihrer Versetzung in erotische Abhängigkeit eine gerade noch tolerierbare Form der Sublimierung gefunden zu haben. Ich schimpfte ihn Rattenfänger, der alle verzaubere, um sie ins Unglück zu führen. Gelegentlich indes durchbrachen eben doch Phantasien und Vorgänge an mir die Barrieren von Projektion und Verleugnung. Als ich ihm einmal zögernd ein Kompliment machte über einen blauen Nadelstreifenanzug, den er trug, spürte ich, voller Wut und Scham, wie es mich in der Schamgegend zu jucken begann. Ich brauchte immense Kraft, um mich dort nicht einfach zu kratzen. Aber ich wollte ihn nicht auf die Fährte locken, der Verfolger saß mir ja ohnehin im Nacken. Es juckte und juckte, und ich hielt es nicht mehr aus und sagte, ich hätte ein Gefühl, als ob sich tausend Filzläuse an den Wurzeln meiner Schamhaare zu schaffen machten. Da sagte er: »Oh, eine interessante Gegend.« Ich hörte aus dieser Äußerung kühlen Triumph, fühlte mich also zur Strecke gebracht und schwieg wieder einige Wochen zum Thema, bis eine andere Episode mir neue Nahrung für den Verfolgungswahn gab. In den ersten Monaten lag ich auf der Couch mit übereinandergeschlagenen Beinen. Als mir, nachdem es mir möglich war, auch mit nicht übereinandergeschlagenen Beinen zu liegen, bei einem Thema mulmig wurde, schlug ich sie schnell wieder übereinander. Aber schon hatte ich eine kleine Deutung an meinem Schwanz hängen. Die Vorstellung schien sich zur Gewißheit zu verfestigen, daß er nichts lieber tun würde, als mich allmählich auf meine Schamgegend festzulegen und sich mit meinem Schweif zu beschäftigen. Ich kaufte die bereits erwähnte Pluderhose, unter der selbst mit ausgebreiteten Beinen nur eine große Falte zu

sehen war, und schlug die Beine fortan und endgültig frech und bequem auseinander, wie um ihm nun meinerseits eine Falle zu stellen: Wenn er jetzt zugreift, habe ich ihn ertappt, den Knabenschänder.
Mit solcherlei Projektionen habe ich ihn sicher manchmal regelrecht gequält, obwohl er in ihnen ein Maß meiner Angst erblickte. Schon schien es nach einigen Monaten, als würde sich der Krieg um die Schamgegend mildern und es ließe sich wieder über meine Empfindungen analytisch verhandeln, da nahm ich einen neuen Grenzzwischenfall zum Anlaß für umfangreiche Tarnmaßnahmen. Ich erzählte, wie ich auf einer Reise, als mir um die Zeit der Analysestunde, die ich wegen eines auswärtigen Vortrags schwänzte, mulmig geworden sei und ich in der Zugtoilette onaniert hatte. Es war wieder viel Scham dabei, aber ich suchte auch nach einer Verknüpfung des Erlebnisses mit dem fahrenden Zug, dem Schaukeln, der passageren Geborgenheit, die Zugfahren mir gelegentlich vermittelt, ganz philobatisch: das Wohlbefinden beim Abfahren. Er fragte: »Können Sie mir schildern, *wie* Sie onaniert haben, das heißt, ihre Technik dabei?« Das empfand ich als einen brutalen Überfall. Solche kurzen Einfühlungsstörungen gibt es ja, falls es überhaupt eine war, und sie lassen sich, wenn sie zur Kränkung werden, auch besprechen. Aber dieser Vorfall führte zu einem Rückzug ohne Besprechung, ich sagte einfach »nein« und schwieg und ging später zu einem anderen Thema über mit dem Gefühl: Hüte dich, dem Kerl deinen Penis zu zeigen, er greift unbarmherzig zu. Erst viele Monate später brachte ich das Gespräch wieder auf den Vorfall und versuchte, mein Zurückschrecken und den Eindruck seiner mangelnder Einfühlung zu erläutern. Da sagte er: »Ich erinnere mich dunkel, ich

glaube, ich habe damals einen Aufsatz gelesen über den Zusammenhang von Onaniepraktiken mit bestimmten inneren Konflikten, und insofern könnte es eine reine Wissens- oder Forschungsfrage gewesen sein, da verstehe ich schon Ihre Gefühle, ich glaube, da haben *meine* Interessen im Vordergrund gestanden.« Da löste sich die Verkrampfung auf, und allmählich gelang auch das Sprechen über derlei Dinge besser.

In den auf diese Phase folgenden Sommerferien hatte ich mein erstes wirkliches homosexuelles Erlebnis, freilich, wie in der Phantasie, von begrenzter sexueller Tragweite. Fast wie von selbst geschah es, weit weg von meinem Wohnort, daß ich mich mit einem Freund, nach langen Gesprächen beim Rotwein, gemeinsam ins Bett legte. Der Verführer war ich, mit einer Selbstverständlichkeit, die mich in Erstaunen versetzte. Angst und Gewissendrohungen fehlten, ich war meiner Werbung so sicher, daß ich ihn in diese Sicherheit einhüllen konnte. Es war ein scheues wechselseitiges Abtasten, das die Schamgegend vorsichtig aussparte, mehr als vorsichtig, fast andächtig. Es ging auch nicht um Lust, ich schreckte sogar zurück, als ich spürte, wie eisenhart ihm sein Knüppel vom Leib wegstand. Es war jenes staunende Maßnehmen, das in der Phantasie mit dem Analytiker eine große Rolle spielte. Ich habe ihn gestaltet, und er hat mich gestaltet; es ging um das Gefühl der Ähnlichkeit oder der Gleichheit. Ich war froh über dieses Erlebnis, und es gab keinerlei nachträgliche Trübung der Erinnerung. Ich war stolz, die Grenze, gleichsam probeweise, überschritten zu haben. Es war mit einer Minderung von Angst verbunden und vielleicht mit einer unmerklichen Verringerung des Bedürfnisses, von Männern körperlich krampfhaft Abstand zu halten. Sexualität und libidinöse freundschaftliche Annäherung wurden nun leichter unterscheidbar.

Es drängt sich jetzt auf, etwas über das sogenannte Agieren überhaupt zu sagen. Ohne Zweifel enthielt dieses Erlebnis ein gutes Stück Agieren, ein Stück Ausleben der unterdrückten, der schwelenden Leidenschaft zum Analytiker. Dennoch steckt nicht eine Entwertung des Erlebens darin; ich habe dem Freund gegeben, was des Freundes war. Das muß freilich nicht immer so sein; ich gestehe, daß ich gelegentlich koitiert habe, ohne mich innerlich wirklich beim Partner aufzuhalten. In der Zeit jener Sommerferien war aber die Beziehung zum Analytiker längst so fest, daß ich mit ihm darüber reden konnte, ohne mich durch seine Deutungen bedroht zu fühlen, das heißt, ohne fürchten zu müssen, er schlage mir das Erlebnis quasi aus der Hand und nehme ihm seinen Wert, indem er es nur auf das Konto der Übertragung, also des Agierens, verbuchte. Das war nicht immer so. Weit früher in der Analyse kam es zu einem vierzehn Tage währenden schweren Zerwürfnis; ich dachte, ich sei in dieser Analyse wieder gescheitert, und entsprechend groß war die Verzweiflung. Ich war mit einer Freundin über Weihnachten Ski laufen gewesen und hatte das Gefühl, neue Bereiche des Zusammenseins mit ihr erschlossen zu haben. Als ich zurückkam, hatte ich auf der Couch bald den Eindruck, mir werde alles aus der Hand geschlagen. Natürlich übertrieb ich seine Deutungen, die mich darauf hinwiesen, daß manches an dem Erlebten getönt war vom Stand der Übertragung zu ihm; aber die Deutungen unterhöhlten das Selbstwertgefühl, das Bedürfnis, bis zu einem gewissen Grad ein selbstständiges Leben zu führen. Ich mißverstand es als eine Entweder-oder-Entscheidung: Du kannst innerlich nur mir oder einem anderen leben, und wenn es darauf angekommen wäre, hätte sich vielleicht die Waage zu seiner Seite geneigt. Ich kämpfte jedoch auch gegen die Entwertung der Freundin. Ich schrie ihn an: »Ich lasse mir von Ihnen dieses Mädchen nicht zum Lückenbüßer für die Analyseferien machen.« Ein solcher Satz quillt über von Schuldgefühlen gegenüber dem Partner, aber es waren Schuldgefühle vor einem primitiven Überich, einem Entweder-oder-Überich. Die Episode war bitter, sie bezeichnete den Höhepunkt eines seit langem spürbaren Gefühls, von dem ich bereits gesprochen habe: daß die Analyse das Leben vorübergehend in einen Schwebezustand versetzt, in dem sich über die den einzelnen Personen wirklich geltenden Empfindungen nichts Genaues aussagen läßt. In meinen wilden Protest ist zweifellos ein Stück des bereits beschriebenen Verfolgungswahns eingegangen: Der Moloch will mich ganz schlucken, er gönnt mir kein Leben außerhalb der Anziehung durch ihn. Mir ist heute nicht mehr unterscheidbar, wieviel hier pure Projektion war und wieviel, ober besser, wie wenig realen Anlaß es gegeben hat, derart gekränkt zu reagieren, wie ich es tat. Es ist ja denkbar, daß er, unter dem Schwall der Gefühle ausgehungert zurückkehrender Patienten, den gewohnten einfühlsamen Ton nicht auf Anhieb getroffen hat. Er war vielleicht ein wenig ungeduldig im Analysieren der Ferienerlebnisse, und bei mir lag die Schwelle zur Kränkung sicher niedrig. Rückblickend kann ich sagen, daß der Kampf mit ihm und der Kränkung nicht umsonst war. Als er sich nach vierzehn Tagen legte, war das Fundament fester denn je. Gleichzeitig hatte ich einen Raum der Autonomie erstritten: nicht, daß dorthin die Analyse nicht dringen durfte, vielmehr konnte ich das Analysiertwerden eher aushalten ohne Angst. Und noch etwas: Ich hatte das merkwürdige Gefühl, quasi um die »Ehre« jener Freundin gekämpft zu haben. Sie war nicht Überbrükkungsfreundin und extra-analytischer Zeitvertreib, auch wenn die Leidenschaften durcheinandergeflossen sein mögen. Sie war nicht im gefräßigen Bauch des Molochs Analyse verschwunden, sondern hatte eine eigene Gestalt bewahrt.

Einige Monate hindurch habe ich es, in einer noch früheren Phase der Analyse, jener, die ich früher als die Phase der saugenden Sexualität bezeichnet habe, so arrangiert, daß ich vor manchen Analysestunden, die meist um neun Uhr früh lagen, noch einen Beischlaf einschob, wenn ich bei meiner Freundin über Nacht blieb. Ich schwebte wie auf einer rosigen Wolke in die Analyse, die ersten Male in naivem Stolz, unkundig der Bedeutung meiner hochgemuten Ausgelassenheit, bis sich, von vorsichtigen Deutungen genährt, schließlich Schuldgefühle und später dann Einsicht einstellten, und zwar gerade in einer Stunde, die, wenn ich mich recht erinnere, ich frech, gotteslästerlich und selbstverräterisch mit der ersten Zeile des Weihnachtsliedes eröffnete: »Vom Himmel hoch, da komm ich her.« Wiederum muß ich sagen, daß die Deutungen nicht die ausgelassene Lebensfreude jener mit sexuellem Glück angereicherten Frühstücke im Bett minderten oder einschränkten. Das Agieren bezog sich zum größten Teil auf den Zeitpunkt sexueller Aktivität und hatte unter anderem die Funktion, vor gefährlichen Stunden überschüssige und mich vermeintlich auf eine homosexuelle Katastrophe zutreibende Libido aufzuzehren.

Ich wende mich jetzt kurz der Ankunft neuer Geschwister auf der Couch zu. Ab und zu begab es sich, daß wieder einer angekommen war, und dann stiefelte man im

Treppenhaus oder im Flur an einem neuen Gesicht vorbei. Das gab jedesmal einen inneren Aufruhr, dessen Wucht sich jedoch vom fünften oder sechsten Nachkömmling an allmählich verminderte. Da die meisten männlichen Geschlechtes waren, wob ich sie ein in Seitenlinien des Verfolgungswahns und meinte mit genießerischem Sarkasmus, daß er wohl unter dem Schutzfirmenschild des Christlichen Vereins Junger Männer seine dunklen pädophilen Machenschaften austrage. Ich wollte ja weg von der unterirdisch schwelenden Leidenschaft, aber ich merke, das wird jetzt immer schwerer. So kann ich auch gleich ein paar Vorfälle berichten, bei denen sich mein Zustand nicht mehr verleugnen ließ. Als das Glimmen stärker wurde, bekam ich, wenn ich neben ihm herging, etwa im Flur, Gehstörungen, sozusagen aus der Hüfte heraus; die Beine ließen sich in ihren Bewegungsabläufen nicht mehr recht kontrollieren. Als ich einige Male leichtsinnigerweise neben ihm vier Stockwerke hoch die Treppen zu seiner Praxis hinaufgegangen war, war es mir, als könne der Unterschied zwischen diesem Treppensteigen neben ihm und einem ordentlichen Beischlaf nicht mehr sehr groß sein. Seither bin ich brav allein hochgestiefelt und habe ihn den Aufzug allein benutzen lassen.

Ich habe bereits angedeutet, daß es gewisse Identifikationsbarrieren gab, die mich hinderten, in allen inneren Bereichen dem Glimmen und dessen Folgen zu erliegen. Einmal lag dies vielleicht daran, daß eine innere, ziemlich lange unbewußte Kluft bestand zwischen meinem archaisch-gewaltsamen, aber ganz unrealen Vaterbild, dem späteren Bild des durch Krankheit geschwächten Vaters, meiner Traumvorstellung von Männlichkeit, die sehr diffus und nebulös war, und dem, was ich am Analytiker wahrnehmen konnte. Ich habe schon dargelegt, daß ich ihn noch »Mütterchen« nannte im Alter von gut zwei Jahren, als die Intelligenz für die Wahrnehmung von Geschlechtsunterschieden durchaus ausreichte. Man könnte sagen, ich erlebte ihn als mütterlichen Mann. In dem Bild, das ich vom ihm hatte, war etwas ausgespart: Durchsetzungsfähigkeit, Machtentfaltung, öffentliche Anerkennung, vielleicht Rücksichtslosigkeit. Er war kein Mann, vor dem ich Angst hatte, jedenfalls nicht so wie während der mütterlichen Übertragung, aber wieder nur deshalb, weil ich die Molochphantasien jahrelang vor mir herschob. Das bedeutet: Von seiner Person, so wie sie mir wahrnehmbar war, ging nichts primär Ängstigendes aus, so daß es lange dauerte, bis sich die archaischen Übertragungstendenzen überhaupt Platz schafften. Ich hielt ihn zudem einfach gefangen innerhalb des Rahmens: guter, aber schwacher Vater. Ich mußte zwar alle männliche Selbstentfaltung früher gegen Jokaste erkämpfen, und also auch noch einmal in der Übertragung gegen den lange Zeit als weiblich erlebten Analytiker, aber nicht so sehr gegen ihn als den Vater. Nur dort, wo er wirklich Autorität war, nämlich in psychoanalytischen Dingen, gab es unterirdische Rivalität, die freilich bald in dankbare Identifikation überging. Da war er einfach der handwerkliche Lehrer, dem ich vertraute.

Es spielte immer wieder während der Analyse eine große Rolle, daß ich ihn auf manchen Gebieten nicht zum Vorbild nehmen konnte und ihn unbewußt als unzureichend empfand. Dabei habe ich, mit seiner Hilfe, diese Zusammenhänge ja erst spät entdeckt; lange Zeit mußte er meine zähen Entwertungstendenzen, was seine Männlichkeit anging, aushalten: Ich habe ihn als kastriert wahrgenommen. Vielleicht wußte er auch längst, wie sehr ich mit dem Trauern um den kranken Laios beschäftigt war.

Vielleicht hat er es mir auch gesagt, ich bin jedenfalls nicht darauf eingegangen. Es gab ja Laios gegenüber keinen Anlaß zu offener Rache; doch rückblickend meine ich, daß die Enttäuschungswut in der analytischen Übertragung in feinen, fast homöopathischen Dosen eine große Rolle gespielt hat. Ich war meiner inneren Statur als Mann ebenso unsicher wie meiner körperlichen Statur. Während des ganzen Studiums war ich bei den Professoren auf Vatersuche gewesen, habe jedoch in dem Gerangel und wegen meiner Kontaktstörungen keinen gefunden. In ihm hatte ich nun einen Mann hinter mir sitzen, den ich zwar sehr gern hatte, dessen reale Eigenschaften aber sehr mit manchen unbewußten, stehengebliebenen Erwartungen kontrastierten. Da ist z.B. das öffentliche Auftreten. Er ist ein »Stiller im Lande«, und in den ersten Jahren war mir das ein großes Ärgernis, weil dadurch auf dem Felde meines öffentliches Agierens zwar Deutungen, aber kein Vorbild zu erhalten war. Ich pendelte zwischen Unzufriedenheit und Verachtung. Ich wußte, daß die öffentliche Geltung, die er im Institut genossen hatte, nicht sehr stabil gewesen war. Das nahm ich folgendermaßen wahr: Er hat sich den seinen Qualitäten angemessenen Platz nicht erkämpfen können. Also wieder eine Enttäuschung. Er konnte nicht schreiben: Enttäuschung. Er konnte nicht gut reden: Enttäuschung. Er hatte keine Stelle an der Universität: Enttäuschung. Ich fühlte mich verraten und enttäuscht, was seine väterliche Potenz anging, so jedenfalls erlebte ich es. Ich schreibe dies, obwohl es seine reale Person berührt, weil ich anders nicht zeigen kann, wie er damit umgegangen ist.

Eine Zeitlang spielte zur Interpretation der Zusammenhänge das Bild des unehelichen Kindes eine Rolle, das eine Mutter, aber keinen Vater hat. Dann wurde allmählich der frühe Familienroman sichtbar, in den ich ihn längst eingesponnen hatte. An die Phantasien über meine Abkunft kann ich mich nicht mehr erinnern, nur daran, daß ich über lange Jahre dem Traum anhing, von dem einflußreichen und kultivierten Fürsten in unserer Gegend adoptiert zu werden, um in das mir gemäße Prinzenmilieu zurückzugelangen. Das war eine Anknüpfung an meine Prinzenzeit in der Familie. In diesem Phantasien- und Wunschgeflecht ist vielleicht besser zu verstehen, warum mir die Anerkennung und Würdigung der Vaterschaft des Analytikers lange Zeit derart schwerfiel. Ich haßte ihn, weil ich glaubte, nicht stolz auf ihn sein zu können.

Er hat es mir immer wieder so gedeutet: Ich bin halt der gelähmte Laios, der tagaus, tagein hier im Sessel sitzt und wartet, bis der Sohn von seinen Ausflügen und Taten zurückkehrt. Erst ganz allmählich, als ich mehr erfuhr von der gelegentlichen Unzuverlässigkeit der berühmteren analytischen Väter, dämmerte mir, welches Glück für mich die Zuverlässigkeit des gelähmten Vaters war. Ich nannte ihn meinen zuverlässigen Hintercouchler. Seinen Mangel an Ehrgeiz, Fähigkeit oder Neigung, eine öffentlich sichtbare Rolle zu spielen, der mir über Jahre hin ein Skandal war, habe ich später gepriesen und preise ihn jetzt noch. Auch hier gab es Schlüsselerlebnisse des Begreifens. Ich bekam Anfragen von außerhalb, ob ich an Lehrstühlen interessiert sei. Real war klar, daß ich aus seiner Nähe auf keinen Fall weglaufen würde, doch die Angebote verursachten inneren Aufruhr, vor allem in der Weise, daß ich Schuldgefühle ihm gegenüber bekam. In analytischen Dingen empfand ich ihn als Könner, und ich hatte so sehr das Gefühl der Sohnschaft, daß mich die Angebote einer quasi universitären und ja auch reichlich frühen Vaterschaft ihm gegenüber verwirrten. Ich wollte nicht an ihm vorbeigehen, wollte ihn mitziehen, ihn nicht kränken, ihm den Vortritt lassen. Aber ich habe mich getäuscht über ihn im Wirbel meiner Projektionen und Übertragungskrisen. Einmal sagte ich: »Es könnte doch kränkend für Sie sein, wenn ich einen Lehrstuhl kriege, so ein Kerlchen, das dreijährig bei Ihnen hier auf der Couch liegt, und Sie haben ihm grade noch die Flasche gegeben oder die Brust.« Er reagierte mit dem lapidaren Satz: »Wissen Sie, das ist eine Frage des Stuhldrangs.« Der Satz hat mir sehr geholfen im Umgang mit dieser Spannung zwischen meinem Ehrgeiz und den vielfältigen Schuldgefühlen gegenüber dem Vater, der einen Teil seiner Lebensenergie darauf verwendete, mich durch eine gute Analyse, sprich Erziehung, für meine Aufgaben fähiger zu machen.

Ich habe weit vorgegriffen. Dies sind ja Weisheiten und Erkenntnisse aus allerjüngster Zeit. Erst rückblickend kann ich wahrnehmen, welche Vorstufen, für mich ganz undurchschaubare, diese Verschlingungen hatten. So war es beim Übergang von einer Mutter- zu einer Vaterübertragung – wohlgemerkt, es handelt sich um Tendenzen, nicht um klare Übergänge – für mich überaus wichtig, herauszubekommen oder darüber zu meditieren, ob er ein glücklicher Ehemann sei. Einerseits waren meine Abwertungstendenzen zu stark, ihn mir als Mann in der Familie überhaupt vorzustellen, andererseits hatte ich ein sehr ausgeprägtes Bedürfnis, es möge ihm gut gehen, das heißt, er möge ein glücklicher Mensch sein und also auch ein glücklicher Ehemann. Dieser Drang erschließt sich erst jetzt klarer in seiner Bedeutung: Ich konnte es nicht fassen, wie ein Mann mit mir und anderen diese geduldige und mir mütterlich erscheinende Arbeit verrichtete, im geheimen, von niemandem, schon gar nicht von mir, voll anerkannt. Und da wünschte ich, um mit meinen Schuldgefühlen besser fertig zu werden, und weil ich nicht ertragen wollte, daß er in seinem Selbstwert auch von mir und meinen kleinen Fortschritten abhängig sei (– oder doch?), er möge anderweitig ein glücklicher Mann sein. Dies alles hat natürlich auch eine ödipale Bedeutung. Es gab starke Wünsche, ihn seiner Familie abspenstig zu machen, Eifersucht auf seine Bindungen, Wut darüber, daß ich nur ein Fünfzig-Minuten-Sohn war, auf Kredit und Bezahlung, und daß ich nicht mit ihm nach Italien reisen konnte, wie ich es erträumte. Aber in einer anderen Schicht blieb der Wunsch: Hoffentlich ist seine Ehe gut, dann kann er mir als Kind geben, was ich brauche. Denn das ist ja das Paradoxe: So mächtig die ödipalen Wünsche des Kindes sein mögen, es kann nicht, außer um den Preis seiner Selbstbeschädigung, wollen, daß es Vater und Mutter voneinander trennt oder ihre Intimität stört. In diesem Punkt habe ich zu viel aus den Explorationen von Verwahrlosten und Delinquenten gelernt; sie haben mit verzweifeltem Raffinement die Brüche zwischen den Eltern vergrößert, um Bündnisse einzugehen, meist mit der Mutter, und sie haben bezahlt mit einem defekten Überich, mit Omnipotenzphantasien, die bis ans Lebensende unheilbar bleiben werden, und mit dem Verlust gemeinsamer elterlicher Liebe. Hinter der ödipalen Wut und Eifersucht habe ich, unterstützt von seinen Deutungen, Zugang gefunden zu einer Geborgenheit quasi innerhalb seines weiteren Familienkreises, zu dem die Patienten ja zählen, einer Art postödipaler Geborgenheit.

Wenn ich jetzt mit der Darstellung der Leidenschaft fortfahren soll, so gerate ich wohl einerseits ins Stocken, andererseits ins Fabulieren, weil mich die folgenden Episoden bis in alle Details gefesselt haben. Gegen Ende des dritten Analysejahres erfolgte mein erster, oder soll ich sagen: kam es zu meinem ersten, oder wäre es besser zu sagen: verübte ich meinen ersten, oder wagte ich, oder trieb es mich . . .? Es ist in der Tat sprachlich schwierig zu fassen. Weil ich offensichtlich nicht einfach drauflosbeschreiben kann, sondern einen Anlauf brauche, will ich zuerst noch etwas über meine früheren Phantasiebeziehungen zu Prostituierten sagen: Ich hatte schlicht Angst vor ihnen. Es schienen mir über die Maßen mächtige, kühne und herausfordernde Weiber, taxierend, prüfend, potenzmessend, mit rohem Gelächter und mänadenhaft sofort bereit, beim geringsten Versagen einen zu zerstückeln. Das Geranke meiner Projektionen in dieser Richtung war durch aufgeschnappte Berichte von Bekannten oder Kollegen, z. B. als ich, als Schüler noch, auf dem Bau arbeitete, kräftig genährt worden. Ein früherer Wohnungsnachbar, den Impotenz quälte, erzählte, daß er nach Entrichtung des Honorars erst recht impotent geworden sei, worauf man ihn mit mitleidvollem Spott seines Weges geschickt habe. Es fällt ja schon an der Wortwahl auf, daß er über sein Erlebnis aus der Perspektive des dummen kleinen Jungen berichtete, dem ein großes starkes Weib mal kurz in die Hose schaute, um sogleich in Gelächter auszubrechen. Andererseits stellten die aufschneiderischen Erzählungen auf dem Bau die Sache so dar: Die Mädchen diskutierten mit ihren akzeptierten Stammkunden ausgiebig, wie sich der oder jener Neuling angestellt habe und wie tolpatschig der oder jener beim Vögeln gewesen sei, oder wie rasch er wie ein nasser Sack dagelegen habe. Im Grunde war es so, daß mich Prostituierte mit Scheu und Angst erfüllten; ich habe sie idealisiert, im Positiven wie im Negativen. Das ist in

Teilen der Literatur geradezu Mode, und jener Art von Projektion, wie ich sie in einigen Romanen gefunden hatte, folgte mein Jünglingsherz. Genaugenommen wäre mir früher die Vorstellung, in ein Bordell zu gehen (die keine übermäßige Verlockung darstellte, das muß ich hinzufügen), nur möglich gewesen mit der gleichzeitigen Vorstellung, daß ein eingeführter, starker und zuverlässiger Freund mich begleite. Den hatte ich nie gehabt, ich hätte es zweifellos auch gar nicht dazu kommen lassen, weil das Maß an Homosexualität, das dazu notwendig gewesen wäre, mich ohnehin abgeschreckt hätte, abgesehen davon, daß es hier wirklich moralische Barrieren gab, genaugenommen: Treue zu Jokaste.
Prostituierte standen im Bunde mit meinen Kastrationsängsten, die man nicht hoch genug veranschlagen kann. Übrigens fällt mir in diesem Zusammenhang die Strophe eines Liedes ein, das wir auf dem Gymnasium sangen, und das davon zeugt, daß meine Ängste nicht etwas allein Individuelles waren.
Eine Strophe lautete ungefähr so:

»Doch ach, o weh, ich konnte nicht,
mein kleiner Pimmel stand noch nicht,
da packt' sie mich und warf sie mich
die Trepp' hinab ganz fürchterlich.«

Im ganzen und geheimen hielt ich mich natürlich, schon wegen der Omnipotenzphantasien und meiner archaischen Männlichkeitsvorstellungen, für einen Feigling und Schlappschwanz, wenngleich dies sehr unbewußt war und erst nachträglich vom »eingeführten, starken und zuverlässigen Freund« analytisch ans Tageslicht gefördert wurde. Allabendlich, wenn es mit der Heimfahrt später wurde als der Einbruch der Dämmerung, kam ich an einem im Vergleich mit dem Bahnhofsviertel fast honorigen Haus vorbei, vor dem bis zu zehn junge hübsche Mädchen im Sommer das unbekleidete Bein hoben und im Winter mit dem Mantelaufschlag spielten. Über ein Hinstarren und einen eher zu rascher Flucht anregenden Schauder war es nie hinausgekommen. Da brauchte es Zuflüsse aus ganz anderen Kraftfeldern, um den Mut zu heben und nicht aus vorschneller Angst um die Lanze den Kampf mit dem Drachen gar nicht erst aufzunehmen. Eines Abends war ich zu einer Party eingeladen, auf der es erlesene Weine gab und auf der erlesene, aber leider verheiratete junge Frauen zugegen waren. Gegen ein Uhr verließ ich voll Mut und anscheinend glücklich die Party, aber letzteres muß wohl insofern Fassade gewesen sein, als zwei Leidenschaften ja ungestillt waren: die glimmende analytische und die ödipale (wegen der verheirateten Schönen). Als ich an dem Puff vorbeifuhr, schien mir mit einer gewissen Unwiderruflichkeit der Moment gekommen, in dem es galt, den Drachen zu erschlagen. Würde ich vorbeifahren oder anhalten, oder nur um das Haus schleichen, dann läge ich wenig später in schwer erträglichem Katzenjammer und nicht minderer Selbstverachtung zu Hause im Bett und würde mir leicht angewidert die gewohnte Tröstung durch Sinn und Hand gehen lassen. Also lenkte ich den Wagen in eine Seitenstraße, entledigte mich aller mich möglicherweise kenntlich machenden oder bei Verlust zu betrauernden Indentitätspapiere und allen überflüssigen Geldes, suchte mein Herzklopfen zu beruhigen, kämmte mich noch einmal und ging dann los. Von jetzt an hatte alles eine gewisse zügige, unausweichliche und unerschütterliche Gangart. Die Vorangst war wahrscheinlich groß genug gewesen. Ich ließ mich von einem Mädchen ansprechen, die sich als Rosemarie vorstellte, die ich aber Rosy nennen durfte.

Sie führte mich ins Haus und zum Aufzug, hoch ging's in den zweiten Stock, sie wohnte nach hinten und bedauerte das, es sei aber auch billiger. Ich war wie in einem Ritterroman auf absolute Höflichkeit und Zuvorkommenheit eingestellt, ging auf jedes Konversationsangebot, das sie machte, sofort ein, wurde dann aber von einer aus meinem Inneren aufsteigenden Frage überrascht, die ich nicht unterdrücken konnte: »Sag mal, der wievielte bin ich eigentlich heute?« »Ach du«, kicherte sie, »meinst du, ich zähle sie?« Es ließ sich kaum leugnen, daß ich nicht wußte, wie ich mich anstellen sollte, und ich war von der Angst beherrscht, sie zu kränken. Denn einerseits hatte ich ihr auf die schlichte Bitte, ihr das Geld vorher zu geben, bereitwillig wie ein Bankbote das Geld ausgehändigt, doch wie ich nun zu meinem Äquivalent des Handels kommen sollte, wußte ich nicht. Ich hatte sie gekauft, war aber vom realen Besitz sehr weit entfernt, behandelte sie durchaus als Dame und wollte ihr sogar durch Zuvorkommenheit über die Roheit des Kaufs hinweghelfen oder, besser gesagt: mir, denn es widersprach meinen bisherigen Gepflogenheiten, durch die Hinterlegung eines Geldbetrages das Recht auf einen Beischlaf zu erwerben. Strenggenommen erwirbt man dieses Recht ja auch nicht, wenn man als Beischlaf den gewohnten zärtlichen und sexuellen Umgang mit einer Frau meint. Ich wußte wirklich nicht, auf welcher Ebene sich eine solche Begegnung abspielt. Ich beeilte mich also, zu gestehen, dies sei das erste Mal, daß ich hier sei. Es wunderte sie nicht, sondern sie tröstete mich: »Ach, weißt du, das muß jeder mal lernen. Du kannst dich drüben im Bad ausziehen.« Das erleichterte die Situation im Augenblick sehr, denn mir war unklar, wie das mit dem Ausziehen vor sich ging. Im übrigen hatte ich kräftig mit Scham zu kämpfen. Ich verzog mich also in das kleine Bad, hatte es, um ja nichts falsch zu machen, eilig und war, als ich wieder ins Zimmer trat, sehr viel nackter als sie, die sich mehr Zeit ließ. Nachträglich scheint mir, daß sie von meiner relativen Unschuld gerührt war und vielleicht das schützend Routinehafte zugunsten einer fraulich-mütterlichen Beteiligung durchaus zurücknahm. Obwohl ich dies erst hinterher, bei der analytischen Aufarbeitung, verstand, die natürlich wieder mit der elendesten und anstrengendsten Geständnisarbeit verbunden war, will ich einen Teil meiner Einsichten jetzt schon preisgeben, quasi in Form einer Leseanweisung. Man achte darauf, wie sehr diese Begegnung die eines Knaben mit einem mütterlich handelnden Wesen war. Denn ich stand nackt und bloß in der Tür zu dem Raum mit dem großen französischen Bett, neben dem auf einem Nachttischchen, zur Unterstreichung ihres Namens, eine große rote Rose stand. Der Raum hatte nichts widerlich Puffartiges, sondern er sah bewohnt, wenn auch sehr nüchtern aus, und sie wohnte tatsächlich dort. Ich stand in der Tür, und meine Nacktheit schien zunächst durch nichts gerechtfertigt. Ich sah ihr zu, wie sie selbst Stück um Stück ihrer Hüllen abnahm, und ich sah es dankbar, weil sich die Situation dadurch vereinheitlichte und klarer wurde. Sie lud mich freundlich ein, mich auf dem Bett in Rückenlage auszustrecken. Bereitwillig tat ich dies. Entschuldigend und, wie ich fand, enorm läppisch, aber auf einer anderen Ebene über meine Zurückhaltung stolz, sagte ich: »Ich glaube, er steht mir noch nicht.« Dergleichen schien ihr geläufig. Sie nahm meinen kümmerlichen Zipfel liebevoll in die Hand, streichelte und drückte ihn, kraulte mich zwischen den Beinen, und mit großer Erleichterung bemerkte ich, wie er sich aufrichtete und den kommenden Dingen immer zuversichtlicher entgegenstand. Sie entnahm einer silbernen Schale, aus einem größeren Haufen, ein Präservativ und streifte es mir über. Sie knetete und rieb vorsichtig meinen auf funktionsfähige Größe angewachsenen Schaft, und zwar so, daß ich ihr ein wenig wehren mußte, wenn sich das Ganze nicht nur in der an sich durchaus angenehmen Rückenlage für mich abspielen sollte. Ich wußte damals noch nicht einmal, daß dies zu den Regeln und Grundkniffen ihres Handwerks gehörte, nämlich den Vorgang »vermittels manueller Manipulation« zu beschleunigen, sondern nahm es dankbar hin. Als ich ihr also sanft wehrte, sagte sie: »Na, dann können wir ihn ja mal 'reinstecken, komm.« Sie legte sich auf den Rücken, öffnete die Beine, ließ mich über sie kommen, nahm ihn mit sicherem Griff in die Hand und führte ihn ein. Alle Mühe war mir abgenommen. Ich spürte, es ging ein bißchen schwer, aber sie hatte die Richtung des Hineinsteckens klar heraus und schob ihn hinein und sagte »So«, als er drin war. Das war ein Moment, in dem ich gern verharrt wäre, denn immerhin lag ich nun über ihr und steckte in ihr, und sie war hübsch, und ich ruhte wohlig auf ihr, nur ihre Augen schauten ein wenig abwesend, aber nicht unfreundlich beiseite. Ein vorsichtiges »Na los« ermunterte mich definitiv, das Erstrebte nicht mehr länger hinauszuschieben, wenngleich ein Moment des Zwanges oder mindestens der Pflichterfüllung ins Spiel kam, jedenfalls einer gewissen Eile, an die man sich bei Gefahr möglicherweise tadelnder oder abfälliger Bemerkungen zu halten hatte. Nun ging alles ziemlich schnell. Nach sieben dürftigen Stößchen kam es mir. Der Moment dieser viel zu rasch erfolgten und eigentlich auch nicht sonderlich überwältigenden Erschlaffung war äußerst komisch. Denn wieder wäre ich gerne ausruhend, sogar liebkosend verharrt, aber ihre Bewegungen verrieten klar, daß ich lange genug oben gewesen sei und sie nun wieder freizugeben hätte. Natürlich wäre das Obenliegen durch Bitten oder leichtes Maulen zu verlängern gewesen, doch daran hinderte mich wiederum die Zuvorkommenheit, und also stieg ich ab und wußte nun wieder nicht, wie es weiterging. Selbst mit einem sehr vertrauten Partner hat das baumelnde Präservativ am sich senkenden Penis etwas schändlich Komisches. Hier half abermals ihre freundliche Routine. Ich saß auf dem Bettrand, sie holte eine lindweiche Papierserviette und strich damit vorsichtig von der Wurzel her am Penis entlang, so daß nicht nur das Präservativ spurlos verschwand, sondern auch die Vorhaut sich wieder schützend über die Eichel schob; die momentane Angst, es werde zu einer unangenehmen Reibung kommen, erwies sich als gänzlich überflüssig. Diese sichere, ruhige und wie selbstverständlich ausgeübte Beendigung des sogenannten Beischlafs nahm ich mit großer Dankbarkeit wahr, sie enthob mich jeder Peinlichkeit, vielleicht nur deshalb, ich muß es sagen, weil ich ein Säugling war, der diese Art von schonender Pflege außerordentlich genoß. Das Ganze hatte, vom kurzen Koitieren abgesehen, etwas überaus Säuglingspflegerisches an sich, das Kraulen und Streicheln und Vorbereiten, ja selbst noch das Hineinstecken lagen auf dieser Linie. Als ich drinsteckte, durfte ich etwas auf ihr und an ihr tun, aber im Grunde steuerte sie die ganze Unternehmung. Bei den späteren Besuchen, bei anderen Mädchen, war ich sicherer im Nehmen des Gebotenen, ja, vielleicht eine Spur herrisch, mindestens verlängerte ich das Streicheln und wehrte der manuellen Vorbereitung frühzeitig. Doch die Grundlinie einer mütterlichen oder, besser, einer rechten Ammenpflege am vorsichtig angefaßten Kinderkörper überwog. Dies wird noch dadurch verstärkt, daß eine Erregung bei ihnen nicht festzustellen ist und also der männliche Narzißmus, nämlich eine Frau zu beglücken, gar keine Nahrung erhält. Deshalb verharrt man wohl leichter auf der Position kindlicher Verwöhnung. Allerdings kann ich mir gut vorstellen und weiß es auch aus Erzählungen, daß bei vielen Männern die aggressive Komponente eine große Rolle spielt, und es kann sein, daß bei den wenigen späteren Besuchen die Möglichkeit eines um Gefühle unbekümmerten Durchvögelns einer Frau durchaus wichtig war. Ich hatte aber kein fühlbares Bedürfnis nach Aggression und Demütigung, oder höchstens in versteckter Form, so daß es durch die Bezahlung und die Chance, durch vorsichtige Anweisungen die Lustbarkeit zu steuern, befriedigt war.

Was bis jetzt sichtbar geworden ist, ist nur *der* Teil einer untergründigen leidenschaftlichen Beziehung zum Analytiker, wenn man das überhaupt noch so nennen kann, der die wiedererwachten kindlichen und lustvollen Pflegebedürfnisse betrifft. Daneben stand er natürlich gewissermaßen mutmachend hinter mir als der besagte starke Freund. Er hatte sich in der Übertragung gespalten. Einerseits war der Gang ins Bordell ein Gang zu den Müttern und ihren unwiederbringlichen Geschenken; die Sehnsucht danach war eindeutig an ihm wiedererstanden, selbst wenn es in direkter Weise überhaupt noch nicht sichtbar geworden war. Doch bei mir lief ja vieles auf Umwegen, ich habe die Hälfte meines Unbewußten überhaupt nur durch Agieren und nachgehendes Interpretieren entdeckt. Und selbst beim Agieren hat es lange gedauert, bis die frühen Lustbarkeiten wiederauftauchten und nach Wiederholung drängten.

Den tiefenpsychologisch gründlicher mit der niederen Minne Vertrauten wird andererseits nicht verborgen geblieben sein, daß ich sorgfältig meine Ausweispapiere aus allen Taschen nahm, den Geldbeutel ins Handschuhfach des Autos legte, auch die Wohnungsschlüssel dort ließ. Sie werden zudem meine Frage noch im Ohr haben: »Die wievielte Nummer ist das heute?« Es war unverhüllt die Frage nach den unmittelbaren nächtlichen Vorgängern in der Ritze, zu der auch ich durch Geld Zutrittsrechte erwarb. Auch dies war fern von meinem Bewußtsein und ist vom Analytiker mit der bewährten Freundlichkeit ans Licht geholt worden. Man kann ruhig sagen, er hielt Ernte in jenen Tagen, wenn auch auf Umwegen. Beim nächsten Besuch wurde ich auf die unbewußten Implikationen dieser Minneform weit drastischer hingewiesen. Rosy war eine geradezu rührende Halbprofessionelle gewesen, eine Saisonarbeiterin, die sich das Geld für einen luxuriösen Skiurlaub verdiente und nach zwei Monaten »Hinhalten« einen Monat sich mit dem verdienten Geld selbst verwöhnte und mit aufwendigen Geschenken an die Eltern versuchte, ihre Schuldgefühle wieder unter Kontrolle zu bringen. Berta dagegen ging seit Jahren einem nüchtern ausgeübten Berufe nach, der in allem feine Zeichen eines ständigen Rachenehmens an den Männern behielt. Als wir in ihr weit weniger anheimelndes Zimmer im selben Hause traten und ich ihr auf ihre geschäftlich kühl vorgetragene Bitte bei einem weit unbarmherzigeren Licht das Geld gab, ging sie zu einem Wandschrank, an dessen Tür eine Papierrolle und ein Bleistift hingen, und machte in einer Reihe von Strichen, die von einigen Strichreihen weiter oben durch einen dicken Tagesquerstrich getrennt waren, einen weiteren Strich, verstaute umständlich das Geld in einem Fach im Schrank und wandte sich erst dann mir zu. Ich bekam den siebten Strich des Abends und reagierte in einer zwiespältigen Weise, deren Ergründung wiederum längerer Erinnerungs- und Interpretationsarbeit in der Analyse bedurfte. Einerseits war ich leicht schockiert, zumindest ernüchtert, wie mir schien, über das rein geschäftsmäßige, aber auch über das fließbandartige Abhaken und die umständliche Beschäftigung mit dem Sparschwein im Schrank. Das Umsinken vollzog sich in einer viel geringeren Verzauberung als bei Rosy. Aus Neugier, vielleicht auch aus noch nicht wahrnehmbarem Unmut hatte ich mich überreden lassen, einen Zwanziger mehr zu zahlen. Sie würde es dann mit dem Munde machen. Vorher muß ich jedoch den *anderen* Teil des Zwiespalts erklären: Ich war über die Zahl der Vorgänger nicht erbost, ich muß unbewußt mit ihnen gerechnet haben, ja, wenn ich es gleich deutlich sagen soll, ich war ja auch um ihretwillen gekommen. Wie gesagt, alles geschah ganz unbewußt. Sie nahm verabredungsgemäß oder, besser, vertragsgemäß meinen Zipfel in den Mund, was mäßig lustvoll war mit dem Präservativ, und ich protestierte auch gegen die »Elefantenhaut«, die sie mir da übergezogen hatte. »Drei Stück zwei Mark«, antwortete sie, um mir zu zeigen, daß es nicht die billigsten seien. Bei diesem Mundverkehr wurden mir immerhin die Erniedrigungsmöglichkeiten klar, die in der Sache lagen. Sie nahm etwas Sklavinnenhaftes an. Ich fuhr mit den Armen an ihrem Körper entlang, streifte scheu die Brüste. Sie sagte: »Du kannst die Titten ruhig anfassen.« Da war sie wieder ganz Amme, freilich eine Bauernamme, die es mit vielen Dorflümmeln treibt und sie ermutigt, wenn sie zu schüchtern sind, und ihnen auf die Finger haut, wenn sie frech werden. »Auch die Möse kannst du anfassen.«

Vielleicht war ich der erste am Abend, der den Minimalvertrag überboten hatte, und deshalb war sie spendabel. Aber ich zuckte bald zurück mit den Fingern, als ich merkte, daß die Schamhaare strohig vom vielen Gebrauch von Spray waren. Als sie später zur manuellen Pflege überging, lobte ich sie für ihre Routine, worauf sie bemerkte, sie habe Erfahrung, habe zuerst zweieinhalb Jahre in Hannover gearbeitet und sei seit einem halben Jahre hier. »Weißt du, das wird einem doch langweilig, immer am gleichen Ort. Aber hier gefällt mir's auch nicht besonders. Aber was will man machen, Mann und Kind und Wohnung und Schulden.« Also im Grunde eine Mutter, die sich abrackerte; sie kam mir in einem Anflug von Mitleid vor wie eine Waschfrau, die sich vorgenommen hat, für viel Geld die schmutzigste Wäsche zu waschen, die es auf dieser Welt gibt. Aber sei's drum, der Ammenanteil ist ja ohnehin klar geworden. Doch wie steht es mit den Papieren, der Nummernfrage, der Strichliste? Ich suchte die Ammenpflege, und was ich beim ersten zaghaften Frauenkauf stolz als Fortschritt und Progression und Eroberung neuer Lebensräume empfand, war die Eroberung einer Regression, die ich in der Analyse nicht gestehen wollte bzw. die so gründlich verdrängt war, daß ich sie agieren mußte, um sie überhaupt wahrzunehmen. So weit, so gut. Aber genauso erging es mir auf der anderen Ebene, der der glimmenden Leidenschaft, an die ich ja nicht glauben wollte. Ich muß es gestehen: Ich suchte auch die Vermischung mit Männern. Ich wußte im Unbewußten, es konnte da noch Sperma von ihrem Sperma sein, wenn ich ihn da hineinstecken ließ. Es stillte gleichzeitig ein dumpfes Rachebedürfnis, die Vorgänger aus dem Schoß zu verdrängen; aber auch ich wurde wieder verdrängt. Einmal wurde es mir drastisch

deutlich: Als ich zwei Minuten nach Verlassen des Hauses mit dem Wagen vorbeifuhr, hatte Rosy den nächsten am Arm und steuerte auf den Eingang zu.
Dies will ich die Entdeckung der einfachen indirekten Homosexualität bei der Prostitution nennen. Das Wort Prostitution gebrauche ich nicht gern, daran klebt sehr viel Moral und ordnungspolizeiliche Kennzeichnung. Als ich die Mädchen einmal angeberisch auf der Couch die Nutten nannte, zuckte ich sogar zurück, weil mich das Maß der Geringschätzigkeit erschreckte; ich fand sie schließlich viel netter, als das Wort Nutten es ausdrückt. Auf der Übertragungsebene war leicht auszumachen, daß jene einfache indirekte Homosexualität dem Analytiker als dem Kumpel bei der gemeinsamen Eroberung der Weiber galt und dem Bedürfnis, mich mit ihm quasi zu vermischen in den Schößen der Mädchen. Das war nicht alles. Er war ja nicht nur Kumpan, sondern auch schwer zu fassende Vaterfigur. Und hier lief die Analyse so, daß uns die dicken, schweren und schnellen Wagen der Zuhälter, die tagsüber vor dem Haus standen, den Weg der Interpretation wiesen.
Dem Unbewußten muß klar gewesen sein, daß die Mädchen auch gegen Entgelt nicht wirklich mir gehörten und auch nicht sich selbst, sonst müßten sie nicht Strichlisten führen und im Schrank ein großes Sparschwein haben. Und überhaupt, jene Autos, wie sie sonst nur junge Industrie-Kapitäne fahren! Sie hatten ihre Beschützer, die sie verliehen, und als ich mich, übrigens jedesmal, im Auto gründlich alles Brauchbaren, Nützlichen und auf die Identität Hinweisenden entledigte, fürchtete ich Schläge und Beraubung, aber auch Identifizierung, freilich eine, hinter der wohl Strafe steckte. Zwar kann man fast täglich im Lokalteil Berichte aus den schlimmeren

Straßen lesen, wo Freier wirklich beraubt und verprügelt werden, weil die Zuhälter, auch angesichts der unterschiedlichen Klienten, in Rufweite sitzen, oder wo sie selbst anstelle des Sparschweins hinter dünnen Schrankwänden warten. Aber dies zu fürchten war wohl in jenem Haus kein Anlaß. Dennoch war die Furcht da, und eine meiner naseweisen Anfängerfragen, die ich den Mädchen stellte, war immer wieder: »Was macht ihr, wenn einer frech oder gewalttätig wird?« Es komme nicht oft vor, sagten sie, sie schrien halt, dann kämen die anderen Mädchen gelaufen, das genüge. Hinter meiner Frage steckte jedenfalls die Vermutung von Gewalt, und sie tauchte bei jedem Besuch von neuem auf, wobei die Projektionsrichtung sich auf merkwürdige Weise umkehrte. Ich spürte in mir eine versteckte Verlockung zur Gewalttätigkeit, die mir aber nicht gegen die Mädchen gerichtet schien, ich vermutete jedoch in anderen Rohlingen von Klienten durchaus aggressive Gemeinheiten gegen die Mädchen bzw. schob sie ihnen zu in der Phantasie; die wirklich dahintersteckende Angst war die, daß irgendwo sehr starke strafende Männer seien, die zwar gegen Entgelt begrenzte sexuelle Handlungen an den ihnen untertanen Weibern vornehmen ließen, die jedoch bei wirklichem Frechwerden, das heißt, bei aufkommendem Besitzanspruch, unbarmherzig zuschlagen würden. Auf diese Weise kam allmählich ans Licht, wie sehr die Besuche kecke Exkursionen des Naschens an den Frauen von anderen waren, von unbekannten, sehr mächtigen Männern. Meinem rationalen Alltagsbewußtsein galten Zuhälter als widerliche Gesellen, dem Unbewußten dagegen als Männer von erstaunlicher Mächtigkeit und Anziehungskraft; waren sie doch ihrer Weiber so sicher, daß sie sie für Geld leihweise weggeben konnten, um andere sich an ihnen vergnügen zu lassen, während sie selbst sie in Wirklichkeit besaßen und einzig ihrem Schweif es gelang, die Frauen wirklich zu beglücken. Das Unbewußte bewunderte diese Männer, das kriminalpolitische Tagesbewußtsein in mir wollte sie deshalb nur um so strenger verfolgt wissen.

Wie man sieht, sind die Möglichkeiten, dem eigenen Ödipuskomplex zu begegnen, vielfältig. Mit wirklich großem inneren Kraftaufwand habe ich mich in einigen Fällen gezügelt, die Freundinnen oder Frauen guter Freunde verführen zu wollen. Aber manchmal ist mir das Zügeln auch *nicht* gelungen, der ödipale Strahlenglanz, der sie umgab, war zu hell, von ihren eigenen Reizen ganz abgesehen. Trotz aller Abwertungstendenzen gegenüber dem Analytiker muß er in der unbewußten Phantasie doch eine gewaltige sexuelle Potenz besessen haben, an der ich mich rächen oder an der ich partizipieren wollte. Wohlgemerkt, er war dabei nur Übertragungsfigur.

Rückblickend kann ich nur staunen, welche Triebkraft ein unaufgelöster ödipaler Konflikt entfalten kann und mit welcher Findigkeit der unbewußte Konflikt Situationen konstelliert, die den unbewußten Wiederholungsbedürfnissen entsprechen. Soll man den Kerl da, der klarsichtig und mit liebevoller Ironie immer wieder die Schlingen aufzeigte, in denen ich mich verfing, nicht vorübergehend hassen? Ich kam manchmal aufgeräumt in die Stunden, voller Erobererstolz oder geschwellt vom Gefühl, jetzt endlich die rechte Leib- und Seelenkönigin für mich entdeckt zu haben, doch es dauerte nicht allzu lange, bis ich, durch sein vorsichtiges Rucken aufmerksam gemacht, die Ödipusschlinge an der Ferse spürte. Einmal, als ich in den leuchtendsten Farben ein Verführungsfest geschildert hatte, fragte er: »Was glauben

Sie, wollten Sie mehr mit ihr oder mit ihm schlafen?« Ich wollte zwar nicht mit *ihm* schlafen, aber der tiefe Wunsch wurde sichtbar, ihn »anzustacheln«, seine wissenschaftlichen und männlichen Möglichkeiten besser wahrzunehmen. Auch hier spielten untergründige Schuldgefühle eine Rolle, weil ein einst bewunderter Mann nicht weiterkam, während mir selbst manches in den Schoß fiel, wenn dies verdrehte Bild erlaubt ist.

Soll man denn annehmen, daß Ödipus nicht voller Stolz mit Jokaste geschlafen hat? Ich frage dies, um mich zu entlasten, wenn sich in die obigen Erzählungen ein Hauch von männlicher Angeberei eingeschlichen hat, und bitte, es als ein zur Neurose gehöriges Symptom zu nehmen, das er mir, wie ich hoffe, noch weganalysieren wird. Ödipus ist als Knabe ausgesetzt und von Hirten aufgezogen worden. Ich könnte mir denken, daß er anfangs ein schüchterner Knabe war, dem es den Atem verschlug, als er bei seinem ersten Besuch in der nächsten Kleinstadt die höheren Töchter des Ortes am Brunnen sah. Und er mag Mühe gehabt haben, seine späteren Erfolge innerlich mit der gebührenden Demut hinzunehmen. Anfangs dürfte ihn, so schätze ich, der narzißtische Segen einfach überfordert haben. Der Ödipus glänzte im Auge des Ödipus. Er gab sich nicht zufrieden, ehe er nicht zu Jokaste durchgedrungen war. Mich hat mein Analytiker früher abgefangen, auch dafür gebührt ihm Dank. Er hat mir die Augen geöffnet, und so brauchte ich nicht geblendet zu werden. Auch den Gang durch den Hohlweg, in dem Ödipus den Laios traf und erschlug, hat er mir erspart; er hat mir den Namen des gelähmten Alten in der Sänfte zugeflüstert, da habe ich nur den Blick gesenkt vor seinem Unglück und bin weitergezogen. Dies werde ich später erklären.

Ich muß, bevor ich mich ganz in der Mythologie verliere, etwas nachtragen, eine amüsante Triebregression, die plötzlich alle Ichkontrollen durchbrach, an der Schwelle vom Präödipalen zum Ödipalen, also dort, wo der Analytiker gelegentlich vom Ödi-Pussel sprach. Eines Abends, nach gliederlösendem Beisammensein mit einer Freundin, ergriff mich ein mächtiger Harndrang; gleichzeitig blitzte eine frühe szenische Regieanweisung durchs Unbewußte. Ich nahm sie, fast nichtsahnend, an der Hand, führte sie mit ins Bad und ließ, aus steilem Schweif, einen stolzen Bogen in die Badewanne rauschen, so daß wir beide leuchtende Augen bekamen. Das Merkwürdige an einer solchen mit analytischer Gewalt durchbrechenden Triebregression ist ihre Verführungskraft. Denn jene Freundin war in solchen Dingen eher gehemmt und voll heftiger Scham in allen Fragen der Ausscheidung, und hätte ich mein Vorhaben vorher in Worte gekleidet, dann wäre sicher nichts daraus geworden. So aber geriet die Sache eher ins Unwiderstehliche.

Ich will in der Mythologie fortfahren. Wenn ich richtig beobachtet habe, hat mein Analytiker eine grundsolide humanistische Bildung; er war um Nuancen und mythologische Details, die meiner Halbbildung völlig abgingen, nie verlegen. So zeigte er mir, wie ich meinen frühen Familienroman jetzt in der Analyse einfach weiterspann. In meinen frühen Adoptionsphantasien waren mir Laios und Jokaste oft nur als Zieheltern erschienen. Sie fielen gegenüber den Gestalten, denen ich meine prinzliche Herkunft verdanken wollte, so sehr ab, daß es vorkam, daß ich mich weigerte, mit Jokaste auf derselben Straßenseite zu gehen. Ging sie rechts, dann ging ich links, um nicht als zu ihr gehörig erkannt zu werden. Natürlich wird der Eingeweihte hier eine rasende, aber enttäuschte

Anziehung und die Rache dafür erkennen, die so aussah, daß ich die Prinzenmutter der Frühzeit in der Phantasie festhielt und sie gegen die Rabenmutter der vielen Geschwister ausspielte.

Mit Laios gab es viel später eine Szene, die ein entferntes Äquivalent bildete. Im zweiten Semester an der Universität sah ich ihn eines Tages plötzlich mühsam die Treppen des Seminargebäudes heraufkommen, in dem jener antianalytische Lehrer residierte, seine Habseligkeiten in einem Rucksack auf dem Rücken, um die Hände für die beiden Stöcke freizuhaben. Ich fragte ihn, was er vorhabe, und er antwortete, er habe nicht gedacht, mich hier zu treffen, aber er habe jenen Professor besuchen wollen, um mich ihm »ans Herz zu legen«, er sei dankbar, daß jener sich ein wenig um mich kümmere, da er, Laios, so wenig verstehe von meinen Studiendingen. Es überkommt mich jetzt Rührung und reichlich späte Sohnesliebe; aber damals war ich ein ehrgeiziger Rohling, nur zu Scham und Mitleid fähig. Ich bat ihn, wieder zu gehen, und meinte in affigem Stolz, er brauche nicht zu vermitteln. Ich war unfähig, mit seiner väterlichen Sorge menschlich umzugehen.

Mit meinem Analytiker bin ich lange Zeit ähnlich entwertend verfahren. Ich habe ihn benutzt wie eine ledige Mutter oder einen Ziehvater und konnte es nur schwer ertragen, daß so wenig äußerer Glanz um ihn war. Ich könnte heute, wo die Zuneigung sicher ist, darüber selbst den Kopf schütteln, aber Neurose ist Neurose, da will ich nicht moralisch argumentieren, sondern meiner Schwäche gedenken, die sich in diesem Punkt gemildert hat. Man wird meine Dankbarkeit verstehen, daß er dies geduldig ausgehalten hat, bis ich meine Augen endlich öffnen konnte. Ich bin ja dabei, es wiedergutzumachen.

Aber wenn mein Stolz verletzt war oder ich gar glaubte, er verstehe mich nicht oder habe überhaupt die Analyse nicht im Griff oder sei mir nicht gewachsen, ja, dies war es, was ich oft dachte, oder der Lindwurm in mir, wenn er gekränkt war, dann warf ich ihm hin: »Ich muß fort, zu einem Stärkeren, du kannst mir nicht helfen!« Könnte man einen Vater härter treffen als mit solchen Worten, die ich ungeniert aussprach? Er wußte, daß sie zu meiner Neurose gehörten: dieses analytische Wissen mag indes nicht immer ein absolut verläßlicher Schutz sein dann, wenn beim Patienten ein wacher Intellekt sich mit den Kränkungsabsichten des Unbewußten verbündet. In jener Zeit habe ich oft gehöhnt, wenn ich mit der Analyse bei ihm fertig sei, könne ich ja ein Jahr zu Dr. Y gehen, der könne sicher manches wieder ausbügeln, was er an mir verderbe. Ich stürzte mich auch tatsächlich in eine dichte Auseinandersetzung mit jenem Dr. Y, fing an, ihn demonstrativ zu bewundern, erzählte in der Analyse, wann er mich gelobt hatte im Seminar, erzählte vom Fortschritt in der Anerkennung, die ich bei ihm machte, gestand aber auch, daß mich manches an ihm schreckte. Dies führt direkt zu dem Punkt meiner Aufteilung des Vaterbildes in zwei Personen: den archaisch großen und den kranken realen; den phantasierten Superanalytiker und den verläßlichen, gelähmten hinter mir. Bald wurde aus dieser Aufteilung jene zwischen Vater und Großvater. Alle Aufteilungen durchziehen die Analyse, die letzte hat sich jedoch als die bedeutendste erwiesen. Als ich meinem Analytiker mit jenem Dr. Y drohte, bei dem ich mich würde entschädigen lassen, wußte ich noch nicht, daß dies *sein* analytischer Vater, also mein Großvater, war. Das Unbewußte freilich scheint es gemerkt zu haben. Zur Erklärung muß ich sagen, daß mein Großvater mütterlicherseits, den ich nur einmal, als kleines Kind, gesehen habe, und von dem mir nur der weiße Bart in Erinnerung geblieben ist, ein bedeutender Mann war. Seine Statur ist, vermittelt durch das Unbewußte von Jokaste, die kaum je von ihm gesprochen hat, außer bei wenigen späten Gelegenheiten, als ich während des ersten Analyseversuchs anfing, Familienforschung zu betreiben, für mich bestimmend geworden. Ich glaube, ich habe mich unbewußt an ihn geklammert, obwohl oder gerade weil er eine mythologische Figur war, und wenn ich ein einziges Wort zur Kennzeichnung seiner Person sagen sollte, so wäre es dies: Weltläufigkeit. Er reiste, wie mir Laios erzählte, sehr viel, bis zu zweimal jährlich nach Paris, um sich im Kunstleben auf dem laufenden zu halten und um Bücher einzukaufen. Von den Parisreisen hatte ich in der Verwandtschaft wohl schon früher gehört. Trotzdem war mir der Zusammenhang natürlich nicht geläufig, als ich seit den ersten Semestern alles daransetzte, einmal in Paris zu studieren, was ich dann auch für zwei Jahre tat. Leider waren es, was die Depression angeht, die schlimmsten Jahre, und sie haben mich mürbe und das heißt: zur Analyse bereit gemacht. Ich habe dort einsehen müssen, daß eine schwere Neurose nicht durch Schreiben aufzulösen ist, jedenfalls für mich nicht.

Auf dem bereits erwähnten römischen Kongreß habe ich meinen anderen analytischen Großvater kennengelernt, den amerikanischen, früher Wiener Psychoanalytiker Dr. Heinz K. Ich schrieb über seinen Kongreßvortrag und andere seiner Arbeiten und rühmte ihn, und er las meine Arbeiten. Als ich von dem Kongreß zurückkam, schwärmte ich in der Analyse von Dr. K. Da geschah etwas Merkwürdiges. In dem Schwärmen steckte sicher noch ein Stück ambivalentes Agieren. Dieses Agieren unterlief mein Analytiker, ohne daß dieser taktisch klingende Ausdruck angemessen wäre für seine Spontaneität, indem er lachend und voller Selbstironie sagte: »Da haben Sie sicher ein gutes Auge gehabt. Wenn ich heute noch einmal eine Analyse machen würde und könnte mir frei wünschen bei wem, dann wollte ich sie, außer bei mir selbst, bei ihm machen.«

Diese kurze Rede hatte einen wundersamen Effekt auf mich. Erstens war eine Verknüpfung der Achtung und Bewunderung hergestellt zwischen der fernen großen Figur und meinem Analytiker, zweitens hatte ich ein Stückchen des geheimen therapeutischen Größenwahns, ohne den sicher keiner in der Zunft auskommt, bei meinem Analytiker entdeckt, eine völlig neue Dimension, einen Anspruch der Könnerschaft, den ich sofort akzeptierte, wenngleich nicht ohne Staunen und Rührung, daß hinter der Maske des gelähmten stillen Vaters, die ich ihm aufgesetzt hatte, ein derart gewaltiger Ehrgeiz aufblitzte. Das hat mich mit ihm versöhnt in einem Bereich, wo ich eine endgültige Kluft gesehen hatte: nämlich seiner Ehrgeizlosigkeit. Das Glück war nun, daß ich wußte, sein Ehrgeiz ist nichts anderes, als ein guter Analytiker zu sein. Das hat mich beruhigt inmitten meiner damals abflauenden Entwertungsprobleme. Ich wußte, daß er auf diesem Gebiet Könner- und Künstlerschaft anstrebte, und ich dankte es ihm unter anderem dadurch, daß ich ihn nicht mehr quälte mit Vorwürfen, warum er sich nicht öffentlich engagiere. Ich will es ruhig ein wenig pompös ausdrücken: Ich fühlte mich von da an, wenngleich es kein abrupter Übergang war, eher auf der Couch eines Künstlers denn eines Ziehvaters, den ich um eines Größeren willen wieder verlassen wollte. Noch einmal trat eine Spannung zwischen dem inneren Vater- und Großvaterbild auf, als ich in der Analyse über Reisepläne zum analytischen Großvater in Amerika sprach. Ich wurde nicht fertig mit der Aufspaltung von Liebe für *ihn* und Bewunderung für den *anderen*, die an das öffentliche Wirken und das literarisch-wissenschaftliche Werk geknüpft waren. Ich sagte die Reise ab, weil ich fürchtete, ihn zu kränken und zu verlieren. Nach weiteren Wochen der Durcharbeitung stand der Reise nichts mehr im Weg.

Dies alles hat mit der schwelenden Leidenschaft vielleicht nicht direkt zu tun, sondern mit den Problemen der Abkunft, des Familienromans, dem Verhältnis von Objektbeziehungen und Größenphantasien, dem Verhältnis von Liebe und Bewunderung, von aufgespaltener Identifikation und von Wanderschaft auf der Suche nach Identität, vielleicht auch mit dem Horror vor endgültiger und ausschließlicher Verbindung, einer Mischung aus Abneigung und Unfähigkeit dazu, die mir ja auf der Seite der Mütter und Frauen noch viel größere Schwierigkeiten gemacht hat. Folge ich dem unterirdischen Schwelbrand, so fällt mir ein, daß ich just in der Zeit des intensivsten Abwehrkampfes gegen das Aufflammen der Leidenschaft zu ihm, dem Analytiker, eine freundschaftliche Beziehung zu einem auswärtigen Analytiker seines Alters anknüpfte, glücklicher Familienvater auch er. Und obwohl die Verbindung längst ein verläßliches Eigengewicht angenommen hat, muß ich gestehen, daß ihr Beginn reines Agieren war. Teils hielt ich es einfach nicht aus, mit allen Seelenkräften an *ihn* gekettet zu sein ohne Aussicht auf Erfüllung, teils ertrug ich es nicht, aus seiner Familie ausgeschlossen zu sein trotz immer inniger werdender Sohnschaft. Er hat mir dies natürlich, getreu seinem Auftrag, gedeutet, immer wieder. Aber wenn eine

Analysenpause drohte, half alle meine Einsicht nichts, ich mußte einen Teil meiner Bindung abziehen und auf den väterlichen Freund verlagern. Das konnte selbst an Wochenenden sein, und ich kehrte, besonders wenn es erfreuliche Nähe in Gesprächen gegeben hatte, mit Schuldgefühlen zurück und mußte mich wieder an die Geständnisarbeit machen. Ich war kein Held in Sachen Treue, ich gestehe es, und gerade deshalb muß ich seinen Takt rühmen. Ich bin überzeugt, er hätte mich durch drastischere Deutung lenken und besser bei der Stange halten, mir mehr Disziplin abnötigen können, er hat es nicht getan. Die analytische Leine, an der ich lief, war lang, und der mahnende Zug war sanft und geduldig. Sicher kann man sagen, und er mag es sich auch gesagt haben, ohne eine gewiße Libidostreuung wäre ich nicht fähig zur Analyse gewesen, ich wäre ausgebrochen. Beim dritten Analyseversuch bei einer jungen Frau habe ich mich so entsetzlich verliebt, daß ich anfing, sie zu quälen, nur um nicht ganz in Flammen aufzugehen. *Seine* Kunst war, mit der Art und dem Maß meines Agierens umzugehen. Ich hebe den Takt und die Geduld deshalb hervor, weil mit meinem Agieren nicht nur Abwehr, sondern auch Erweiterung der Lebensmöglichkeiten verbunden war. Ich könnte das Anwachsen seiner Großmut sogar mit Deutungsbeispielen belegen: Zu Anfang der Beziehung zu jenem anderen Analytiker sagte er einmal: »Ja, ja, die Bratkartoffeln bei der Nachbarin schmecken halt doch viel besser.« Dies traf zwar exakt einen ganzen Aspekt meiner frühen Lebensgeschichte: fast täglich mußten mich meine Eltern während einer Reihe von Jahren abends suchen und nach Hause treiben, weil ich bei den Familien von Freunden war und freiwillig wohl nicht zu den Bratkartoffeln am übervölkerten Tisch zu Hause zurückgekehrt wäre; es war in der Familie eines Freundes sogar ein geflügeltes Wort geworden, wenn Laios spät abends klingelte, um mich heimzuholen: «Du mußt heim, die Mutter will die Nachthemden austeilen.« Aber es lag in dieser Deutung etwas Reduktionistisches, also: die Rückführung eines Lebensvorgangs auf die infantile Bilanz unter dem Strich, die immer ein wenig kränkend ist, weil sie dem Erlebten den Eigenwert nimmt. Später redete er viel vorsichtiger vom »Außi-grasen«, noch später von der Erprobung innerlich gewonnenen Fortschritts draußen, sozusagen vom Weg ins Leben. Darin steckte ein Stück Entsagung, ein Freilassen in andere Beziehungen. Ich glaube, daß diese Großmut mich bei ihm gehalten hat. Treue lernt man ja in unmerklichen Schritten, und aufgezwungene Treue wäre mir ein Beweis für ihren Widersinn gewesen.

Ich möchte an dieser Stelle noch einmal erinnern an die frühere Feststellung, es habe für ihn sichere Zeichen gegeben, die auf eine »prognostisch günstige« Analyse hindeuteten. Und ich habe gesagt, das müsse nicht heißen: einfacher Verlauf oder einfache Handhabung. Ich glaube, daß es eine technisch schwierige Analyse war, und mehr als einmal deutete er an, daß er vor allem das Geduldhaben gelernt habe. Bei einigen Gelegenheiten war zu spüren, daß er sich aufgerufen fühlte, etwas zu *machen,* zu strukturieren, die Zügel anzuziehen, und in vielen Analysen mag dies notwendig sein. Aber ich habe mich aufgebäumt, als hätte man mir die Sporen in die Haut gedrückt, da hat er es voller Weisheit und Zuversicht wieder gelassen.

Es ist mir inzwischen ein Einfall gekommen, der in der Analyse selbst nie aufgetaucht ist. Ich hatte ganz zu Beginn gesagt, es sei keine Beeinträchtigung spürbar

gewesen durch die Tatsache, daß ich vor Beginn der Analyse bei ihm ein Jahr lang eine einstündige Therapie im Sitzen gemacht habe. Daran kommen mir jetzt insofern leise Zweifel, als ich annehme, der Kampf gegen das offene Aufflammen der Leidenschaft und die damit verbundenen unterirdischen und oft fernab liegenden Schwelbrände könnten damit doch in einem Zusammenhang stehen. Da ich ihn ein Jahr lang sehen konnte, war für die Phantasie die Erfüllung der Leidenschaft nie so weit ins analytische Jenseits gerückt, als wenn sie in voller Übertragungsblindheit sich entfaltet hätte. Es war mir einfach zu klar vorstellbar, daß ich ihn stürmisch an mich drücken würde, als daß ich den Schmerz der Entsagung voll hätte aushalten können. Er war eben doch nicht ganz Phantasiegestalt, sondern ich kannte sein Gesicht und seinen Körper, und es wäre höchst verwunderlich, wenn ich all dies nicht gierig in mich eingesogen hätte.
Beim dritten Analyseversuch bei der jungen Analytikerin, als ich es vor Angst und Depression, aber auch vor Demütigungsgefühlen und Stolz im Liegen nicht mehr aushielt und mir eine Analyse im Sitzen gewährt wurde, war das Ende bald da. Ich wollte zuletzt nur noch gaffen, schmeicheln, werben und Komplimente machen und war gänzlich von blindem Eroberungsdrang besessen, so daß sie mir den Abschied geben mußte. Ich bin damals voller Glück hinausgestürmt, weil ich dachte: Jetzt ist der Weg frei für die wirkliche Eroberung. Die Trauer des gaffenden Toren begann erst später.
Beim Schreiben ist mir jetzt übrigens etwas Eigenartiges passiert. Es hat mich das rauschhafte Gefühl erfaßt, daß ich die Bruchstücke dieser Konfession nicht werde beschämt beiseite legen müssen, sondern daß der Versuch gelingen kann. Aber schon fängt der Größenwahn an zu

treiben, er zwingt mich, ein eher qualvolles narzißtisches Geständnis abzulegen, das Geständnis einer Phantasie, die ich mir ausmale. Ich acht Tagen kommt der Analytiker aus den Weihnachtsferien zurück, und natürlich wird die erste Stunde und manche weitere geprägt sein vom Bericht über meine Ferienbeschäftigung. Es gehen mir wie einem leidenschaftlichen Schachspieler, der ein Schachbrett vor Augen hat, Eröffnungsmöglichkeiten durch den Sinn für die erste Stunde. Schließlich bleibe ich bei dieser hängen: nach einem Moment des Schweigens auf der Couch sage ich: »Herr Doktor, soll ich Ihnen etwas schwören?« Er sagt darauf, wählend aus seinem immensen Schatz von Bibelzitaten, jenen Propheten- oder Evangelistensatz wider das Schwören: »Eure Rede sei ja ja, nein nein, was darüber ist, ist vom Übel.« Ich sage dagegen: »Sie haben recht, dies dem Christenvolk immer wieder zu sagen. Ich werde aber trotzdem schwören, und zwar, daß wir beide, Sie und ich, in die Geschichte der Psychoanalyse eingehen.« Der infantile Größenwahn ist wie eine stürmische Perversion, und auf die schleichende Höllenfahrt der Entwertung folgte also eine Himmelfahrt der Idealisierung des Analytikers und meiner Tätigkeit: sein Handwerk an meiner Person zu beschreiben. Es ist wie eine Naturgewalt. Ich trete schamvoll zurück wie andere, wenn sie einen Anfall bekommen, vielleicht einen epileptischen, und denke: Hoffentlich steht *er* mir noch eine Weile bei im Kampf mit dem Drachen. Er ist, nach dem Abklingen der Depression, mein schlimmstes Symptom. Aber im Augenblick ist der Analytiker fern, und um nicht zu unterliegen und um das Raubtier einzuschüchtern, hole ich Erinnerungen hervor, wo *es* sich über *mich* schämen muß und nicht ich mich über *es*.

Nach der Episode, bei der ich zum letzten Male, den

Schwanz versteckend, die Beine übereinandergeschlagen hatte, lag ich über Jahre, von Variationen der Kopfstellung abgesehen, platt und mit leicht geöffneten Beinen auf der Couch. Dies konnte natürlich nicht unbemerkt bleiben, und ich selbst brachte gelegentlich vorsichtig die Sprache darauf. Ich habe die Lage jedoch nie verändert, nur interpretiert. Der Mut reichte gerade aus, um ab und zu ein Geständnis abzulegen, wenn die Filzläuse wieder frech und verräterisch an den Wurzeln der Schamhaare zerrten. In größter Heimlichkeit habe ich bei seltenen Gelegenheiten mich auch ein bißchen gekratzt, wenn ich glaubte, der Moloch hinter mir habe meditierend die Augen geschlossen. Das konnte man nie wissen. Oft dachte ich: Der muß wie ein Chamäleon ein ausstellbares, vielleicht sogar einige Zentimeter aus seiner Höhle heraustretendes Auge haben, denn er nahm manchmal auf meinem Gesicht, das er kaum sehen konnte, Veränderungen wahr, die mich erstaunten. So sagte er ab und zu, wenn die Ironie an meinem Stimmklang noch kaum zu hören war: »Schmunzelbäckchen.« Vielleicht sah er tatsächlich über jene Begrenzungslinie des Gesichtes hinweg, die ihm zugänglich war, die Bäckchen sich ein wenig vorwölben, das genügte ja, ich war ertappt. Mit dem dritten Ohr registrierte er das feinste Rascheln des Jackenärmels, wenn ich mit der Hand den Schamhaarwurzeln Hilfe bringen wollte. An sonstigen körperlichen Heimlichkeiten gönnte ich mir, wenn ich fror, die Hände in die Hosentaschen zu stecken; aber auch dies konnte wegen der nicht zu leugnenden Penisnähe bald ungemütlich werden, und so steckte ich nur noch den Zeigefinger hinein, und krümmte ihn leicht, um am Ansatz der Hosentasche einen leichten Halt zu haben. In trotzigen Situationen klemmte ich die Daumen unter den Gürtel, in mehr phallisch betonten Lagen kam es vor, daß ich den Ärmel wie eine lästige Vorhaut über den Unterarm hochschob. All das geschah unwillkürlich und wurde oft schmunzelnd registriert. Eines Tages entdeckte ich, wie beruhigend es war, die rechte flache Hand aufs Sonnengeflecht zu legen. Der Fürwitz trieb mich, das zu gestehen, und so drängte er oder ich mich allmählich aus diesen Schlupflöchern der Regression und des Selbstschutzes. Aber verglichen mit alledem, was ich aus der Literatur und aus den Fallbesprechungen kannte, war ich ein nahezu regungsloser Patient, beweglich war einzig der Mund – und all das Unergründliche, was ihn in Betrieb setzte. Dabei kann ich nicht sagen, daß ich ihn je totgequatscht hätte, eine beliebte Abwehrform, ich weiß, sie war jedoch nicht die meine. Viel eher bekam ich bald das Gefühl, daß *er* mich totquatschte. Dazu muß ich später noch manches sagen, doch will ich dem Eindruck vorbeugen, er habe zuviel geredet; nur manchmal ging ihm halt der Mund über, wenn die Einfälle strömten. Er ließ jedoch mit sich reden, wenn er spürte, daß ich mich »überrollt« fühlte. Ich war also ziemlich regungslos, was damit zusammenhängen muß, daß der ganze Körper im Schwelbrand lag. Ihm die Luft der Bewegung zu gönnen hieß, ein Aufflackern zu riskieren; deshalb legte ich meine entzündliche Natur lieber still. Es hatte, am Anfang, immer auch mit Scham über den Körper zu tun. Wieviel Mühe habe ich zum Beispiel mit dem Naseputzen gehabt: Diese Scham, in die Tasche zu greifen, das Taschentuch zu entfalten, zu schneuzen, es wieder zu falten und einzustecken, welche Obszönität! Schon das Zurechtrücken des Kopfes machte mir Mühe, wenn eine Jackenfalte unter den Hals geraten war, überhaupt alles, was nach einer Bewegung der Annäherung aussehen konnte. Mir fällt auf, daß sowohl beim Naseputzen wie beim Kissenzurechtrücken die Arme nach hinten gingen. Ich wäre bei einer Berührung seiner Hand zusammengezuckt wie von einem elektrischen Schlag. Manchmal war ich nur deshalb schweißnaß am Ende der Stunde, weil ich mich nicht traute, mich zum Ausziehen der Jacke oder gar des Pullovers noch einmal zu erheben. Andererseits habe ich in den ersten zwei Jahren lieber gefroren, als, wenigstens im zweiten Jahr nach seinem Umzug, die herrliche Mohairdecke über mich zu legen, die zu keinem anderen Zweck als diesem bereitlag. Aber gerade daß sie herrlich weich war, fiel mir später ein, als ich sie, unentfaltet wie ein Brett, zum ersten Mal über mich zog; das, was sie mich fürchten ließ, war heftigste Regressionsangst, die ich so ausdrücken würde: Wenn ich diese Decke über mich breite, komme ich hier nie mehr hoch und sterbe als Säugling. Nach langen Wochen habe ich sie einmal bis zur Hälfte entfaltet, so daß es schon wie richtiges Zudecken war.

Er nannte mich öfter, wenn die Sprache auf meine klassische Steifheit und Reglosigkeit kam, den »braven Zinnsoldaten«. Es ist ja auch so: Wenn man dem Moloch den kleinen Finger reicht, beißt er einem, in ödipalen Situationen, den großen nicht nur gleich ab, sondern in präödipalen schnappt er einem gleich den ganzen Leib und reißt ihn in die Regression.

Einige Monate lang – im vierten Jahr – hatte ich, anfallartig wie bei den Umarmungswünschen in der Therapie, das Bedürfnis, mich auf die Seite zu legen und mich wie ein kleines Kind zusammenzukrümmen. Aber ich konnte oder wagte es nicht. Der Widerstand dagegen war wirklich anstrengend, manchmal einfach schmerzhaft und erschöpfend. Natürlich habe ich nach einer Weile des stummen Kampfes darüber gesprochen. Wir haben es interpretiert, die Ängste lagen durchschaut, sogar gemildert, offen zutage, aber der Zinnsoldat hielt seine Gliedmaßen, bis auf das eine, gestreckt, als könne jeden Augenblick der diensthabende Leutnant vorbeikommen und nachsehen, ob der Wachposten noch stramm in Habacht-Stellung war. Man mag es reichlich komisch finden, wie ich selbst ja auch, besonders seit ich neulich einen Patienten zum Interview hatte: Mitten im Gespräch stand er auf, legte sich hin und verwandelte sich in einen kaum noch ansprechbaren Fötus. Wie früher einmal bemerkt, hatte ich, glaube ich, keine Angst vor intrauterinen Zuständen, sondern vor der Regression auf Mutters oder Vaters Schoß. Ich fürchtete, für immer hilflos zu werden, vor allem fürchtete ich Verachtung, projizierend natürlich die seine, aber ich sah bald, welchem soldatisch strengen Teil des mütterlichen Überichs ich da aufgesessen war. »Wer weich wird, geht unter«, so hätte die Devise lauten können, die zwar nie ausgesprochen wurde, die aber in meinem Innern doch Jahresparole war. Früher haben Jokaste und Ödipus sich wechselseitig vorgeworfen, sie hätten keine Gefühle und seien kühle Figuren. Nun, man kann sagen, sie waren eingefroren, und ich bin ja dabei, den merkwürdigen, im vierten Frühling der Analyse einsetzenden Tauprozeß zu beschreiben.

Das vierte Jahr begann mit meinem ersten Weinen. Das war zuerst schrecklich, nachher eine rechte Erlösung. Aus noch jüngerer Zeit, und eigentlich nur durch weihnachtliche Seelenerweichung und den drohenden Abschied zu erklären, stammt die Durchbrechung des Widerstandes gegen die Krümmung, die in der Analyse unter dem Codewort des »Sich-Kringelns« lief. Ich versuchte, einen Kringel-Anfall wieder durch ein verbales Geständnis zu bekämpfen, aber der Widerstand wurde allzu schmerzhaft; ich spürte, wie es mich herumriß; rot vor Scham konnte ich grade noch sagen: »Sie können nun denken, was Sie wollen, ich kringle mich jetzt«, da hatte es mich schon umgedreht, es zog mir die Beine an den Leib heran, ich schloß die Augen und fühlte zum ersten Mal den Samt meines Vorzugskissens an der Wange und stürzte und fiel: in Abrahams Schoß. Ich lag so eine gute Viertelstunde, bis zum Ende der Stunde – es wurde nicht viel geredet, nach ein paar Minuten mußte ich jedoch ein klugscheißerisches, interpretierendes Statement abgeben, damit er nicht meinte, mit dem Leib habe sich auch die Seele endgültig von dannen gekrümmt. Er hatte aber wohl verstanden, was in mir vorging, gab vorsichtig seiner Rührung Ausdruck, was mich früher noch in Wut gebracht hätte, jetzt konnte ich es sogar annehmen und mich damit zudecken lassen und mich in ihn einfühlen. Denn man überlege einmal: Eine Mutter adoptiert ein Waisenkind, und seit vier Jahren gedeiht der Bengel zwar, wird dicker und fetter und fängt an, keck in der Welt herumzulaufen, aber er lohnt ihr die ganze Sorge nicht einmal mit einer kleinen Zärtlichkeit. Und das ist doch der Urlohn der Mütter, und die wirklich guten darben, wenn sie ihn nicht bekommen. Man kann sich vorstellen, wie erleichtert ich war, als ich zum Beispiel schmusende Anlehnung und Homosexualität so weit zu unterscheiden gelernt hatte, daß ich mit dem Sofakissen des Analytikers angstfrei Zärtlichkeiten austauschen konnte. Kann man verstehen, wie froh ich war, den Moloch los zu sein und mich fallen lassen zu können in die Zuneigung eines Menschen, der nichts tat, als mit der Stimme anzudeuten, daß seine Hand auf meinem Kopf lag?

Oft hatte ich verzweifelt und ungeduldig gedacht: Was soll noch passieren im vierten Jahr? Wenn ich trotzig war, fing ich an, vom baldigen Abschied zu reden, machte meine Pläne mit den freiwerdenden Stunden, überlegte, welchen Patienten ich nehmen würde. Das will natürlich nicht heißen, daß ich wirklich konkret an Abschied dachte, ich spielte herum mit dem Gedanken an das Ende und an die große Freiheit und die wiedergewonnene Unabhängigkeit. Denn das Unbewußte weiß besser, ob die Stunde des Abschieds da ist; das meine wußte, daß da noch versunkene Schätze und sprengstarke Blindgänger auf der Wegstrecke lagen, die es zu heben oder zu entschärfen galt. Zwar weiß ich, daß ungeborene Analysenachfahren auf diesen meinen Couchplatz schon warten, daß sie schon ausgetragen und bald *über*tragen sind, doch ich liege nun einmal da, und er hat mir versprochen, mich nicht fortzujagen, ich sei denn mit ihm gütlich und nach ausreichender Überlegung übereingekommen, es genug sein zu lassen und das knapp zwei Quadratmeter große Feld geduldiger Pflege zu verlassen.
Es liegt nicht lange zurück, daß ich sagte, es hätte mich früher erzürnt, wenn er Rührung hätte durchblicken lassen. Dafür will ich rasch noch ein Beispiel geben. In den ersten Wochen und Monaten geschah es häufig und dann wieder wie zwanghaft, daß ich, sobald ich lag, die Kinderfäustchen ballte und meine Augen zu reiben begann. Das mußte von hinter dem Bett her gesehen tatsächlich rührend aussehen, aber für den großen Bub, der sich gegen den kleinen Bub wehrte, war es doch eher beschämend zu merken, mit welcher Gewalt regressive Gesten durchbrachen. Und um mich ein wenig schadlos zu halten, nannte ich den Analytiker das Sandmännchen, das mir Sand in die Augen streute, den ich nun ausreiben mußte.

Sehr viel später, nicht eher als im vierten Jahr, merkte ich, daß ich, immer wenn mir etwas zu sagen schwerfiel, die flachen Hände vors Gesicht hob und es wie in Scham bedeckte. Auch dies war ziemlich unwiderstehlich, selbst wenn ich darüber redete. Ich fühlte mich wie ein kleines Mädchen, das sich gegen das Ertapptsein schützt und möchte, daß man es nicht sieht, nur hört, und schaute selbst nur durch eine kleine Fingerritze. Wahrscheinlich hat das Erlebnis mit dem Unterschied von kleinen Mädchen und kleinen Buben noch gar nichts zu tun, aber ich muß es typischerweise den kleinen Mädchen zuschieben, weil ein Bub so etwas Rührendes in der Regel ja nicht macht und ich auch so tun will, als sei es eine Ausnahme gewesen. Trotzdem war ich beeindruckt von der plötzlichen Schutzbedürftigkeit des Gesichts. Obwohl ich das Gesichtbedecken zuerst, wie alles Infantile, bekämpfte, fand ich das Spiel dann schön; es war viel Verliebtheit darin, ein wenig Versteckspielen, auch Genuß am Geständnis, wenn man sich nur abgesichert hatte. Es war Wiederholung von ein wenig Magie, frühen Abwehrmechanismen und früher Koketterie. Außerdem ist der Vergleich mit den kleinen Mädchen insofern nicht abwegig, wie man zuerst meinen könnte, als ich ihm gegenüber oft tatsächlich wie ein kleines Mädchen empfand. Ich glaube, ich stand damals in der Blüte des negativen Ödipuskomplexes.

Gegen Ende des dritten Jahres fühlte ich mich besonders intensiv auf dem Rücken liegend, es war die Zeit, da ich zum ersten Mal nicht nur probeweise, sondern über längere Phasen die Augen auf der Couch schließen konnte, ohne Angst zu kriegen. Da erfaßten mich sehr weibliche Wünsche, ich sehnte mich danach, daß er über mich käme, eine bessere Formulierung fällt mir nicht ein, es war auch kaum sexuell getönt. Ich wollte zugedeckt sein von seiner Mächtigkeit. Zu jener Zeit brach auch aus den Träumen eine ganz und gar weibliche Andacht vor seinem Penis auf. Zum Beispiel träumte ich, ich sähe die Eichel riesengroß vor mir, oben quoll ein einziger großer Tropfen Sperma heraus, und ich wußte, daß dies meine Nahrung sei, an der ich gesunden würde. Später wünschte ich, nun gar nicht mehr im Traum, er solle mir die Augen mit seinem Schweif bedecken oder segnende Gebärden damit über mir machen. Es zog mich in der Phantasie auf die Knie vor ihm, und ich trieb einen rechten Kult mit seinem Glied, nahm es in den Mund, und wenn ich wieder zu mir kam, schimpfte ich auf die Tabus, die es mir innerlich verwehren wollten, all das in der Realität zu tun. Also, ich schloß Freundschaft mit seinem Lebensbaum und wußte nicht mehr, ob ich ein Männlein oder ein Weiblein war. Eines Tages, im vierten Jahr, lag ich auf der Couch und wimmerte vor Zahnweh. Plötzlich sagte ich wie in der Hoffnung auf einen magischen Zauber: »Sie könnten mir wenigstens Ihren Penis in den Mund stecken und ihn auf den wunden Zahn legen, dann wäre er bald wieder heil.«

Ich muß wieder daran erinnern, welche Angst ich davor hatte, ihn auf *meinen* Stengel aufmerksam zu machen und die Sprache darauf zu bringen, erinnere auch an die Pluderhose, unter deren Falten alles diffus verschwand, was zu unzüchtigen Gedanken und Wünschen hätte Anlaß geben können. Ziemlich spät in der Analyse war noch einmal eine Episode vorgekommen, bei der ich sozusagen schreiend weggelaufen war. Nach einer auswärtigen, anstrengenden Tagung kam ich eines Tages erst um halb acht abends zu einer Stunde, die er mir eigens eingeräumt hatte. Ich war müde und erschöpft, und alles war, ob-

wohl ich mich wehrte, auf Regression von sonst nicht gekannter Mächtigkeit eingestellt. Da sagte er nach einer Weile des Schweigens: »Sie atmen heute so anders, von der Brust bis zur Schamgegend, so tief.« Da stiegen noch einmal der Verfolgungswahn und ein riesiges Mißtrauen auf, und ich erwiderte mit letzter Kraft: »Ich möchte nicht, daß Sie meine Erschöpfung benutzen, um meine Abwehr zu unterlaufen«, und schwieg fortan und schwamm in einsamem Kummer, weil auf niemanden in dieser Welt Verlaß war.
Ich hätte wohl aus mancherlei Ängsten meinen Zipfel für immer vor seinen Blicken und Händen versteckt gehalten, wäre nicht die Abwehr durch einen eigentümlich ins Seelenleben eingreifenden Umstand erschüttert worden. Bei einem sehr geselligen Beisammensein auf einem Kongreß hatte ich mir eine fruchtbare und lebendige Bakterienkultur unter der Vorhaut zugezogen, und wenige Tage danach juckte mich kräftig der Schweif. Das Jucken verschwand zwar bald von selbst wieder, aber über dem alter ego schwebte eine Weile der Verdacht einer Geschlechtskrankheit. Und da ging mir noch eine weitere Dimension meiner innigen Beziehung zu ihm auf. Ich wurde ziemlich depressiv und kam mir, obwohl der Verdacht gar nicht bestätigt wurde, überaus krätzig, räudig und aussätzig vor. Zum ersten Mal seit langem wollte meinem geschwächten Überich der Begriff der Sünde, mindestens der sittlichen Unordnung, wieder einleuchten, und in der Welt schien mir ein primitives Vergeltungsgesetz zu walten, das den Übeltäter ereilt und ihm jenen Teil abhacken oder abfaulen lassen will, mit dem er gesündigt hat. An Leib, Seele und Glied krank lag ich also auf der Couch und staunte über das Maß meiner narzißtischen Kränkung und Anfälligkeit für Zerknirschung. Der Ana-

lytiker fand meine Kränkung nicht so merkwürdig wie ich und meinte, ein solcher Schlag in die »Lebensmitte« könne einem schon nahegehen. Ich war dankbar für dieses Männerwort, weil ich mir wehleidig und gebrechlich vorkam. Ich schloß voller Schmerz, doch schon ein wenig getröstet, die Augen und sagte, ich hätte den heftigen Wunsch, daß er meinen Zipfel in die Hand nähme und ihn gesundstreichelte. »Das kann ich gut verstehen, daß das kleine kranke Kerlchen sich nach einer guten Behandlung und Tröstung sehnt, nachdem ein so schwerer Verdacht auf ihm gelastet hat.« Ohne weiteres will ich gestehen, daß das beruhigend auf mich gewirkt hat.
Ich will mit alledem sagen: Ich war ein großer Feind und Fürchter jeglicher Passivität gewesen. Teilerfolge waren von Freundinnen erzielt worden, zum Beispiel durch lustvolle Waschungen, bei denen ich mucksmäuschenstill und fügsam auf dem Rücken liegen mußte, bedeckt allein mit ein wenig Seifenschaum. Aber Passivität, erwartungsvolle und behagliche Passivität einem Mann gegenüber, der sich unversehens immer wieder in eine Frau verwandeln konnte hinter mir, das war neu, und ich war sehr zufrieden.

Manchmal fühlte ich mich winzig auf der Couch, manchmal riesig. Vor allem steckte ich voller bewußter und unbewußter Größenphantasien, die ebenso genußreich wie ängstigend sein können; all das war unter dem keineswegs verniedlichenden Ausdruck »Lindwurm« zusammengefaßt. Oft erschien er mir wie ein selbständiges, mich bedrohendes Wesen, und es war lange Zeit unklar, wer der Stärkere war.
Eines Tages, als mich die Sorge drückte, ob ich je mit ihm fertig würde, schrieb ich an den analytischen Groß-

vater Heinz K. in Amerika über das Untier in mir und seine mögliche Herkunft, weil ich wußte, daß die Lindwurmforschung sein Fach ist, und um ihm zu erklären, warum mich der meine zu ihm trieb. Er schrieb zurück: »Vgl. auch Seite 143/4 meines neues Buches«, das vom heilenden Umgang mit Lindwürmern und anderen frühkindlichen Ungetümen handelt. Also schaute ich dort nach, in der englischen Ausgabe, und übersetzte freihändig: »Analog zu den inzestuösen Objektbesetzungen, die in der Analyse einer Übertragungsneurose wieder mobilisiert werden, wurde das grandiose Selbst (sein Ausdruck für den Lindwurm), das in der Spiegelübertragung aktiviert wird, nicht allmählich in die an der Realität ausgerichtete Organisation des Ich integriert, sondern riß sich los vom übrigen seelischen Apparat aufgrund pathogener Erlebnisse, z.B. verlängerte Fusion mit einer narzißtischen Mutter, auf die eine traumatische Zurücksetzung und Enttäuschung folgte. Der exhibitionistische Drang und die grandiosen Phantasien bleiben auf diese Weise isoliert, abgespalten, verheimlicht oder verdrängt und sind für den zähmenden Einfluß des Realitäts-Ichs unzugänglich.«
Ein weiteres Zitat aus dem Buch des Lindwurmforschers, das er mir schrieb, und das sich auf Jokastes Bindung an den eigenen Vater bezieht, lautet: »Es ist nicht nur die Feststellung wichtig, daß der ödipale Größenwahn des Kindes der Abwehr dient, sondern es ist ebenfalls bemerkenswert, daß hinter der abwertenden Haltung des ödipalen Liebesobjekts (also Jokastes) gegenüber dem ödipalen Rivalen (Laios) und die deutliche Bevorzugung des auf diese Weise überstimulierten Kindes bei der Mutter regelmäßig eine verdeckte Haltung der Bewunderung und der Ehrfurcht gegenüber ihrem eigenen Vater

besteht. So hegt die Mutter, die offen den Vater des Jungen verkleinert und die den Jungen vorzuziehen scheint, eine tiefe Bewunderung, vermischt mit Ehrfurcht und Angst, gegenüber dem unbewußten Bild ihres eigenen Vaters. Der Sohn nimmt Teil an der aus der Abwehr stammenden Verkleinerung seines Vaters und gestaltet seine emotionale Lage durch das Ausspinnen von Größenphantasien.« Das ist eine präzise Fassung meiner Suche nach dem Großvater, von dem ich stammen will.

Eines ist freilich merkwürdig: Das grandiose Selbst ist in der Analyse zum Vorschein gekommen eigentlich *ohne* die zu erwartende Spiegelübertragung, sondern auf eine technisch andere Weise, will mir scheinen. Denn infolge der starken Abwertungsbedürfnisse dem Analytiker gegenüber, die ja auch in der Reise zum Lindwurmforscher zum Ausdruck kommen, habe ich ihn nie so recht zum Spiegel oder zum grandiosen narzißtischen Objekt machen können. Er hat mit großer Geduld und gegen viele Widerstände bei mir herausarbeiten müssen, wie böse ich ihm eigentlich war, weil er kein strahlend berühmter Mann ist, auf dessen Couch zu liegen allein schon, vor aller eigenen Arbeit, Glanz und Glorie bedeutet hätte.

Natürlich hatte der Analytiker-Moloch hinter mir trotzdem riesige Dimensionen, das läßt sich leicht an meiner Angst ablesen, und von einer negativ idealisierten Großartigkeit könnte also doch die Rede sein. Der Lindwurm ist vielmehr zum Vorschein gekommen bei der Wiederholung der Enttäuschungen in der Übertragung, die ehedem zu seinem erschreckenden Wachstum geführt hatten.

Ohne Jokaste narzißtisch nennen zu wollen, wie es der Lindwurmforscher verlangt, ließ sich doch erschließen, daß der Erstgeborene vom frühen Glanz im Mutterauge durchaus manchmal tieftrunken war und wie ein Faun durch Arkadien taumelte, allerdings nicht im reinen Glück, weil Laios in jener Zeit schwer, ja auf den Tod erkrankte und lange weg war. Sie war also mit mir in der Lage eines unfreiwilligen Narzißmus; beinahe ging es für den kaum Geborenen darum, den gefährdeten Vater zu ersetzen oder einziger Abkömmling von ihm zu sein. Als Laios, halbgebrochen, aus den Kliniken zurückkam, hatte sich die Lage drastisch verändert: Ödipus kam plötzlich nur noch eine kleine Statistenrolle zu, die er zudem bald noch mit dem nachwachsenden Brüderhaufen teilen mußte.

Nicht vierzehn Tage ist es jetzt her, daß sich etwas ganz und gar Proustisches in der Analyse ereignete. Ich legte mich auf die Couch und erschnupperte plötzlich einen Hauch feinen Parfums zwischen den Kissen. Es war die erste Wahrnehmung einer Frau als Mitgenossin auf der Couch, sonst sah und roch ich meist Brüderpack. Zuerst sagte ich in dumpfem Staunen: »Wenn Sie so ein feines Weib auf der Couch haben, sind Sie vielleicht doch ein richtiger Mann.« Wieherndes Gelächter hinter mir darüber, wie der Bengel unter dem Zwang der Wohlgerüche seine größte Verleugnung mit gönnerhaftem Ton fallenließ. Dann aber kamen Erinnerungen, ans Schlafzimmer zu Hause und das vielleicht einzige Mal, bei dem ich Jokaste im Duft von Parfum erlebte, ganz früh und später nie wieder, aber was will das schon heißen, daß ich mich nicht konkret erinnere. Jedenfalls hatte ich plötzlich das verlorene Bild der wirklichen Prinzenmutter wieder vor Augen und Nüstern und bekam eine Ahnung davon, warum ich so sehr an diesem unbewußten Bild festgehalten hatte, gegen das Bild der herrschenden und manchmal

harten und sorgenvollen Hausfrau in Krieg und Not. Es war aufgespalten in frühe unbewußte Erinnerungen und die spätere, nie wirklich akzeptierte Realität. Gegen diese habe ich dann den zähen Pinkelprotest gerichtet. Vor vielem muß ich jetzt, Laios und Jokaste betreffend, den Schleier der Diskretion belassen, zu ahnen gibt es genug.
Ich habe von Laios im Hohlweg gesprochen, und von Ödipus' gesenkten Augen. Laios' Leiden, die Minderung seiner Existenz, der Verfall seiner Rolle in Theben, die Scheu, sich dem Volk zu zeigen, seine geschwächte Unnahbarkeit, die Trauer im Hintergrund, Jokastes schmerzlich verändertes Leben nach anfangs scheu aufgeflammten Hoffnungen: dies alles war für Ödipus unerträglich. Es war schwierig, Laios zu lieben und zu bewundern, der über sein Volk nicht mehr herrschte und in der Sänfte durch Theben getragen wurde. Er wurde ein unwillig-abhängiges Kind, und Jokaste mußte ihn und die übrigen Untertanen vorsichtig leiten. Nur noch an den hohen Festen der Götter wurden ihm die feierlichen Gewänder angelegt, und die Thebaner sahen etwas von seiner früheren Gestalt. Ödipus war tief betroffen über Laios' Leid, so daß er selbst nicht in Glück und freier Entfaltung leben wollte. Er legte sich selbst in Fesseln, um nicht in bösen Hochmut, Schuld und Reue zu verfallen. Er wollte Laios nahebleiben und hinderte sich selbst an der Gesundung, ja verstrickte sich bis ins dritte Jahrzehnt tiefer in eine unerklärliche Schwermut, bis er endlich seinen analytischen Helfer fand. Im vierten Jahr, als es Ödipus gelang, von Laios zu sprechen, ihn ganz zu verstehen und tief hineinzuhören in die Geschichte von Theben, weinte dieser und gab es Ödipus zu erkennen. Von da an wurde ihre Freundschaft ganz un-

verbrüchlich. Aber Ödipus hat nie ganz verstanden, wie Laios das Leben ertragen konnte, und warum Laios und Jokaste ein Paar blieben.

Ich habe von der Freundschaft geredet, wobei ich weiß, daß Freundschaft die Art der Beziehung nicht völlig trifft. Die Analyse lebt von der Asymmetrie, und diese ist und bleibt dem Patienten ein Ärgernis. Ich habe beschrieben, warum ich sie selbst geschützt und gehütet habe wie einen Schatz. Doch will ich aus den ersten Monaten der Analyse einen Ausspruch berichten, der der Asymmetrie anspruchsvoll zeitliche Grenzen setzen sollte. Ich sagte: »Herr Dr. X, das sage ich Ihnen, glauben Sie ja nur nicht, daß Sie nach der Analyse meiner Freundschaft entgehen werden!« Und ich denke, ich habe manches in der Analyse so angelegt, daß die Eroberung des Freundes wie ein roter Faden sich hineinspann, mit zäher Energie, mit Lockung und Liebe und Leistung. Vor nicht allzu langer Zeit hat er mir seinen ersten Patienten geschenkt, für eine Gruppentherapie; hatte eine Patientin im Erstinterview gehabt und schwärmte von ihr: »Die muß das Fühlen lernen, die braucht feine analytische Nahrung. Wollen Sie sie nehmen?« Man könnte natürlich sagen: Das hätte eigentlich nicht sein dürfen, die beiden paktieren viel zu früh! Nein, so war es nicht. Seine Strenge hat ausgereicht, um mich immer wieder auf meine große Neigung zur Idealisierung der Analyse hinzuweisen, die der zähen Abwertung parallellief. Aber müßte er nicht aus stumpfem Kunstmuschelkalk sein, wenn meine Zuneigung und Bewunderung immer wieder an ihm hätten abprallen sollen? Lange Monate in letzter Zeit war ich hin und her gerissen zwischen dem Schutz der Analyse bis zum letzten und der Tendenz, ihn wenigstens zu kollegialem Rat zu

verführen oder in eines seiner Seminare zu gehen. Es überwog doch der Schutz der Analyse, auf beiden Seiten, und als ich einmal in raffinierter Weise von seinen Kindern geredet hatte und mein eingefädeltes Teufelswerk der Durchbrechung der Asymmetrie ihn vielleicht ganz kurz blendete, da sagte ich selbst: »Jetzt wollte ich Sie verführen, über Ihre reale Väterlichkeit zu sprechen.« Er lachte und meinte: »Ja, ja, ich glaube, ich hatte den Braten schon gerochen.«
Bis zu diesem Stand der Dinge, wo er mir Patienten anvertrauen wollte, die er selbst nicht nehmen konnte, war es ein weiter Weg. Er hat meine ganzen Zweifel und Kämpfe über meinen Außenseiterweg zur psychoanalytischen Ausbildung miterlebt, den quälend langsamen Übergang vom gescheiterten Patienten zum Lehrkandidaten. Von einem ganz strengen analytischen Standpunkte ließe sich die Delegation eigener Patienten rügen, weil es Stoff der Realität hineinmengt in den Stoff der unbewußten Prozesse. Es gehört dies zum früher einmal kurz erörterten Verhältnis von analytischer Technik und Menschlichkeit, und er ist ein Mensch, der eher die Technik als die Menschlichkeit opfern würde. Also könnte man sagen, er ist kein Fanatiker einer lupenreinen technischen Orthodoxie; aber auf der anderen Seite habe ich ihn nie disziplinlos gesehen.
Da jetzt Ferien sind, will ich ein wenig über Ferienprobleme berichten. Ferien des Analytikers sind Katastrophen, die man bestenfalls *überstehen* kann, so wie ich im Augenblick ja auch mein Bestes im Kampf gegen die Depression der Trennung tue. Ganz so wie es der holländische Analytiker Kuiper in einem Aufsatz über die Ferien des Therapeuten geschildert hat, habe ich in seiner Abwesenheit einmal ein Kind gezeugt, das dann nicht zur

Welt kam. Ich habe Freundschaften angefangen und Projekte geschmiedet, um die Verlustängste klein zu halten. In den ersten zwei Jahren konnte ich kaum mit den Unterbrechungen umgehen. Sie sind hereingebrochen, ich konnte nicht einmal die Verarbeitungshilfen aufgreifen, die er anbot, das gemeinsame Voraustrauern, das so wichtig ist. Ich habe seiner Hilfe gespottet, meine Ängste verleugnet, und ich fand es unverständlich, daß er unbedingt wissen wollte, wie mir zumute sei. Ich warf ihm vor, er brauche meine Trauer, um seinerseits zufrieden zu sein. Aber er wußte besser, wie es mir gehen würde, wenn er weg war. Doch dann, vor einem der späteren Sommerurlaube, habe ich mit ihm zusammengearbeitet: Ich fühlte und gab zu, wie die Symptome kamen, ich war weit genug, die Veränderungen an mir einfach mit ihm zusammen zu verfolgen, einen Teil des Schmerzes zu antizipieren. Zu jener Trennungsarbeit fiel mir ein Bild ein, das ich wiedergeben möchte. Ich hatte das Gefühl, als sollte ein Teil von mir abgetrennt werden, der zwar in vier Wochen wieder kam, der aber doch von meinem inneren Kreislauf weggenommen wurde. So haben wir zusammen Ader für Ader abgeschnitten und abgebunden, damit sie nicht einfach weiterbluteten, und ebenso die Nerven, damit ihre empfindlichen Enden nicht ins Leere standen. Dieses Abbinden der Adern und Wunden und das aktive Voraustrauern haben mir die Ferien sehr erleichtert, den Grad meiner Untreue gemildert und vor allem das Kollabieren verhindert.

Teil II
geschrieben Ende Februar 1972

Die Januar-Reise in die USA zum analytischen Großvater ist vorüber, die Rückkehr war schwierig. Der Analytiker sagte: »Sie waren am Sonnenstrand der Psychoanalyse, und jetzt sollen Sie wieder auf den therapeutischen Acker.« Es gab Probleme, was und wieviel ich ihm erzählen sollte von drüben. An zwei Tagen verschlief ich nicht nur Stunden mit Patienten, sondern auch die eigene Analyse; an anderen Tagen kam ich zu spät zur Stunde.

Ganz neue Themen tauchten in der Analyse auf. Ich fragte plötzlich, wann ich wohl bei ihm eigene Psychoanalysen kontrollieren könne; der Anlaß war ein langer Auslandsaufenthalt eines meiner Kontrollanalytiker. Er wertete die Frage als einen Vorboten des Abschieds. Das Thema dieses kommenden Abschieds lag unverkennbar über den letzten Stunden; aber vielleicht ist es deshalb so beunruhigend geworden, weil die gute alte Beziehung noch nicht wiederhergestellt ist. Den tiefsten Eindruck hat mir gemacht, daß er, als ich von Traurigkeit redete, auf *seine* Traurigkeit zu sprechen kam, wenn ich zu spät kam oder die Stunde verschlief. Dies hat eine neue Dimension in die Analyse gebracht; ich weiß noch nicht, ob ich fähig bin, mit ihr umzugehen. Es war wie Erschrecken über einen Leichtsinn, der mich vieles an ihm hatte übersehen lassen. Ein plötzlicher Einfall von mir war: Ich habe die Analyse vergammelt, vielleicht ist in den letzten Monaten noch etwas von dem Versäumten zu retten. Denn die Sommerferien erschienen immer deutlicher als der Termin für die Beendigung. Es ist ein Gefühl, wie wenn man mit

einem Menschen lange zusammengelebt hat, dessen ganzer Wert erst deutlich wird, wenn der Abschied sich abzeichnet.
Er prophezeite mir, daß wir mit Phasen von Haß und Zerstörungswut zu rechnen hätten, und es dauerte nicht lange, bis ich ihn bitter anklagte, er habe mir zuwenig gegeben, die Grundkonflikte seien noch immer nicht gelöst. Irgendwann fiel mir ein und ich sagte es auch: »In mir steckt immer noch so viel Mißtrauen, daß ich mir vorstellen kann, wir gehen im Haß auseinander.« Es tauchten Erinnerungen an lange Haßperioden zu Hause auf, an das Wüten gegen ein Gefühl des Betrogenseins durch Jokaste. Ich kam mir neurotischer vor denn jemals zuvor, und zum ersten Mal war die Vorstellung schmerzlich, daß die jüngeren analytischen Geschwister, die ich kannte, bei ihm bleiben würden, und daß er ihnen mehr mitgeben würde als mir. (Ich schreibe heute übrigens, ganz gegen meine Absicht, das Ende der Analyse abzuwarten für die Fortsetzung, um mit einer Wochenenddepression umzugehen.) Das Gefühl, so fällt mir ein, gegenüber den analytischen Brüdern gleicht dem, das ich hegte, als ich die Universität bezog, als erster der Familie: Ich war froh, lozukommen von der kindlichen Bindung, begierig auf das Neue, aber ich spürte auch, daß die Brüder sich jetzt breitmachten, die Eltern gütiger und weniger streng sein würden, überhaupt würden die Zeiten besser, kaum daß ich weg wäre.
Zurück zu seiner Trauer. Als er es zuerst sagte, erschrak ich, als sei etwas nicht wiedergutzumachen. Dann fiel mir ein, daß die unerwartete Entdeckung von Gefühlen, die ich in anderen Menschen ausgelöst hatte, ohne es zu wissen, ein Lebensthema war, wenngleich kein aufdringliches.

Ich kannte die Gefühle der Erwachsenen nicht; derer von Laios und Jokaste war ich nie ansichtig geworden; ich glaubte sehr lange, Erwachsene hätten keine Gefühle. Jokaste war eisern im Verbergen ihrer inneren Regungen. Ich sah sie nur einmal weinen, und es war wie eine unverständliche Katastrophe. Ihr Inneres war ein verschlossenes Reich, so verschlossen, daß ich vermutete, es bestehe nicht. Ich kann mich nur an das Gefühl einer großen Fremdheit erinnern, wenn ich neben Laios im Gottesdienst stand, ihn das Vaterunser murmeln hörte und mich fragte: Mit wem mag er wohl reden? Jokaste hörte ich nie beten, weil sie stets hinter der Gemeinde auf der Harmoniumbank saß.

Diese Erinnerungen kommen im Zusammenhang mit dem Hinweis des Analytikers auf *seine* Gefühle, als er von seiner Traurigkeit sprach, und den Zeichen des Abschieds. Ich sagte entschuldigend, daß ich die Gefühle anderer zu mir oft nicht kennte. Wir waren beide ergriffen, er sagte: »Ja, du weißt oft nicht, was du in anderen auslösen kannst.« Nach einer Weile des Schweigens sagte er, es sei ihm aufgefallen, daß er mich mit du angeredet habe, und daß er dies bei mir vergleichsweise selten tue. Es müsse wohl mit meiner Distanz zu tun haben oder mit etwas noch nicht gut Verstehbarem in mir.

Vor mir dehnte sich nach dieser Episode ein unbekannter großer Raum, ein unbetretener; mir fiel das Kafkasche Gleichnis vom Menschen ein, der jahrelang vor einer Tür wartet, die offen ist. Der Wächter, der davor steht, ist nur ein »innerer« Wächter, eine innere Behinderung. Natürlich kamen haßerfüllte Einfälle, er habe mich nicht hereingelassen oder mich nicht eingeladen zum Eintritt. Er ließ die Frage in seiner geduldigen Großzügigkeit offen, machte den Zugang zur Nähe nicht ausschließlich zu meinem Problem, sondern meinte: »Vielleicht ist etwas an mir, was Sie gehindert hat einzutreten, aber es ist ja noch Zeit.«

Es wurde jetzt sichtbar, wie tief mich ein Satz von ihm beeindruckt hatte: »Es kommt kaum je vor, daß mich an einem Patienten etwas ärgert.« Er hatte es fast beiläufig gesagt, sogar mehrmals, wenn ich vermutete, ihn verletzt zu haben. Er nannte den Ärger des Analytikers ein Zeichen, daß er etwas nicht verstanden habe. Er konnte darauf auch hinweisen, wenn ich in der Stunde vom Ärger über einen Patienten berichtete. Erst jetzt wurde mir deutlich, warum ich heftig auf diesen Satz reagierte. Ich nannte es *seinen* Größenwahn, war sogar ein wenig belustigt, gleichzeitig eingeschüchtert, weil ein derart hohes Ideal des Verstehens dahinterstand. Dann kam es mir wieder vor wie kalte Psychohygiene. Aber all das war nicht der eigentliche Grund des Berührtseins. Erst als er von seiner Trauer sprach, fiel mir der Widerspruch auf, und ich hakte grimmig ein. Man muß das Gewicht der Übertragung spüren, wenn man meine Gefühle verstehen will: Ich hörte durch seinen Satz die Stummheit von Laios und Jokaste, zur Theorie formuliert: Ich ärgere mich nie über Patienten. Es kam bei mir so an: Jemand wie du löst in mir keine Gefühle aus! Ich sitze hier als Profi, finde dich, wie du weißt, ganz nett, aber mein innerer Bereich ist dir verschlossen.

Dies ist wieder ein Punkt, wo kühle Techniker von einem Fehler bei ihm sprechen würden: Der Analytiker hat nicht über seine Gefühle zu reden mit dem Patienten, es sei denn, er verwendet sie als Deutung: »Ich empfinde dies, also geht jenes wohl in Ihnen vor.« Natürlich hat er mir nicht sein Inneres ausgeschüttet, aber einen Hinweis gegeben, daß ihn mein Fehlen und Schwänzen nach der

Reise nicht unberührt ließ. Es durchbrach ein Nichtwissen in mir oder eine schützende Verleugnung. Ich erlebte, daß ich ihn leiden machte. Frühere Andeutungen in dieser Richtung, die weit zurückhaltender formuliert waren, etwa: »Sie wollen mich mit dieser oder jener Begegnung eifersüchtig machen«, nahm ich als Deutungen hin, die seinem analytischen Verstand, nicht seinem Gefühl entsprangen. Doch hier spürte ich ihn wirklich als Person, und mir wurde deutlich, daß er mich seit vier Jahren nun kennenlernte, täglich, und daß ich ein Patient und ein Lehranalysand und ein analytischer Sohn von ihm war. Es dauerte nicht lange, bis der Gedanke kam, daß die Reise und das Stundenvergessen, das sonst kaum vorgekommen war, gerade diesen geheimen Zweck des Leidenmachens haben könnte, ein feines Peinigen, bis man endlich das erlösende Vaterwort hört: »Du tust mir weh, weil ich dich liebe.«

Es fiel mir ein, wie stark ich die Frage: »Was denkt er wohl von mir, und wie sind seine Gefühle für mich«, abgewehrt hatte. Ein Stück Geständnisarbeit war nötig, bis ich herausbrachte, was er wohl längst vermutet hatte: Mein Wunsch, geliebt zu werden und im Mittelpunkt seines Denkens zu stehen, war so stark, daß ich ihn lieber verdrängte, als mich mit den Qualen des Verzichts auseinanderzusetzen oder mit einem realistischen Anteil mich zufriedenzugeben. Doch vor lauter Verdrängen und Verleugnen hatte ich den Reichtum der Realität nicht gesehen. Ein Schwerpunkt meiner Neurose war, daß ich nicht wirklich an Zuneigung glaubte und auch keine zu geben wußte. Wenn ich ihre Anzeichen spürte, bekam ich Angst.

Quälend blieb nur die Frage, warum die jüngeren Brüder, die leiblichen wie die analytischen auf der Couch, ihre

Zweifel und Behinderungen in dieser Hinsicht früher verloren und, während ich zwischen Einsamkeit und wechselnden Bindungen umherirrte, Frauen wählten, mit denen sie glücklich scheinen. Ich fühlte mich wie der Familienversager und besorgten Fragen und Andeutungen ausgesetzt, ob bei mir wohl alles seine Richtigkeit und Normalität habe.

An diesem Punkt saß auch ein Stück Angst vor den Jüngeren, den leiblichen Brüdern wie denen auf der Couch, die beim Analytiker zurückbleiben durften: Sie werden etwas bekommen, was mir vorenthalten wurde oder was ich vor lauter Haß nicht mehr sehen konnte.

Vier Jahre hat es gedauert, bis all das zum Vorschein kam. Und es kam, weil der Mann hinter der Couch mich ein Stück seiner Gefühle sehen ließ.

Teil III

geschrieben Ostern 1972

Eine merkwürdige Szene ereignete sich vor einigen Wochen: Es war vom Abschied im Sommer die Rede, ich lag stocksteif und kämpfte mit den stärker werdenden Gefühlen der Vortrauer. Aus den Augenwinkeln rann je eine Träne die Wangen hinunter und fast gleichzeitig in beide Ohren. Und obwohl das Gefühl der Solidarität mit ihm stark war, blieb genug Scham und Trotz und Drang zur Heimlichkeit, so daß ich die Tränen um keinen Preis abwischen wollte. So spürte ich, wie ihre Spur langsam trocknete und dabei die Haut sich zusammenzog. Rückblickend wundert es mich, aber ich wollte nicht weinen vor ihm, das Maß der Auslieferung schien mir zu gewaltig und zu bedrohlich. Es gibt Bereiche der Nähe und der Weichheit, in die ich ihn noch nicht hereinlassen kann. Vielleicht bleiben die Barrieren für immer. Es setzt da eine wütende Scham ein, so daß ich um mich schlüge, würde man mich dabei ertappen. Das muß mit den schmerzhaften Vorgängen einer frühen trotzigen Loslösung von Jokaste zusammenhängen, vor der man sich für immer verschließt. Trotzdem, ich nehme mir vor, dies zur Sprache zu bringen.

Es sind jetzt Einfälle beim Schreiben gekommen, die mühsam einzugestehen sein werden: »Ich kann es inzwischen gut ertragen, wenn eine Frau in meiner Gegenwart weint.« Dies scheint zunächst ein unschuldiger Satz, doch wie verräterisch sind die Worte: »ich kann es gut ertragen.« Das Wort »bekömmlich« kommt mir in den Sinn; fürwahr, der Geständnisdrang funktioniert. Es sind Einfälle, die in der Stunde noch nie kamen, ich kann mich jedenfalls nicht daran erinnern. Aber so war es mit manchem: Das Ungesagte drängt beim Schreiben ebenso herauf wie vieles Ausgesprochene. Ich mache Bilanz, und der nahe Abschied hilft, an kaum Berührtes heranzukommen. Das Weinen einer Frau vor meinen Augen und Ohren muß einen heimlichen Genuß bedeuten, weil ich es selbst nicht konnte vor Jokaste. Das Verhältnis hat sich umgekehrt: Soweit Scham und Demütigung bei mir eine Rolle spielen, müssen sie als Triumph und männliches Machtgefühl mitschwingen, wenn eine Frau weint. Wie weit es von da zu einer Neigung sein mag, sie zum Weinen zu bringen, kann ich nur fragen, die Frage indes noch nicht beantworten. Ich brächte also andere in jene Position extremer Verletzbarkeit, aus der ich früh und für immer fliehen wollte. Dazu kommt jetzt die Assoziation zu den Motiven meiner späten Berufswahl: Psychoanalytiker. Natürlich ist unter Fachgenossen bekannt, daß aggressive Motive ins Analysieren einfließen. Doch die Wege sind verschlungen. Es gibt die Aggressionen des aufdeckenden Eindringens, und es gibt, neben vielen anderen wohl, die einer verhüllten Rache, aber auch der Entschädigung, für eigene, frühe mißlungene oder schmerzhafte Abhängigkeit. Doch ich will zuerst einer weiteren Assoziation folgen: Müssen meine gegenwärtigen und zukünftigen Patienten nicht Angst bekommen, wenn ich dies aufdecke, sollte ich es nicht besser verbergen? Ich glaube nicht. Ich kann sie sogar beruhigen. Obwohl ich den bestehenden Zusammenhang spät entdecke und sicher alle Deutungen des Analytikers, die in diese Richtung gingen, komplett verleugnet habe, kann ich mit gutem Gewissen sagen, daß mich analytische Aggression und Rache für entgangenes eigenes Weinen bisher nicht davongetragen haben. Es sind Beimengungen zu einem breiteren Strom der Einfühlung, den natürlich ebenso viele Beimengungen trüben können. Der Triumph, falls er mitschwingt, wird durch andere Empfindungen gemildert, z.B. die Rührung, die einen sicher bremst bei allem schwer kontrollierbaren Wehtunwollen. Freilich, selbst in die Rührung mag noch eine Beimengung des Machtgenusses eingehen, jedenfalls hatte ich immer Angst vor dem Gerührtsein des Analytikers, obwohl ich in ihm gut beschützt gewesen wäre. Außerdem sind Triumph und Entschädigung beim Weinen einer Frau nicht das Ganze. Es kann ein Geschenk sein, durch das ich teilhabe an einem Erleben, das mir früher unzugänglich war.

Zu des Analytikers Rührung fällt mir ein, daß selbst Jokastes Rührung leicht durch Moral zerstört werden konnte; um es einfacher zu sagen: Das Weiche in ihr ist nie unvermischt zutage getreten. Es führt von diesen Einfällen ein direkter Weg zur psychoanalytischen Theorie des Mitleids, das als ein kompliziertes Gemisch aus feinen Abkömmlingen von Aggression und Einfühlung gilt. Der Analytiker hat mir das in manchen Situationen aufgezeigt, und es fallen mir wieder einige Momente ein, wo es um Mitleid mit mir von seiner Seite ging. Vielleicht kann ich sie später schildern, hier kommt es mir auf die Wiederholungserlebnisse an: Wenn er von seinem Mitleid mit mir sprach, wurde ich von Gefühlen der Geborgenheit und des Hasses gleichzeitig überschwemmt, wenn das nicht in sich ein Widersinn ist. Es war ein Hin und Her zwischen beiden Gefühlen. Der Haß hieß: Ich kann es nicht ertragen, auf Mitleid angewiesen zu sein; ich kann auch das Machtgefälle nicht ertragen, das jetzt zwischen uns liegt. Je nach meiner inneren Verfassung spürte ich manchmal eher seinen Schutz, dann wieder seine Aggression im Aufdecken meiner Schwäche.

Weil das ungewollt Sadistische, das ich in den frühen Jahren in Theben fand, so schmerzlich war, trat der eigene Sadismus in seinen feinen Schattierungen wohl so spät wieder hervor. Der Analytiker hat ihn früh gesehen oder mindestens geahnt. Vielleicht ist dabei sogar seine Geduld am meisten zu bewundern, daß er vier Jahre warten konnte, bis hier manches analysierbar wurde. Über die Ursachen dieser tiefen Verhüllung kann ich nur mutmaßen im Augenblick: wahrscheinlich war Aggression in den frühen Jahren mehr tabuisiert als alles andere, und zwar mit moralischen Mitteln: Man *muß* ein guter Mensch sein. Das idealisierte Selbstbild war in diesem Punkt am meisten purifiziert und verfälscht. Vielleicht bin ich deshalb ein solcher Meister im Projizieren geworden. Bei anderen Menschen konnte ich mir lange Zeit Abgründe von schlechter Absicht und schurkischer Bosheit vorstellen, zu denen ich keinerlei Zugang zu haben schien. Noch heute kommen mir, wenn ich nachts auf einsamer Straße jemandem begegne, manchmal aggressive Phantasien, und in imaginärer Notwehr versuche ich, mein Leben zu retten durch die Vorbereitung zum Zuschlagen.
Während des zweiten Analyseversuchs berichtete ich ein halbes Jahr lang als Korrespondent einer Zeitung über den ersten Auschwitz-Prozeß. Ich hatte Alpträume, in denen ich Verfolgter war und zum Galgen oder in die Gaskammern geführt wurde. In anderen Träumen jedoch stand *ich* an der »schwarzen Wand« und habe Juden, Polen und russische Kommissare erschossen oder gierig Folterszenen beobachtet. Ein anderer Traum aus jener Zeit sah so aus, daß ich Granaten, die in meiner Nähe lagen, in eine Menschenmenge warf, von der ich mich verfolgt glaubte.

Viele meiner früheren journalistischen Arbeiten wären ohne die Beimengungen von Sadismus nicht denkbar. Bücher, die ich heute des Lesens nicht wert fände, habe ich zum Anlaß öffentlicher Hinrichtungen genommen und konnte dabei vielleicht sogar, ohne daß es mir je bewußt wurde, das Gefühl haben, eine öffentliche Aufgabe zu erfüllen. Ein Wandel trat ein, als ich zu spüren begann, daß kritische Artikel über manche Menschen oder ihre Bücher unbewußt das Angebot einer Beziehung bedeuteten und Freundschaften einleiteten. Dies fällt bereits in die Zeit der Analyse, die der Gegenstand dieses Buches ist. Das Destruktive in der Kritik begann zu verschwinden; nur wenn mich Rivalität überwältigte, wurde ich wirklich gemein. Von Unversöhnlichkeit getragen ist allerdings das Buch über die an Biologie und Anlagetheorie orientierte Kriminalpsychiatrie, und ich stehe zu dieser Unversöhnlichkeit. Es ist geschrieben in einer fast dreiwöchigen Analysepause in den Weihnachtsferien im dritten Analysejahr, nach längeren Vorbereitungen. Ihm liegt eine komplizierte Identifikation mit den begutachteten Kriminellen zugrunde.

Ich hatte vor jenen Ferien Angst und wußte, als ich mich zum Schreiben einschloß, daß der Versuch in einer tiefen Depression hätte enden können. Als die Aggression beim Schreiben fast unkontrollierbar wurde, bekam ich an zwei Tagen schwere Angstanfälle: Ich fürchtete, die Rache der Angegriffenen werde mein Leben zerstören. Schlimmer war die Vorstellung, überhaupt den Kontakt zur Realität zu verlieren und in meiner Wut wahnhaften Vorstellungen zu erliegen. Ich mußte zu einem befreundeten Psychiater und Analytiker fliehen und mich beim Vorlesen des Geschriebenen langsam beruhigen, daß die Wut nicht in die Irre geführt hatte.

Seltsamerweise habe ich noch nichts darüber geschrieben, daß das eine Jahr, das ich, bei und nach dem dritten Analyseversuch, in einer Jugendstrafanstalt als Praktikant zubrachte, meine Stabilisierung eingeleitet hat. Die selbstdestruktive Asozialität ließ sich über die Identifikation mit den Gefangenen langsam auffangen. Ich erinnere daran, daß dies alles noch unter dem Thema des Sadismus steht. In einer Strafanstalt ist man bereits sadistisch, wenn man sich dem normalen Umgangsstil mit den Gefangenen fügt. Man merkt das bald nicht mehr, weil sich alle dort Tätigen ähnlich verhalten; es ist nicht mehr persönlich, sondern systemgebunden: der Besitz des Schlüssels, der Eintritt in eine Zelle, der oft mit einem Blick durch den »Spion« beginnt und der dann ohne Anklopfen, ohne Vorwarnung erfolgt. Das Machtgefälle ist so immens, die Abhängigkeit der Gefangenen, und sei es eine phantasierte zusätzlich zur realen, so riesig, daß man am Anfang mit Scham reagiert. Der Größenwahn des Helfens wird beim Neuling rasch mobilisiert; mit den sich häufenden Enttäuschungen, die die seelisch Beschädigten dem naiv Vertrauensseligen bereiten, rühren sich dann die Rachephantasien und das breite Spektrum aggressiver Verlockung. Die Variationen, wie man hinter einem Gefangenen eine Zellentür zuschließen kann, sind unendlich; ebenso die Variationen eines Satzes, der z.B. so lauten könnte: »Ich will mal sehen, was sich in dieser Sache machen läßt.«

Wenn man die Identifikation mit den Gefangenen wagt, tritt eine Umstrukturierung im inneren Gleichgewicht ein, das schwer wieder einzupendeln ist. Bei manchen Menschen verharrt es in der einseitigen Identifikation mit den »Opfern«, und der geheime Sadismus kehrt sich gegen die Beamten, die dann als die Schließer und Henker erscheinen. Der Analytiker hat mir geholfen, das zerstörte Menschliche auf beiden Seiten zu sehen. Aber seit einiger Zeit bin ich fast unfähig, eine Strafanstalt zu betreten; das hängt mit der Erinnerung an die extremen Gefühlszustände zusammen, an das schmerzhafte Schwanken zwischen Haß und Einfühlung und totaler Depression, sobald man des Ausmaßes an Hoffnungslosigkeit gewahr wird, die sich in diesen Häusern häuft.

Der Sadismus in den Anstalten liegt in der notwendigen Identifikation mit dem Recht des Staates zu strafen und der Art, wie er es handhabt. Selbst wenn man in eine Anstalt eintritt, um die destruktiven Auswirkungen des Strafens zu mildern, wird man angesteckt vom sadistischen Arrangement der Erniedrigung der Persönlichkeit; daneben schleicht sich leicht Eitelkeit ein, man sei besser als die anderen, weil man sich um die geschundene, böse gewordene Kreatur kümmert. An sich und anderen kann man beobachten, wie leicht man den geschundenen Menschen gebrauchen kann, um sich seiner zu erbarmen.

Zu meinem aufrichtigen Erstaunen hatte der Analytiker immer wieder die Vermutung ausgesprochen, ich könnte unbewußte Schlagephantasien haben. Er deutete auch an, daß er meine Beschäftigung mit Strafrecht und Strafvollzug für analytisch nicht ganz so zufällig halte wie ich in manchen Augenblicken. Er teilte mir mit, daß er einige Strafjuristen analysiert habe und bei *allen* auf starke sadistische Phantasien gestoßen sei, wenn auch oft erst nach sehr langer Analyse.

Es könnte sein, daß Vermutung und Prognose den Trotz des Unbewußten oder, besser, den Trotz einer verstärkten Abwehr hervorgerufen haben. Es war ein mühsamer Weg, den geheimen Windungen endlich zu folgen, und es

bedurfte einer Vertiefung der Beziehung, bis ein weiterführendes Geständnis möglich war.
Am Tag der Abreise nach Amerika habe ich ihm diese Aufzeichnungen, soweit sie in der Weihnachtspause gediehen waren, zum Lesen dagelassen. Die Motive waren leicht zu erhellen: Er sollte sich mit mir beschäftigen, an mich denken, und zwar mindestens so viele Stunden, wie ich ihm während meiner Abwesenheit bezahlen sollte: nämlich die Hälfte der ausgefallenen Sitzungen. Die Schwierigkeiten der Rückkehr auf den analytischen Acker habe ich bereits erwähnt. Einige Gründe des verstärkten Widerstandes bis zum Stundenverschlafen werden mir aber jetzt erst bewußt: wichtige Geständnisse hatten sich während der Reise vorbereitet. Rückblickend kann ich sagen, daß ich über seine Großmut beim Wiederbeginn der Analyse erstaunt und dankbar war. Ich hatte ihn verlassen für zwei Wochen, um zum bewunderten analytischen Großvater zu fahren, und bei der Abreise glaubte ich feine Zeichen der Verärgerung, ja der Eifersucht zu erkennen. Das ist verständlich, denn ein großer Teil meiner seelischen Regungen lief mit der Reise nicht mehr durch den Kanal der Übertragung auf ihn, sondern drängte nach Realisierung außerhalb der Analyse, und das ist für jeden Analytiker, der Ehrgeiz und Sympathie in einen Analysanden investiert hat, ein schmerzlicher Vorgang. Insofern vermute ich, daß beim Geständnis Dankbarkeit eine Rolle spielte darüber, daß ich bei der Rückkehr wieder in Gnaden angenommen war.
Wiederholt hatte er im Lauf der Jahre immer wieder einmal vorsichtig nach Onaniephantasien gefragt, also den Vorstellungen, die das Onanieren begleiten oder zur Steigerung der Erregung gesucht werden. Mir war die Frage völlig geläufig von Diskussionen in den Seminaren

über die Onaniephantasien von Patienten, über die beraten wurde, auch deren Nützlichkeit zur Erhellung tief verdrängter Wünsche, die in der Realität nie zum Durchbruch zu gelangen brauchten. Ich wußte auch, und hatte es auf dem Höhepunkt der homosexuellen Übertragung schließlich gestanden, daß mir in manchen Zeiten Onanie überhaupt nur möglich war mit Phantasien von einem intimen Zusammensein mit Männern, manchmal mit ganz bestimmten, mir bekannten. Aber diese Geständnisse scheinen leichter zu bewerkstelligen gewesen zu sein als das folgende, zu dem ich ohne das starke Motiv der Dankbarkeit vielleicht nicht gekommen wäre: Es wurde mir eines Tages schlagartig bewußt, daß ich masturbierte mit der Phantasie, ein Mädchen, das ich kannte, von hinten zu koitieren, während es vornübergebeugt vor dem Bett stand. Mir war sofort deutlich, daß mich diese Phantasie seit Monaten, wenn nicht seit Jahren begleitete. Sie knüpfte, halb Erinnerung, halb Ausschmückung, an eine reale Episode an. Drei Tage Bedenk- oder besser Anlaufzeit brauchte ich, um die Entdeckung in der Stunde zu gestehen. Es ging, vielleicht wegen der mehrtägigen Vorbereitung, mit mäßigem Herzklopfen vonstatten, vermutlich deshalb, weil ich die Tragweite noch nicht ganz ahnte. Mir fiel nur das erleichterte, ja dankbare Aufatmen hinter der Couch auf. Der Analytiker sprach von einem Schlüssel, der hilfreich werde; es wurde mir, teils mit Freude, teils mit Unbehagen, deutlich, daß ich etwas berichtet hatte, das für ihn eine strategische Bedeutung bekam. Das Geständnis wurde ein Bezugspunkt, auf den er immer wieder kam, so daß ich manchmal böse wurde, als sollte ich auf etwas festgenagelt werden, dessen Tragweite *er* verstand, und die sich *mir* noch nicht erschloß.

Teil IV

geschrieben Anfang August 1972

Gestern war die letzte Stunde. In dieser Woche ist mein Geburtstag, der vierunddreißigste, und ich hatte angenommen, vor seiner Ankunft verheiratet zu sein. Aber die analytische Beseitigung der Barrieren hat sich länger hingezogen. Daß ich die Zusammenhänge verstehe oder wenigstens ahne, mildert die Empfindung des Versagens. Die Gefühle des Abschieds will ich hintanstellen, um dort fortzufahren, wo ich aufgehört hatte. Immerhin ist es geglückt, die letzten Monate der Analyse ohne Schreibanfälle zu bestehen. Ich muß dennoch etwas über einen veränderten inneren Zustand beim Schreiben sagen. Geblieben ist die Gewißheit, daß ich etwas erlebt habe, das für mich lebensrettend war. Vielleicht ist ein Teil des Überschwanges weg, mit dem ich zu schreiben anfing und der manchen peinlich berührt haben wird. Die Dankbarkeit freilich hat sich eher vertieft. Es kamen in der Zwischenzeit gelegentlich wieder starke Angstgefühle auf, ob das Schreiben nicht ein immenser Irrweg sei, Angst auch vor dem Grad der Beschämung, in die ich, aus der Übertragung erwacht, geraten könnte, wenn Art und Ausmaß meiner Neurose publik geworden sind; Angst auch, später erschreckt vor einem demütigenden Verlust der Realitäts- und Peinlichkeitskontrolle zu stehen; Angst schließlich, die eigene Gestaltungskraft werde nicht ausreichen, um das nur Private quasi zu desinfizieren, zu filtern, so weit zu bearbeiten, daß die Ebene lohnender Mitteilung überhaupt erreicht wird. Schließlich mußte ich, allein oder in Gesprächen mit Freunden, mich mit dem Gedanken vertraut machen,

daß mir manche öffentlichen Ämter nicht mehr zugänglich sein werden, daß für jede Art von Diffamierung offene Flanken bestehen, ja, daß vielleicht, unter veränderten politischen Bedingungen, wie sie ja nicht gänzlich ausgeschlossen scheinen, Behinderung und Schikane möglich sind.
Doch zurück zu den späten Entdeckungen in der Analyse. Es war von den Schlagephantasien die Rede. Rückblickend scheint klar, daß ich während der Analyse gar nicht in der Lage gewesen wäre zu heiraten. Dafür war die Bindung an den Analytiker zu stark. Außerdem gab es zu viele unaufgehellte Barrieren. Ein gutes Jahr lang sah es so aus, als steuerte ich, zwar voller Ängste, im ganzen gleichwohl zuversichtlich, auf die Verbindung mit einem Mädchen zu, an dem manche anziehenden Ähnlichkeiten mit der frühen Jokaste allmählich immer deutlicher hervortraten. Es wurde zwar in der Analyse zunehmend klarer, daß es für längere Zeit noch problematisch bleiben würde, ob ich den immer wieder aufbrechenden Haß würde in Schach halten können. Er war gemildert durch die weite Entfernung, in der die Freundin lebte, eine Entfernung, die sicher kein Zufall war. Dann geschah es eines Tages, als sie neben mir schlief, daß ich von dem heftigen Drang überfallen wurde, sie zu schlagen, zu verstümmeln, zu verwunden, ihren Körper zu zerstören. Es war purer sadistischer Haß, dem, in der Phantasie wenigstens, jegliche Hemmung abging; die Bilder des Zerstückelns waren wie eine Erlösung. Ich stand auf, ging in einen anderen Raum und beruhigte mich allmählich, und dann kamen endlich die Vorläufer des Hasses ans Licht der Erinnerung: frühe Bilder, in denen ich in kaum zu kontrollierendem Haß den Leib Jokastes mit Axt und Kreissäge zurichtete und zerstörte. Es mögen Bilder gewesen sein

vom Höhepunkt des Geschwisterhasses, für den ich sie ja verantwortlich machte; er muß aber zusammengefallen sein mit einem Haß, der aufkam, als ich ihr unbewußt für die Krankheit und Verstümmelung von Laios die Schuld gab; Haß auf ein entstelltes, durch Angst und Projektion verzerrtes mütterliches Phantom in einer grausigen Kindermythologie, aus der Laios verzerrt, erstarrt und geknechtet hervorgegangen war.

Hier muß ich, um das Auftauchen dieser Dinge weiter zu erklären, neben der Dankbarkeit für die Wiederaufnahme beim Analytiker nach der Reise zum Großvater ein anderes Moment erwähnen: das allmähliche Abklingen seiner Entwertung als Vater. Er war jetzt für den Umgang mit Drachen und ähnlichen frühen Ungeheuern ein verläßlicher väterlicher Führer geworden, der in der Wirklichkeit nicht, wie ich über Jahre vermutete, selbst von einem Weib gelähmt und verstümmelt war, sondern von dem immer deutlicher wurde, daß ein Stück seiner Zuversicht und Lebenskraft aus seiner Ehe stammte. Lange hegte ich den Verdacht, er ziele, soweit es in seiner analytischen Macht stand, darauf ab, mich zu verheiraten, um mich unter sein eigenes Schicksal einer demütigenden Domestikation zu zwingen.

Manchmal erklärte er jetzt ein Stück meines Seelenlebens mit dem Hinweis auf eine Szene mit seinen Kindern, an der er bestimmte Zusammenhänge selbst entdeckt hatte. Dabei ließ sich auch für mich nicht mehr übersehen, daß er sie liebte und stolz auf sie war und sich in ihnen wiederfand und nicht durch sie bedroht oder aufgefressen wurde. Da männliche Potenz sich für mich lange mit literarischer oder wissenschaftlicher Produktivität verband, war es mir unbewußt in meiner infantilen Übertragungsmythologie ganz unzweifelhaft, daß er, angesichts seines analytischen Wissens, das er nicht niederschrieb, kastriert sein mußte.

Wenn es ein entstellter früher Drachen war, der einen Mittelpunkt der kindlichen Mythologie bildete, dann findet auch jene Onaniephantasie teilweise ihre Aufklärung. Es kommt aber eine erhellende Erinnerung dazwischen, die ich einschieben will. Bevor ich in die Schule kam, wohnten wir am Dorfrand neben einigen Kleinbauernhäusern mit viel Federvieh, Ziegen und Schafen. Dort hatte ich eine Freundin, die mich in die Grundtatsachen des Geschlechtslebens einführte. Genauer gesagt, wir erforschten zusammen die sichtbaren Dimensionen des Geschlechtsunterschiedes. Ich muß zugeben, daß ich mir dabei sehr privilegiert vorkam, jedoch von einem tiefen Gefühl der Bedrohung erfüllt war. Eines unserer Spiele ging so, daß ich erst ihr unter den Rock, dann sie mir unter die Hose fuhr, um unsere Wonnebereiche zu ertasten. Ganz ohne ein Gefühl des Schreckens griff ich ihr nie unter das Höschen und beschränkte mich, in der frohen Erwartung, daß bald ihre Hand wieder zu mir käme, darauf, vorsichtig die Rückseite meiner Hand ihr zwischen die Beine zu legen, so, als ginge es darum, schonend und tröstend eine noch nicht verschlossene Wunde zu berühren. In das Glück und den Stolz, wenn sie meinen Stengel in der Hand hielt, mischte sich immer etwas von frohem Lobgesang, der hätte lauten können: »Halleluja, ich bin heil!« Es hätte der ganzen Märchenwelt einschließlich Struwwelpeter und Schneider mit der Scher' gar nicht mehr bedurft, um mich in Angst ums Quasi-Allerheiligste zu stürzen. Hinzu kam, daß ich eines Tages Jokaste nackt sah, wenig später nur, und seither war mir vertraut, was es heißt, das Haupt der Medusa zu erblikken. Stolz, Grauen und Verachtung waren die begleitenden Gefühle. Zum Teil habe ich es vielleicht auch heute noch nicht ganz verstanden oder will es nicht wahrhaben, daß die Frauen wirklich *keinen* haben.

Jedenfalls fand ich die festgestellten Unterschiede damals schwerwiegend, und ein Teil meiner späteren Beziehungen zu Frauen war gekennzeichnet von Manövern der Verleugnung, der Verharmlosung oder Milderung der Tatsachen, oder von Manövern, den inneren Folgen, den gefürchteten, zu entgehen. Um es kurz und bündig zu sagen: Der mütterliche Drachen war so mächtig und bedrohlich, daß ich ihn immer aufgespalten habe in mehrere kleine, mit denen ich besser fertig werden konnte. Es war dann auch leichter, mit einer Enttäuschung fertig zu werden, wenn Nebenbuhler kamen, die in meiner Kindermythologie als Brüderpack und kranker Riese Laios eine Rolle spielten.

Die Onaniephantasie, die der Alte mit mir allmählich untersuchte, und über die ich mich beim Geständnis furchtbar schämte, war ein solches Manöver der Verleugnung. Von hinten sind Männer und Frauen einander ja ähnlich, und man kann eine Frau besitzen, ohne beim Anblick des Medusenschoßes glasige Augen zu bekommen. Eine andere Onaniephantasie, die im Anschluß an die Bearbeitung der ersten auftauchte, war die, daß ich die Frauen rasch wechselte beim Koitieren, um ihnen auf diese Weise die Gefährlichkeit zu nehmen und in den Besitz ein Stück Machtentfaltung einfließen zu lassen. Ich glaube, all dies würde ich an dieser Stelle nicht gestehen, wenn es sich nicht verändert hätte.

Allerdings ist die Zuversicht und Gewißheit erst allerjüngsten Datums. Der Druck des nahenden Endes hat tief Vergrabenes ans Licht gebracht. Die Abwehr gegen vieles wurde erst durch eine Art Torschlußpanik durchbrochen. Dadurch entstand in den letzten Monaten das Gefühl, das Wichtigste komme erst. In den guten Stunden machte es mich zuversichtlich: Wir werden arbeiten bis zum letzten Tag und noch viel erledigen. Häufiger aber war ich bedrückt von der Fülle des anscheinend Unerledigten, das hervordrängte. Alle Konflikte belebten sich neu, und neue gesellten sich zu den alten. Manchmal geriet ich in starke Angst, die Analyse werde abbrechen mitten in der Gratwanderung und mich allein und vor gefährlichen Abgründen zurücklassen. In bezug auf eine dauerhafte Beziehung zu einer Frau entwickelte ich Unheilbarkeitsphantasien, besonders wenn sich immer gleiche Szenen von Begegnung und Trennung wiederholten. Ich gestand dem Analytiker zu, daß er mir in vielem geholfen habe. Doch in dem Hauptpunkt einer verläßlichen Beziehung zu einer Frau sei er in bezug auf mich ein Versager. Er deutete gelegentlich an, er habe den Eindruck, meine Beziehung zu ihm und der Analyse sei so stark, daß ich dieses Problem gar nicht gleichzeitig lösen könne. Es leuchtete mir ein, aber ich vergaß es immer wieder, oder mein Größenwahn verlangte, daß ich es dennoch schaffte.

Es kamen auch Anfälle der Auflehnung gegen die Demütigung, so stark an eine quasi imaginäre und ja nur in der Übertragungsverzerrung sichtbare Person gebunden zu sein, die mich an einer erfolgreichen Bewältigung realer Lebensprobleme scheinbar hinderte. Es wurde deutlich, wie lange sich fast magische Erwartungen in die Analyse hielten: Irgendwann würde sich alles schlagartig klären, er mußte nur einmal seine Zauberkraft frei spielen lassen. Paranoide Phantasien tauchten wieder auf, er wolle mich klein und unmündig oder für immer an seine Person gebunden halten. Es war eine schwere Arbeit, die Grenzen des Erreichbaren in der Analyse allmählich zu erkennen und weder über ihn noch über mich zu verzweifeln.

Die Angst vor dem Ende der Analyse nahm über einige Wochen, ja Monate, die Form einer Krankheit an. Ich wachte fast jede Nacht zwischen vier und fünf Uhr auf, hatte Angst vor dem nächsten Tag, fühlte mich überfordert, lebensunfähig, sagte Termine ab, bei denen ich hätte diskutieren oder reden sollen. Wochenlang hatte ich täglich starke Schweißausbrüche. Gegenüber manchen Personen trat ein leichter Verfolgungswahn auf. Die Kränkbarkeit wuchs bis zu fast voranalytischer Höhe. Ich verkrachte mich mit zweien meiner analytischen Brüder, die ebenfalls auf seiner Couch lagen und mit denen ich durch Freundschaft und Zusammenarbeit verbunden bin.

Obwohl ich kaum je schwankend wurde hinsichtlich des Datums der Beendigung der Analyse, verlangten alle wiederkehrenden Symptome und Konflikte eindeutig nach Fortsetzung und Verlängerung. Er wäre auch, bis zu einem bestimmten Zeitpunkt jedenfalls, auf eine Verlängerung eingegangen; es war klar, daß er mich nicht hinauswerfen würde. Trotzdem blieb die Gewißheit, daß ich lange genug bei ihm gewesen war; sie überstand auch die notwendige Arbeit, den Zeitpunkt des Abschieds daraufhin zu untersuchen, ob nicht ein ganzer Bereich des Unbewußten ausgespart worden sei und durch den Abschied der Analyse entzogen bleiben sollte.

Nicht viele Dinge in meinem Leben sind so mißglückt wie mein »Abschied von den Eltern«. Trotz früher Autonomie hing ich noch jahrelang während des Studiums an unsichtbaren Fesseln, voller Vorwürfe, unerfüllter Wünsche und Sehnsüchte, voll trotziger Ablehnung und ohnmächtigem Kampf gegen mir selbst unbewußte Vermächtnisse, die wie eine unsichtbare Fremdsteuerung mein Leben bestimmten. Dinge, die sprachlich in einer Familie nicht faßbar sind, scheinen tiefer zu wirken und schwerer aufzulösen als solche, über die man sich verständigen konnte. Mein seelischer Haushalt war in tiefe Sprachlosigkeit eingehüllt: Über Werte und Moral wurde nie gesprochen, sie gehörten in den Bereich des unerbittlich Selbstverständlichen. Darüber zu reden wäre eine Profanierung gewesen, aber eben auch eine Milderung der Wucht der Moral und ein Erschrecken über die emotionale Distanz zueinander. Die Sprachlosigkeit war ein Mittel der Konfliktbewältigung bzw. der Konfliktbeerdigung oder -verschüttung, und insofern stellte die Analyse manchmal eine Exhumierung von halbverwesten und schon stinkenden Dingen dar, eine Archäologie des Unbewältigten.

Eines Tages ging ich einfach fort von zu Hause, erleichtert, gleichwohl in verdorrte Nabelschnüre verstrickt und von Phantomen begleitet, die sich dem Zugriff des gesunden Menschenverstandes entzogen.

Der Abschied vom Analytiker hat sich über ein halbes Jahr hingezogen, ich hatte Angst davor, vor den Gefühlen, der Scham vor allem, der Formulierung des bisher Ungesagten, vor den Verlockungen der Regression, der Weichheit, den Tränen.

Im ganzen ist es bei den bereits gestandenen Tränen geblieben, die Scham war zu groß, nur ganz entstellt spielte das Weinen im Traum eine Rolle. Einen Traum, dessen Deutung von erheblichem Gewicht war, will ich berichten: »Ich fahre mit meinem Auto, aber das Dach ist abgenommen, statt seiner wird eine andere, silbergraue, kostbare Haube daraufgemacht. Dort, wo die silberne Haube über meiner Windschutzscheibe festgemacht werden soll, klafft eine Lücke, durch die es hereinregnet, der Regen läuft mir übers Gesicht und behindert mich beim Gradeausfahren, ich kann nicht gut sehen.«

Ganz zögernd nur kamen die Einfälle dazu, manchmal mußte er helfen, ohne doch in eine falsche Richtung zu drängen. Unschwer war zu erkennen, daß ich mein eigenes Lebensgefährt mit dem seinen verbinden wollte, das durch deutliche Strähnen silbergrauen Haares gekennzeichnet war. Ich wollte vereint bleiben mit ihm, und als es nicht ging, regnete es mir ins Gesicht, besser: aus meinem Gesicht. Er sah noch ein anderes Thema im Traum angedeutet: das der Überfremdung meines Lebens durch das Gewicht seiner Person in der Analyse. Doch davon später; jetzt geht es um die Vorboten des Abschieds, an dessen Gelingen er überaus geduldig mit mir gearbeitet hat.

Zum Abschied von den Eltern gehört das Gefühl, daß man ohne sie sein Leben führen kann, vielleicht sogar der Eindruck, man wandere weiter im Leben und sie blieben zurück. Ganz offensichtlich gelingt das nicht ohne eine vorübergehende Entwertung, ja Verkennung der Eltern, weil man sich sonst nicht von ihnen zu lösen vermöchte. Diese Verkennung und Entwertung und Entfremdung ist das Gegenstück zur Idealisierung in der Kindheit, ohne die der Aufbau des Gewissens und der inneren Struktur nicht stattfände. Sie kann abrupt oder langsam erfolgen. Jeder kennt den tiefen Eindruck, den es hinterläßt, wenn man wichtige Dinge plötzlich besser kann als Vater und Mutter.

Da der Analytiker wußte von meinem mißglückten Abschied von der Kindheit, brachte er ein breites Arsenal von Deutungen und bot mir ein weites Spektrum von Einfühlung an. Er erspürte Variationen des Abschiedsthemas, wo sie mir gänzlich verdeckt blieben. Nun, das ist gewiß seine Aufgabe und sein Handwerk. Doch kam mir obendrein zugute, daß zwei seiner Kinder gerade aus dem Hause gingen und sich, um zu heiraten, auf und davon machten.

Einmal ließ er eine Stunde ausfallen, und obwohl er sonst wenig über sein reales Leben wissen ließ, verriet er, daß es wegen der Hochzeit des Sohnes war. Ich reagierte mit einem Wutanfall und fragte, wieso sein Bengel von Sohn nicht an einem Wochenende heiraten könne und mir und anderen Patienten eine Stunde stehlen müsse. Dann fing ich an zu phantasieren, auch vom Neid gedrängt, warum Sohn und Tochter so früh heirateten, fast zehn Jahre jünger als ich, und ich sagte ihm mit freundlicher Ironie: Es muß mit dem netten Vater zusammenhängen, anders als durch Heirat kommt man von einem solchen Kerl ja nicht los.

Überhaupt wurde vor dem nahenden Ende für das Unbewußte unsere Beziehung immer inniger. Eines frühen Morgens, als ich mich schweißgebadet im Bett herumwälzte, spürte ich, wie ich mich mit der Phantasie beruhigte, er liege neben mir im Bett. Um dies phantasieren zu können, mußten sich meine Homosexualitätsängste beträchtlich gemildert haben. Ich konnte es ihm auch, nach überstandenem Morgengrauen, in der nächsten Stunde mitteilen. Es wunderte ihn nicht, und hier muß ich, um meine Scheu verständlich zu machen, wieder an das Berührungstabu erinnern, das Laios umgab. Ich kannte keine zärtliche Beziehung zu einem Mann, nicht einmal als Kind.

Die Übertragungsformen auf der Couch wechselten übrigens erstaunlich rasch in den letzten Monaten der Analyse. Dominierend wurde zwar immer mehr eine von

Anhänglichkeit, Zuneigung und Bewunderung geprägte Beziehung zum väterlichen Analytiker, der ja auch der Lehrer geworden ist, von dem ich in meinem Leben am meisten gelernt habe. Dennoch konnte er für Stunden wieder zum mütterlichen Moloch werden oder zum väterlichen Ungeheuer, dann zum kastrierten Schwächling usw.

Da ich eine Patientin hatte, die sich, wenn sie es brauchte, ganz ungeniert und zutraulich auf der Couch umdrehte, um mich anzuschauen und die Distanz meiner Unsichtbarkeit aufzuheben, berichtete ich eines Tages davon und versuchte, meine Gefühle dazu zu verstehen. Gleichzeitig begann ich über meine nie überwundene Scheu zu sprechen, mich jemals umzudrehen, um ihn von der Couch aus zu sehen. Es mußte da ebenfalls ein Tabu sein. Ich brachte es lange mit meiner Angst vor der allzu großen Nähe in Zusammenhang: Ich wollte in der Regression sein Gesicht nicht sehen, um nicht für immer daran gebunden zu sein. Das war natürlich die reine Kindermagie, doch ein kleines Stück Wahrheit wird schon daran gewesen sein. Dann freilich tauchte eine tiefere Erinnerung auf, nach vier Jahren Analyse zum ersten Mal: Laios hatte ein Glasauge, und gelegentlich habe ich verstohlen zugeschaut, wie er es herausnahm und wusch, und wie dann eine blutig rote Höhlung zurückblieb, eine Wunde, die tief in den Kopf hinein zu reichen schien. Ich wußte nie, welches Auge das Glasauge war und auf welchem Auge er sah. Die Scheu, ihn anzuschauen, war zu groß, und so war Laios' Gesicht mir im Grunde fremd und schauerlich geblieben, und ich habe es später nur anzuschauen gewagt, wenn er schlief.

Da ich es nicht anders kannte, war mir die Bedeutung der Tatsache, dieses Gesicht eigentlich nie gesehen zu haben, gar nicht klar. Dem Analytiker schien das Gewicht dieser Dinge deutlicher, und ich verstand allmählich besser, warum ich ihn bei der Begrüßung und zum Abschied nach jeder Stunde oft forschend angeschaut hatte, allerdings nur für winzige Augenblicke, weil ich ihm, sobald er zurückblickte, kaum länger ins Auge sehen konnte. Erst in der allerletzten Stunde ruhten unsere Blicke für ein paar Sekunden ineinander; mit so viel Zuneigung habe ich noch nie einen Mann, vielleicht überhaupt nie einen Menschen angeschaut.

Daß dieses Tabu des menschlichen Gesichts, das sich bei Jokaste in einer gemilderten Weise ebenfalls fand, ans Licht drängte, zeigte sich einige Wochen vor der Aufdeckung in der Analyse an einem Vorfall, den ich erst später verstand. Ich muß zur Erklärung vorausschicken, daß die Entdeckung des Tabus natürlich mit der Art der Regression in der Übertragungsbeziehung zum analytischen Vater zusammenhing: Er war mir jetzt so nahe, daß ich innerlich wieder auf seinen Schoß kletterte, um sein Gesicht zu erforschen – merkwürdigerweise als den letzten Teil seines Körpers, der mich lange beschäftigt hat.

Der Vorfall war so: Auf einem gruppendynamischen Kongreß nahm ich an einer sogenannten Encounter-group teil, in der averbale Kommunikationsübungen gemacht wurden. Die Leiterin fragte, nach einigen von ihr vorgeschlagenen Übungen, ob jemand andere Wünsche habe, und zu meinem eigenen Erstaunen schlug ich, ohne vorher darüber nachgedacht zu haben, vor: herumgehen und von ganz nahe die Gesichter der Anwesenden erforschen dürfen. Es folgte eine leichte Verwunderung der Teilnehmer, aber dann kam rasch ein intensives wechselseitiges Bestaunen in Gang. Da ich genug Gelegenheiten gehabt hatte, die Gesichter von Frauen zu erforschen, faszinierten mich die Männer; ich war überwältigt davon, wie heftig und plötzlich wechselnd die Gefühle von Zärtlichkeit und Haß waren, die mich überkamen. Mir war zumute, als sei mein Gesicht Kräften von naturwüchsiger Heftigkeit ausgesetzt: einerseits dranghafter Hang zur Annäherung, dann wieder merkte ich, wie sich unwillkürlich die Zähne fletschen wollten, was ich gerade noch verhindern konnte. Ich konnte freilich nicht verhindern, daß sich die Mundwinkel in Kampfbereitschaft nach unten oder außen verzogen und die Lippen dünner wurden und es auf der Kopfhaut und an anderen Stellen zu jucken begann. Intensiver habe ich nie das Gefühl von blitzartigem Kräftemessen gehabt, und ich war nach der Übung ebenso glücklich wie erschöpft.

Die Erforschung des Gesichtes des Mannes, der nach der Begrüßung rasch hinter der Couch unsichtbar wurde, hatte noch eine andere Bedeutung. Sie ist mir beim Überdenken des Wortes »erschöpft« wieder eingefallen. Ich konnte mir nicht vorstellen, später jemals den ganzen Tag mit dem Analysieren von Einzelpatienten zu verbringen. Er aber saß von frühmorgens bis spätabends in seinem tiefen Ledersessel und absolvierte zwischen acht und zwölf Sitzungen pro Tag. Dies hat wohl zu der zähen Übertragungswahrnehmung des in seinem Stuhl gelähmten Vaters geführt, der dort, wo er sitzt, gleichsam Wurzeln geschlagen hat, während mir viel an meiner Beweglichkeit und an einer Vielfalt von Aufgaben lag. Manchmal kam mir sein berufliches Tun vor wie sture Maulwurfsarbeit: alle fünfzig Minuten einen Haufen Dreck mit dem Maul ans Licht zu befördern. Dann wieder, wenn er bei mir fündig wurde oder etwas Kunstvolles gestaltete, nannte ich ihn einen Goldschmied, der seine Werkbank nicht verlassen kann. Der für mich innerlich treffendste Ausdruck war der des treuen Hintercouchlers: zuverlässig, aufmerksam, aber vor lauter geduldigem Ammendasein ein wenig aus dem üblichen Getriebe der Menschen herausgenommen.

Eines Tages war er mit dem Öffnen oder Schließen der Vorhänge beschäftigt, da wollte ich auf einmal genau wissen, wieviel Dreckhäufchen er am Tage beiseiteräumte, und ich ging, statt zur Couch, ziemlich zielsicher und frech zum Tisch, auf dem sein aufgeschlagenes Stundenplanbüchlein lag, und zählte. Elf Namen standen da für diesen Tag; der meine war der zweite in der Reihe. Als es mich dann umgelegt hatte und ich nach einigem Stocken meine Neugiertat gestand, sagte er lachend: »He, he, das mag der Alte aber nicht so gern, wenn die Söhne nachprüfen, wieviel Nummern er am Tage macht.« An diesem Unterschied der Bilder: Dreckhäufchen wegräumen und Nummern machen, kann ich einen Mechanismus aufzeigen, der meine Analyse lange durchzog. Ich habe mit einer unglaublichen Ausdauer die Tatsache verleugnet, daß er ein angesehener, mit sich und seinem Leben zufriedener, auf seinen Beruf stolzer Mann war, der sein Handwerk durchaus als männlich empfand, wenngleich er wußte, wieviel mütterliche Züge er in sich trug. Er war nicht kastriert, außer in meiner Übertragung, und selbst diese Übertragung war ein Schutz vor tieferem Wissen, daß auch Laios, obwohl verstümmelt und teilweise durch Starrheit gelähmt, nicht entmannt war, sondern fortfuhr, Söhne und Töchter zu zeugen. Das Bild des »Häufchenwegmachens« hielt ich fest aus einer Übertragungsphase, in der mein Regressionzustand sich auf die schlichte Tatsache beschränkte, daß ich vollgepinkelt und vollgeschissen stinkend in den Windeln meines

Daseins lag, obwohl ich nach außen halbwegs brauchbar funktionierte. Wenn ich das Moment der Erschöpfung jetzt beiseite lasse und den neuen Einfällen folge, so muß ich berichten, daß sich das Bild der Amme im Waisenhaus, die elf Säuglinge putzt, langsam verschob hin zum Bild des Vaters, der eine große Schar von Kindern aufzieht, und zwar mit Güte und Gerechtigkeit. Hinter der Lähmung auf dem Sessel wurde mir allmählich das Maß der Kraft und der Ausdauer sichtbar, das tägliche Standhalten gegenüber so viel Angriff, Verkennung und Elend, neben dem natürlich auch die reiche Ernte der Zuneigung, Bewunderung und Anhänglichkeit stand.

Ich sagte ihm öfter: Sie arbeiten zuviel. Das war anfangs noch kaum von Fürsorge getragen, im Gegenteil, es war die Angst des Kleinkindes, nicht genug zu bekommen, die mich zu solchen Wahrnehmungen trieb, und die Empfindlichkeit für solche Ängste und eine solche Wahrnehmungsschärfe waren bei mir früh gegeben durch die sich überarbeitende Jokaste.

Ohne noch zu wissen warum, arrangierte ich meinen Tageslauf so, daß ich allmählich mit meinen Analysestunden auf frühe Vormittagszeiten kam. In der Realität, wenn es Verlegungen auf den Nachmittag gab, habe ich nie eine Trübung seiner Aufmerksamkeit feststellen können, nur sein Gesicht sah verändert aus. Im letzten Jahr hatte ich dann dauernd eine späte Freitagsstunde, in den letzten Monaten außerdem eine Dienstagsstunde um vierzehn Uhr, und es gab in diesen Stunden keine reale Einbuße an Zuwendung. Trotzdem war etwas in seinem Gesicht, das mich diese Stunden, solange es eben ging, meiden ließ. Das mag daher kommen, daß ich über lange Jahre sein Vormittagsgesicht erforscht hatte, am Montag sogar immer als erster, da kam er quasi taufrisch aus seinem Haus am nahen Gebirge, die Arme voller Blumensträuße, die er selbst in aller Ruhe in Vasen stellte und im Zimmer verteilte.

Sein Vormittagsgesicht war ausgeruht und hatte gelegentlich etwas munter Bubenhaftes. Manchmal hatte er spürbare Mühe, aus der unbefangenen Familienfröhlichkeit wieder in das wohldosierte Schweigen zurückzukehren. An manchen Montagen war er mit Einfällen und Deutungen so gesprächig, daß ich ihn, manchmal verstimmt, manchmal mit dankbarem Erstaunen, darauf hinwies. Es konnte auch vorkommen, daß mein Bedürfnis nach ruhigem Zuhören so stark war, daß ich auf sein Reden mit heftiger Wut und Kränkung reagierte und mich, obwohl ich die vertraute Stimme hinter mir hörte, völlig verlassen und verraten fühlte. Die Gewöhnung an die Privilegien des regredierten Patienten, nämlich die Aufmerksamkeit ungeteilt und unter Absehung von den eigenen Bedürfnissen des Analytikers zu genießen, führte zu einer hellwachen Reizbarkeit dann, wenn er noch nicht wieder ganz in die Haltung des stillen Schattenspenders, also des reinen Verstehens, zurückgekehrt war. An den Nachmittagen sah er gelegentlich müde aus, mit Rändern unter den Augen. Er kam mir fast abgezehrt vor, und im infantilen Egoismus reagierte ich mit Wut oder mit resignierter Enttäuschung, neigte dazu, ihn gönnerhaft zu schonen, aber natürlich nicht freiwillig, sondern aus Angst, ihn kaputtzumachen. War ich schlechter Laune, so konnte ich sagen: »Ich habe heute gar keine Lust, etwas zu sagen, Sie kommen mir so abgenagt und ausgelutscht vor.« Ich war dann doppelt wütend auf das gefräßige Geschwistervolk, das ihn so zugerichtet hatte.

Eine Milderung dieser Gefühle ergab sich vor der späten Freitagsstunde, als ich eines Tages merkte, daß er regelmäßig eine kleine Pause vor meiner Stunde einlegte, um sich eine Tasse Tee zu machen. Man klammert sich in seinen aufgewühlten Kleinkinderbedürfnissen an winzige Details. Ich fand heraus, daß es eine Fünfminutenpause war, die er sich um diese Zeit gönnte. Wenn ich ein paar Minuten zu früh kam und im Wartezimmer saß, hörte ich ihn in der Küche herumwerkeln. In fünf Minuten ist die Couch gut abgekühlt, das Zimmer gelüftet, die Erinnerung an den Esel von vorhin verflogen. Ich konnte also das beruhigende Gefühl haben, daß er mit mir quasi einen neuen Anlauf machte. Es scheint aber, daß der Halunke vor mir ein typischer Überminutenmacher war. Man kennt ja diese Typen unter den Geschwistern, die es oft so hinkriegen, daß ihre gierige Säuglingsseele gerade dann einige wichtige Einfälle zustande bringt, wenn sie eigentlich längst ins Ställchen hätten zurückgelegt oder mit einem Klaps hinunter zum Spielen geschickt werden sollen. Jedenfalls, der Überminutenmacher vor mir brachte mich des öfteren in Wut, ich mußte länger warten, und der Alte hatte seinen Tee dann nicht in der Pause schlürfen können, sondern stellte ihn neben sich, wenn meine Stunde begann. In den ersten Wochen, als sich dies ereignete, war ich unfähig, etwas zu sagen, bevor nicht die feinen Schlürfgeräusche endgültig aufgehört hatten. Da half auch die allergrößte Vorsicht des Alten nichts, ich spürte, wann er die Tasse anfaßte und wann er sie wieder absetzte. Ich folgte träumerisch oder wütend den feinen Schluckgeräuschen und lauschte dem Gluckern und dem Widerhall, den der den Schlund hinunterrinnende Tee in seinem Leib auslöste. Als er eines Tages, statt Tee zu trinken, wie ich es inzwischen gewohnt war und allmählich ohne allzu große Frustration ertragen gelernt hatte, den letzten Bissen seines Pausenapfels aß,

machte ich ihm einen richtigen Krach, der gut die Hälfte der Stunde in Anspruch nahm. Es war ja, in der künstlichen Aufgeblähtheit der Geräusche in dem sonst stillen Raum, als ob man neben einem Rüben fressenden Stier läge. Außerdem dachte ich, und dies war von eigenen Erfahrungen getragen, daß er, falls ich leise reden würde, mir gar nicht zuhören könnte, weil sich das knackende Kauen ja in großer Nähe zu den Ohren vollzieht und man tatsächlich akustisch eingeschränkt ist, solange man Äpfel kaut. Ich nahm es jedenfalls wie eine große Kränkung wahr, was bereits im Zusammenhang mit einer noch einmal anwachsenden Verletztlichkeit angesichts des nahen Abschieds stand. Ich konnte einfach nicht fassen, daß er unbekümmert und ohne die Folgen zu ahnen, seinen Apfel zu Ende aß, vielleicht waren andere da mehr abgehärtet. Mein Ärger war Symptom einer sich zuspitzenden Kränkbarkeit; es handelte sich ja nur um ein paar Sekunden, aber man muß den Gesetzen des Unbewußten auch dankbar sein: Wie unter dem Mikroskop lassen sich an solchen winzigen Ereignissen nicht ausreichend bearbeitete Tendenzen noch einmal betrachten und ausleuchten. In diesem Fall war es meine Gier nach totaler Aufmerksamkeit von seiner Seite, die nicht durch die geringste Ablenkung getrübt werden sollte.
Die siebenhundert Stunden seiner fast ungeteilten Aufmerksamkeit waren es, die meinem Leben eine gründliche Wendung gegeben haben. An der Wut über sein abgezehrtes Gesicht aber verstand ich etwas davon, was in kleinen Kindern vorgehen muß, deren Mütter oder Väter zu abgearbeitet sind, um sich ihnen richtig zuwenden zu können. In bestimmten Phasen ist ein Kind unfähig, Müdigkeit der Mutter anders wahrzunehmen denn als gezielte und bösartige Einschränkung ihrer

Zuneigung und Aufmerksamkeit, und ich dachte oft an die Millionen Kinder berufstätiger Mütter, die nach einem Tag im Büro oder am Fließband abends nach Hause kommen und sich seelisch ausgehungerten Kindern gegenübersehen, obschon sie doch selbst auf ein Stück Verwöhnung angewiesen wären, um sich wieder zu fangen.
Der Wunsch nach den Morgenstunden hing noch mit einer anderen Beobachtung zusammen: Mittags oder am Spätnachmittag neigte ich viel rascher zum unaufhaltbaren Absacken in eine Depression. Es kam oft vor, daß ich unbekümmert um vierzehn Uhr die Treppen hinaufging, und kaum lag ich auf der Couch, war nur noch Trübsinn da, so sehr, daß ich kaum meiner Stimme mächtig war. Es ist ein merkwürdiges Gefühl, wenn man spürt, daß man über seine eigene Stimme nicht mehr verfügt. Bei depressiven Verstimmungen ist dies besonders ausgeprägt: Sie tönt zwar noch, aber das Leben ist raus aus der Stimme, sie ist ichfremd, ein Klagegesang oder ein trockenes Rascheln. Ein Teil der Mittagsdepression ließ sich in der Übertragung zunächst so klären: Gegen vierzehn Uhr war ich jahrelang mit dem Rad aus der Schule nach Hause gekommen, unterwegs noch angeregt und heiter, und als es dann auf die Wohnung zuging, die Enge und Überfüllung der Zimmer, kam eine Art Zerfall der inneren Persönlichkeit, die Gespräch und Einfühlung erfordert hätte. Die Starrheit der Wiederholung jahrelang eingeschliffener innerer Vorgänge aus ganz anderen Lebenssituationen ist beeindruckend, ebenso das Erlebnis, wie sie sich unter der geduldigen Aufhellung langsam mildern und sogar verschwinden.
Die Dienstagsdepression hatte allerdings noch andere Quellen, von denen später die Rede sein wird. Eines kann ich hier noch anfügen: Ich lag dann auf der Couch und

fühlte mich wie eine weiche, formlose und zerfließende Masse. Ich hatte Angst, ich würde mich auflösen. Da sah es eines Tages so aus vor meinen geschlossenen Augen, die nichts Äußeres mehr wahrnehmen wollten: Der väterliche Penis regte sich wieder einmal hinter mir, die Pfahlwurzel, die sich im Erdreich des Kummers grade und unerschütterlich hielt, und ich phantasierte spontan und muß jetzt um Nachsicht bitten, weil es klingt, als sei es aus dem orthodoxesten freudianischen Lehrbuch abgeschrieben, ich phantasierte, ich schluckte ihn, und langsam verwandelte er sich in ein stützendes Rückgrat, das meinem Körper Halt und Struktur gab, jedenfalls drang ein Stück Kraft in mich, Rippen und Muskulatur kehrten allmählich wieder an ihren Platz zurück, den sie in depressiver Auflösung verlassen hatten. Die Depression klang ab und verlief sich wie eine zurückweichende Flut. Es ist erstaunlich und vermutlich beim bloßen Lesen schwer faßbar, wie konkret die Symbolik wird, wenn Regression und entsprechende Übertragung zusammenkommen.

Zwischen Depression und Trauer gibt es eigentümliche Zusammenhänge. Ich will sie nicht theoretisch fassen, sondern nur beschreiben, was ich davon konkret erlebt habe. Man könnte sagen, Depression sei eine Trauer, die das Kind früh und übermächtig überfallen hat, bevor es sich von dem, was ihm innerlich genommen wird, hätte trennen dürfen. Im Lauf der Analyse, wenngleich richtig deutlich erst in den letzten Monaten, erlebte ich die Verwandlung von Depression in Trauer. In der Depression ist etwas nicht Wiedergutzumachendes bereits passiert und verdunkelt das Leben, ohne daß man Zugang zu den Ursachen hätte. Bei der Trauer weiß man, was sie zum Inhalt hat. Mir ging es oft so, daß ich in den Abschiedsmonaten auf der Couch lag und fühlte, wie die altbekannten Zustände der Hoffnungslosigkeit mich wieder erfaßten. Aber es ließ sich dann doch oft zeigen, daß die Trauer nur den vorgeprägten Bahnen folgte. Der Analytiker fand Bilder, in denen die diffuse Hoffnungslosigkeit gleichsam gerann. Dann wurde mir, wenn auch widerstrebend, einfühlbar, daß ich tief beunruhigt war über den kommenden Verlust. Er wurde mir am deutlichsten faßbar an einem Bild: allein spazierengehen. Manchmal reagierte ich mit Wut, wenn er immer wieder auf die Trauer kam, für die er doch deutliche Zeichen sah. Ich warf ihm vor, so wie es mir Patienten vor den Ferien vorwarfen: »Sie wollen sich dauernd meine Gefühle anschauen und sehen, wie abhängig ich bin«: »Was soll ich Ihnen meine Trauer zeigen, Sie fahren in die Ferien, nach Süden, und ich werde einsam und klagend irgendwo in der Welt herumirren!« Es ist dies natürlich eines der technisch schwierigsten Probleme für den Analytiker, dem Patienten Gefühle sichtbar und erlebbar zu machen, die er sein Leben lang gemieden hat wie die Pest, und deren Wiederholung zunächst nichts als Gefahr darstellt. Jedes Gefühl der Abhängigkeit von ihm nahm ich zunächst als eine Demütigung wahr und wetterte gegen die Einseitigkeit der Beziehung. Aber irgendwann kommt der Punkt, wo man dankbar akzeptieren kann, daß da jemand ist, der diese Anlehnung des eigenen erkrankten Gefühls duldet und fördert, selbst wenn man ihn nicht, wie man erst unweigerlich wünscht, einspinnen kann in ein wechselseitiges und gleiches Verhältnis. Die Bilder, die er oder ich dafür fanden, waren höchst unterschiedlich: Ging es mir gut und war ich draußen aktiv, war es manchmal, als sei ich kurz im Heimathafen vor Anker gegangen, um aufzutanken. Regressiver sah es natürlich mehr nach angeleg-

tem ausgehungerten Säugling aus; manchmal fühlte ich mich auch als eines unter vielen gierigen Neunaugen, die sich an seinem Leibe festgebissen hatten.
Es gab Stunden in den letzten Monaten, in denen ich in einer solchen Schwere und Lähmung auf der Couch lag, daß ich glaubte, mich nie mehr erheben zu können, es sei denn, man transportierte mich mit einem großen Kran von der Stelle. Es war ein Teil der Abnabelungsarbeit, die sich darin trotz allem vollzog. Bei geschlossenen Augen konnte ich das Gefühl haben, ein Teil von ihm zu sein. Und dann wurde spürbar, wie sich durch diese Einheit ein feiner Riß zog, der zu einer Kluft wurde. Manchmal war es, wie wenn sich zwei Flöße auf einem stillen See unmerklich voneinander entfernen. Ich will mich nicht genieren und für dieses lautlose Sichvoneinander-Wegbewegen den Ausdruck von Andacht gebrauchen. Zunehmend merke ich, daß ich diese Vorgänge der Trennung schlecht werde beschreiben können, obwohl Trennung für Wochen und Wochen Hauptinhalt der täglichen Arbeit war. Sie ging natürlich auf verschiedenen Ebenen vor sich, die langsame Abspaltung vom Mutter- und Vaterleib war nur ein Teil davon. Und doch ist dieses rein körperliche Geschehen wichtig, weil es manchmal mit immensen Haßgefühlen verbunden war. Ich habe eingangs beschrieben, daß sich mein Gesicht oft anfühlte, als sei es ohne Haut zu früh aus dem Leib der Mutter geschnitten. Jetzt schien es mir gelegentlich, als sei eine ganze Körperseite ohne Haut, ungeschützt und verletzlich, und da ich fürchtete, er werde mich in diesem Zustand verlassen, geriet ich in Panik oder haßte ihn mit aller Kraft.
An manchen Tagen ging es heiterer zu. Einmal kam ich ins Zimmer, er saß friedlich vor seiner Zeitung auf dem

Sessel, durch die Balkontür fiel ein Sonnenstreifen ins Zimmer, und ohne zu wissen warum, mußte ich laut loslachen. Später stellte sich heraus, daß ich plötzlich die Phantasie hatte, er sitze, um zwanzig Jahre gealtert, auf dem Bänkchen vor seinem Haus in der Sonne und unsere Gegenwart sei längst vergangen. Im analytischen Jargon könnte man das als einen Probeabschied bezeichnen. Es war eine Auseinandersetzung mit dem Altersunterschied, dem Generationsunterschied, aber auch mit der Tatsache, auf die er mich immer wieder hinwies, wenn ich die Generationen, um ihm näher zu bleiben, einebnen wollte: daß sein Leben längst geruhsamer und weniger ausgreifend wurde, während ich mich im Aufbruch fühlte. Überhaupt spielten Phantasien wie Zurückbleiben, mir Nachschauen, zu ihm Zurückschauen sowohl bei ihm wie bei mir eine Rolle, wenngleich er es war, der mich immer wieder auf die Lebensrealitäten hinweisen mußte.
Oft erschütterte, wenn ich einen Rückfall in Depression und Unsicherheit hatte, der Zorn über die magere Bilanz der Analyse meine Beziehung zu ihm. Als ich einmal lange über all das gewettert hatte, was in dieser Analyse versäumt worden war, auf alles hinwies, was er mit mir und an mir nicht erreicht hatte, sagte er in der ganzen Stunde fast nur den einzigen Satz: »Sie haben es schwer, von Ihren Vollkommenheitsvorstellungen loszukommen.« Dieser Satz hat nachgehallt. Er wirkte, im rechten Augenblick gesprochen, wie ein Depotpräparat, von dem kontinuierlich eine heilende Wirkung ausgeht.
Weil ich merkte, wie die Wut über die Unvollkommenheit des Zustandes, in dem ich aus der Analyse gehen würde, in mir nagte, und weil ich fürchtete, daß ich ihn auch quälen würde aus Unzufriedenheit und aus Rachebedürfnis, brachte ich eines Tages, drei Monate vor dem

Ende, die Sprache aufs Honorar. Ich wußte, daß jüngere Kollegen in der Ausbildung inzwischen ein höheres, dem Krankenkassensatz angeglichenes Honorar zahlten, und es stellte sich heraus, daß er das meinige einige Monate vor der Beendigung einfach nicht mehr hatte erhöhen wollen. Ich sagte, mein Gefühl sei, daß ich zum Abschied so unangenehm werden könnte, daß es mir lieber sei, ich zahlte das höhere Honorar, um nicht durch finanzielle Dankbarkeit oder Schuldgefühle am Ausdruck meiner Haßgefühle gehindert zu sein. Es spielte auch mit, daß ich nicht weniger wert sein wollte als die höher besteuerten Geschwister. Und schließlich wurde, nach einigem Warten auf Einfälle, sichtbar, wie peinlich es mir war, für eigene Behandlungen über die Kasse inzwischen mehr zu bekommen als das, was er mir abnahm. Ich hoffe, daß es mir später gelingt, einiges über die Bedeutung des Honorars aufzuschreiben. Ich hatte das Gespräch über die Honorarerhöhung auf der Couch einige Wochen vor mir hergeschoben, und der Gegenstand war heikel und von ambivalenten Gefühlen umrankt. Wer eröffnet schon gern ein Gespräch, dessen Resultat es sein wird, daß er im Monat zwei- bis dreihundert Mark mehr zahlt; denn darauf lief es hinaus. Es war nicht nur Scham, daß ich selbst mehr bekam von der Kasse, es blieb daneben ja genug Größenwahn und heimlicher Stolz und heimliche böse Lust am Übertölpeln, die es durchaus genießen konnte, daß er mit mir billiger arbeiten sollte als ich mit anderen. Aber dann wurden die Schuldgefühle zu groß, auch das Gefühl einer im Geiz ertränkten Wertschätzung, und ich muß gestehen, daß ich trotz höherer Rechnung ein Gefühl der Erleichterung hatte. Dieser direkte Ausdruck der Wertschätzung in der Höhe des Honorars ist natürlich wieder eine sehr komplizierte und in manchen Punkten vielleicht anrüchige Sache; trotzdem bin ich sicher, daß mein Angebot, das Honorar zu erhöhen, die Arbeit der letzten Monate positiv beeinflußt hat. Ich wollte ihm, soweit es hier Äquivalente gibt, ebensoviel geben, wie ich empfing, und das Gefühl, mich schäbig zu verhalten, hätte zugenommen, wenn ich es bis zum Ende bei der alten Abmachung belassen hätte.

Es war zuletzt klar für mich in dieser Analyse, daß auch bei ihm eine verläßliche Sympathie für mich entstanden war. Er drückte es eines Tages so aus: »Ich glaube, daß ich an allem, was Sie je tun werden, meine Freude haben werde.« Dieser Satz hat sich mir aus einem besonderen Grund tief eingeprägt: Es gehörte zu Jokastes Charakter ein tiefsitzender Zweifel an sich selbst, der sich ausweitete auf die, die von ihr stammten. Der Zweifel war getränkt von einer aggressiven Moral, die es für immer schwer macht, den geheimen und erdrückenden Maßstäben zu genügen. Das Gift ständiger Selbstentwertung lag, neben ebenso heimlichem Stolz auf ein im Dunkeln bleibendes, aber auf verschlungenen Wegen mit Kultur verbundenes Ideal, das zugleich moralisch erhöht war, über der Familie. Einmal sagte sie: »Ich bin zutiefst überzeugt, daß keiner von euch so tüchtig werden wird wie mein Vater.« Es klang wie ein Programm. Gegen diesen Fluch des Ungenügens an sich selbst und der Herabsetzung der eigenen Person hatte ich meinen Lindwurm des heimlichen Größenwahns genährt, ein Gegengift, das leicht in Tagträume und Angst vor der Wirklichkeit führt und süchtig macht nach immer mehr heimlichen Phantasien über sich selbst, die man mit niemandem teilen kann. Gegen beide Gifte stand nun *sein* bedächtiger Satz über die Freude an mir, es lag ein Akzeptieren darin, das von allem Gift der Selbstverneinung erlöste. Jokaste hatte mir, als ich Medizin studieren wollte, die Fähigkeit dazu abgesprochen: sie wollte mir niemals Menschen anvertraut wissen. Daß mir der Analytiker eines Tages Patienten anvertraute, die er untersucht hatte und nicht annehmen konnte, war wie ein Unterlaufen und Ungültigmachen eines Urteilsspruches, den ich auf mich genommen hatte, ohne ihn überprüfen zu können.

Da ich noch einmal auf den Lindwurm zu sprechen gekommen bin, will ich eine Episode aus der Schulzeit berichten, die beim Bilanzmachen aufgetaucht ist, als ich mich in den letzten Wochen auf der Couch fragte, ob ich dem Kampf mit ihm von nun an wohl allein gewachsen sei. Als Oberschüler war ich nominiert worden für einen Vergleichskampf der Jugendleichtathletikmannschaften Baden gegen Rheinland-Pfalz. Beim Hürdenlauf, den ich mochte, war ich derart aufgeregt, daß ich mehrere Hürden umriß und als vierter oder fünfter ankam. Als die Läufergruppe später auf dem Rasen zusammenstand, sagte einer der Zeitnehmer etwas über Martin Lauer und den Weltrekord im Hürdenlauf, der gefallen sei. Da geschah in mir innen etwas Merkwürdiges, was mich jahrelang beunruhigt hat: Ich war, wider aller Vernunft und Realitätsprüfung, zutiefst überzeugt, daß *wir* Weltrekord gelaufen waren. Aber das ist nicht alles: Ich lag ja um mehrere Meter hinter den ersten zurück, und trotzdem nahm ich alles für einige Sekundenteile so wahr, als sei *ich* Weltrekord gelaufen. Und wie im Traum fragte ich in die Gruppe zurück: »Was, ich bin Weltrekord gelaufen?«, bis mich das erstaunte Gelächter aufweckte und ich mich in riesiger Beschämung davonschlich. Es war wie eine Sumpfblase in mir aufgestiegen, und die Beunruhigung lag in dem momentanen Kontrollverlust, im

Wuchern der Größenphantasie, deren öffentlich zutage getretene Absurdität in bittere Isolierung führte.
Ich spüre jetzt noch beim Schreiben, wie trotz langer Analyse das Geständnis von Größenphantasien peinlicher ist als alles andere. Es mag daran liegen, daß sie als ein Symptom vieler Neurosen erst seit kurzer Zeit bekannt sind. Sexuelle Phantasien kann man heute unbekümmert äußern. Der Größenwahn dagegen scheint dem vernünftigen Ich näher und zugleich ferner oder man ist oft stärker identifiziert mit den Traumideen über sich selbst, so daß die Größenphantasien dem Amoralischen beinahe näherstehen als eine solide Perversion.
Ich bin jetzt beim Schreiben ins Schwitzen gekommen, weil ich während der Niederschrift der Hürdenlaufepisode mit der Frage gerungen habe, ob ich ein Geständnis aus noch nicht lange zurückliegenden Monaten der Analyse hier wiederholen soll, das sich auf die letzte große Zuckung des Lindwurms auf der Couch bezieht. Vor wenigen Tagen fand ich es noch zu peinlich oder meine eigene Distanz zu diesem Aufflackern des Symptoms war wohl noch zu gering. Aber ich hatte vor, nichts zu verschweigen, soweit es nicht Interessen anderer schädigt.
Ich lag auf der Couch, hatte am Abend zuvor den ersten Teil dieser Aufzeichnungen wiedergelesen und gewann den Eindruck, sie seien nicht mißglückt. Lange konnte ich nichts sagen, freilich ohne zu wissen, warum. Dann merkte ich, daß es Scham war über meine Freude oder den Stolz oder das Ende einer großen Angst. Und ich sagte: »Es tut mir leid, ich habe ein Ei gelegt, ich muß gackern.« Der hinter mir lachte freundlich und meinte: »Das kann ich verstehen. Gackern tut gut.« Ich hatte einen Kreativitätsrausch und ein Gefühl, das man so

umschreiben könnte: »Wie schön, daß ich der Größte bin.« Ich wurde rot über beide Ohren und würde es auch jetzt, wenn mich jemand sähe. Grade wollte ich sogar schwören, daß es die letzte große Zuckung des inneren Ungeheuers war, aber wer kann das wissen? Ich will mich ja nur beruhigen und eben doch den ungünstigen Eindruck beim Leser mildern und beteuern, daß es mit der Heilung noch ein gutes Stück vorangegangen ist, nicht zuletzt durch die Bearbeitung dieser Episode. Aber ich kann sie noch nicht zu Ende erzählen, ohne noch ein wenig Theorie einfließen zu lassen:

Ohne Größenwahn gäbe es viele menschliche Leistungen nicht, er stellt einen Antrieb dar, der seine Mächtigkeit schöpft aus dem Drang, eine bestimmte Vorstellung von sich selbst zu verwirklichen. Meist steht ein Größenwunsch der Mutter in bezug auf ihr Kind im Hintergrund oder aber der Wunsch des Kindes, eine Enttäuschung über eine kränkende Entwertung in der Beziehung zur Mutter zu verarbeiten. Es gibt eine Reihe von Psychoanalytikern, die nach langen Analysen von Künstlern und Wissenschaftlern überzeugt sind, daß das staunende Publikum noch immer für das entbehrte oder verlorene Staunen und die Bewunderung der frühen Mutter steht. Für mich war, nach der Rückkehr des kranken Laios aus den Kliniken und der Ankunft der Geschwister die plötzliche Entwertung anscheinend nicht zu ertragen. Ich baute den Familienroman von der prinzlichen Abkunft aus bis zu lange anhaltenden Adoptionswünschen durch jenen Fürsten. Dann trieb ich ab ins Reich der Identifikation mit Dichtern und Schriftstellern und sprengte mit ihnen die unerträgliche Enge der häuslichen Welt. Ohne den Größenwahn hätte ich nicht überlebt. Ich hasse ihn, wenn er mit mir spielt, aber ich bin froh, daß er mir

beigestanden hat, als ich ein mehrfach gescheiterter, zum Selbstmord neigender Student war. Er war eine Krücke, die ich nun langsam beiseite legen kann, und ich hoffe, von ihm nur zu behalten, was hilfreicher Ehrgeiz ist.
Manchmal nahm der Lindwurm skurrile Formen an. In den ersten Semestern des Philologiestudiums hatte ich eine lange anhaltende Rilke- und George-Phase und schwelgte in der Identifikation mit ihrem hochstilisierten Künstlerbild. Besonders das blaue Zimmer, in dem George gelegentlich seine Gedichte las, hatte es mir angetan. Das Skurrile ist nun, daß ich, wenn es mir, was häufig vorkam, dreckig ging, phantasierte, im Schloß der Kleinstadt, in der ich zur Schule ging, werde, wenn ich zur Dichterlesung käme, ein Saal blau ausgeschlagen, atemlos würde die Kulturgemeinde aus Studienräten, Amtsrichtern und Zahnärzten meinem Vortrag lauschen. Es klingt verrückt, ich gebe es zu, aber es war eine Art Privat-Heroin, was ich da zu mir nahm, und daß ich nicht süchtig geworden oder ausgeflippt bin, verdanke ich nicht zuletzt meinem Analytiker.
Ich mache noch einen kleinen Umweg. Die Schwierigkeiten, unbefangen über die Größenphantasien zu schreiben, nötigt mich dazu. Ich fragte mich noch einmal: Was drängt mich eigentlich, öffentlich Dinge einzugestehen, die man normalerweise für sich behält? Ein Grund, an den ich bei den früheren Rechtfertigungsversuchen nicht dachte, ist der: Mein Leben war eingehüllt in Scham. Wenn man im Glauben an die Sünde erzogen wird, muß man sich über das meiste schämen, was in einem vorgeht: Leibliches, die Triebe, die Gedanken, die Wünsche; das meiste war verpönt, vielleicht habe ich es etwas übertrieben, jedenfalls, freundlich hat der liebe Gott, die gigantische Erziehungsmaschine über den Wolken, die

kräftig bemüht wurde und die alles sah, nie auf mich geschaut, er war eigentlich immer besorgt, ob ich noch auf dem rechten Weg wandelte. Dreißig Jahre lang habe ich mich geschämt über mich, und dann fand ich einen, der die Scham milderte, in manchem hinfällig machte. Die große Gefahr dieses Berichtes ist sicher, daß ich jetzt schamlos geworden bin. Dann ist er mißglückt. Aber ich möchte über den Vorgang der langsamen Aufhebung der Scham berichten und nun nicht dort aufhören, wo die Peinlichkeit für mich selbst noch stark fühlbar ist. Sich überhaupt nicht über sich schämen, ist eine Utopie. Aber ein drückendes Zuviel an Scham zu überwinden, wie es Künstler ja oft auch tun, könnte hilfreich sein. Ohne Zweifel bin ich für die Analyse so dankbar, daß ich das Missionarische in mir noch nicht ganz bändigen kann.

Bevor ich noch einige Beispiele des Größenwahns aufzeige, will ich zu erklären versuchen, warum manche von ihnen sich erst in den letzten Monaten der Analyse voll entfalteten und der therapeutischen Besichtigung und Bearbeitung zugänglich wurden. Das therapeutisch relevante Auftauchen der Größenphantasien, das hat vor allem Heinz Kohut[1] herausgefunden, ist gebunden an bestimmte, sehr frühe Mutter-Kind-Beziehungen wiederspiegelnde Übertragungsformen. Der Patient wird in der Regression psychisch entweder wieder ein Teil des Analytikers oder er spiegelt sich in ihm oder empfindet ihn als einen ihm ähnlichen anderen, in dem er sich wiederfindet. Solche Übertragungsformen setzen eine Störung in der Entfaltung des Selbst, also des innersten Kerns der Persönlichkeit, voraus, auf dem unsere Selbstachtung und Selbstliebe beruht, wenn sie vom »Glanz im Mutterauge« ausreichend genährt wurde. In den ersten Jahren

1 Heinz Kohut, *Narzißmus*, Frankfurt 1973.

der Analyse aber hatte ich den Analytiker, gerade aufgrund des Größenwahns, streng abgewertet und ihm viele Züge genommen, die einer Idealisierung seiner Person zu Hilfe gekommen wären. Ich habe ihn zwar geliebt, aber *andere* bewundert, ihn vielleicht sogar ein wenig verachtet, als gemietete Amme. Die Bewunderung hat sich erst im letzten Jahr der Analyse wirklich entfaltet, aber nun schon nicht mehr als blinde Übertragung und Überhöhung ins Magische, sondern aus der feiner werdenden Beobachtung seines Handwerks und aus dem Abbau der negativen Übertragung und aller mit Rachegefühlen getränkten Entwertung. Der Ort, den er im Familienroman der Übertragung innehatte, und er sagte es oft, war der einer ledigen Mutter, die das Kind, das der Familienrat der Ambulanzkonferenz eigentlich zur Abtreibung bestimmt hatte, aufzog, um den hohen Preis, daß es nicht den strahlenden Vater fand, den es zunächst suchte.

Von einer ledigen, in der Phantasie wenig geachteten Mutter oder einer gemieteten Amme läßt man sich stillen und putzen; ihr Schoß indes ist nicht geeignet als Traumboden für Idealisierung und gemeinsame Größenphantasien. Ich hatte eine regelrechte Störung der lebenswichtigen Idealisierungsfunktion, mein Verhältnis zu Menschen war gekennzeichnet von der Unfähigkeit, Positives in ihnen zu sehen. Erst im letzten Jahr der Analyse, vielleicht auch schon früher, als mir in den eigenen Analysen die Zuverlässigkeit dessen deutlich wurde, was ich an ihm erfahren und von ihm gelernt habe, gab ich die Entwertung meines Analytikers auf. Er war jetzt groß genug in meiner Phantasie, um die tiefreichenden Schlingpflanzen wegzureißen.

Eine dieser Phantasien, die mich bis ins Studium hinein quälten, war die, daß mich jede Nachricht beunruhigte, in der ein Gleichaltriger eine verzeichnenswerte Leistung zustande gebracht hatte. Es war eine Kränkung und sehr rasch mit Depression verknüpft. Nachrichten über den jüngsten Hochschullehrer, den jüngsten Oberbürgermeister, Minister usw. konnten mich aus dem Gleichgewicht bringen. In Tagträumen phantasierte ich, daß ich bald von der Seminarbank weg zu irgend etwas Bedeutendem ernannt würde, damit mein wahrer Wert endlich ans Licht käme. Als König Konstantin von Griechenland gekrönt wurde, ich schätze Anfang der sechziger Jahre, während des zweiten Analyseversuchs, sagte ich in vollem Ernst, aber natürlich in der Regression: »So etwas wäre eine Chance für mich, eine Krönung, da könnte ich zeigen, wer ich bin.« Als de Gaulle abdankte, träumte ich, ich hätte ihm auf einem samtenen Kissen eine wichtige Botschaft zu überreichen. Immerhin war *er* noch ein wenig größer als ich. Lange Zeit hatte ich nicht genug Zutrauen, dem Analytiker solche Phantasien zu berichten, obwohl ich ihm längst die peinlichsten sexuellen Phantasien mitgeteilt hatte. Erstens hielt ich lange fest an der Vorstellung, er sei gerade gut genug, mich von der Depression zu befreien, und zweitens glaubte ich nicht, daß er die Größenphantasien würdigen könne, weil ich ihn zum miesen Kleinbürger stilisierte, der in den Dimensionen meines grandiosen Selbst gar nicht denken konnte. Aber es gibt natürlich auch eine Angst *um* den Größenwahn, die genauso heftig sein kann wie Kastrationsangst, und tatsächlich mußte er ja mindestens im ersten Jahr der Analyse, als ich noch der verkrachte Student war, als eine Krücke bleiben, die ich nicht leicht hergeben konnte.

Nun steuere ich also, durch theoretisches Rankenwerk geschützt, auf die Episode von vor ein paar Wochen zu, als ich auf der Couch lag und gackern mußte über das halbgelegte Ei. Als ich merkte, daß das Klima hinter mir gackerfreundlich war, überließ ich mich meinen Phantasien, und sie liefen etwa so: »Es ist toll, daß so viele Leute dieses Buch lesen werden. Tausende von Patienten, die irgendwo auf der Couch herumliegen. Und dadurch müssen es auch alle Analytiker lesen. Die werden sich schön ärgern. Merkwürdige Vorstellung, daß in so vielen Analysen von mir die Rede sein wird. Dieses Buch wird vorübergehend die analytische Situation in vielen Analysen verändern. Vielleicht wird es ins Amerikanische übersetzt. Alle psychoanalytischen Ausbildungskandidaten der Welt werden es lesen. Es verändert ein wenig die Psychoanalyse. Ein paar Millimeter. Freud hatte auch einen ganz schönen Größenwahn. Darüber möchte ich einmal ein Buch schreiben: Freuds Größenwahn. Da hat sich bloß noch keiner rangetraut.« Von hinter der Couch tönte es: »Freud hat ihn verwirklicht.« Doch ich wollte mich nicht stören lassen und sagte nur: »Eben.« Dann gab es eine Pause, eine Schampause, und dann fuhr ich fort: »Übrigens müßte ich irgendwann mal, am besten bald, den Nobelpreis kriegen!« Pause. Rote Ohren. Herzklopfen ... Von hinten ein pythisches »Hm«, wieder Pause, auf der Stirn begann es zu tauen, der Schweiß rann, aber es war heraus: die tief begrabene Tertianerphantasie, man kann ruhig sagen, wie ein Stein vom Herzen, denn solche Phantasien können, ohne daß man es merkt, den psychischen Haushalt erheblich derangieren, vor allem durch die Entwertung der durch reale Leistung zugänglichen Wirklichkeit, besonders aber durch die Verlockung, bei Kränkungen und Schwierigkeiten den Rückzug ins Traumreich anzutreten, aus dem man dann nur noch die für andere freilich unschädlichen Blitze der Verachtung schleudern kann.

Ein solches Geständnis auf der Couch, im richtigen Augenblick, wirkt, als werde ein tiefsitzender Furunkel geöffnet, aus dem dann Gift und Eiter abfließen. Die Ausheilung ist eingeleitet.

Nichts hilft *mehr* gegen den Größenwahn, als eigene Analysen zu machen. Wie viele Anfänger, nur vielleicht ein wenig dreister, glaubte ich, daß ich doppelt so schnell heilen könne als andere. Davon bin ich kuriert. Gegen einen anständigen Widerstand hilft keine Magie. Und wenn man sich durch eine rasche Übertragungsheilung täuschen läßt, muß man einige Monate nachsitzen hinter der Couch. Die tägliche Geduld beim Mikroskopieren hinter *meiner* Couch war die Brücke zur Bewunderung des Analytikers, die die Sumpfblüten erst zum Aufblühen brachte. So wie ich im Familienroman die Abkunft von den realen Eltern zu verleugnen suchte, wollte ich lange Zeit die von meinem Analytiker verleugnen. Er wählte den analytischen Familienroman zu einem Deutungsverlauf seiner Übertragungsposition, die, nachdem die Zweipersonenbeziehung zur ledigen Mutter durchbrochen war und ein Stück Väterlichkeit unverkennbar wurde, mit einem sonst kaum genutzten Teil der Ödipussage arbeitete. Er war jenes Hirtenpaar, das den ausgesetzten Säugling im Gebirge fand und aufzog, in Stellvertretung unbekannter königlicher Eltern. Ein freundliches Ausschwingenlassen des Größenwahns steckte darin. Man *hat* einen Vater, wenn man Zuneigung und Bewunderung eine ausreichende Zeit auf *einen* Mann vereinigen kann. Ich war einige Jahre gekränkt, daß ich an ihm nichts zu bewundern fand, und rächte mich dafür, bis ich die Menschlichkeit entdeckte, seine Fähigkeit, geduldig zurückzutreten, bis ich ausgeträumt hatte.

Als sich der geheime Wahn zu mäßigen begann, fing ich

an, mit Männern, zu denen eine mögliche Konkurrenzsituation bestand, besser auszukommen. So konnte mir einer sagen: »Das Zusammensein mit Ihnen wird direkt erträglich.« Ich konnte mit Männern zusammensein, ohne mich dauernd messen zu müssen oder vor lauter Homosexualitätsangst hölzern oder vor Rivalitätsspannung aggressiv zu werden. Auf der Couch häuften sich Situationen, bei denen wir beide schallend lachen mußten.
Nachdem einigermaßen deutlich war, daß ich in angenabeltem Zustand nicht mehr heiraten würde und auch gegen Ende besser ertragen konnte, zu ihm eine Bindung eingegangen zu sein, die anderen möglichen Bindungen an Intensität manches entzog, entstand natürlich die Frage, was ich mit der nach dem Analysenende freiwerdenden Libido anfangen wollte. Manchmal kam es mir demütigend und für einen möglichen Partner entwertend vor, daß ich unter dem Druck der Abnabelung eine Bindung eingehen würde. Die frühen Analytiker haben ja ihren Patienten verboten, während einer Analyse zu heiraten oder sich scheiden zu lassen. Irgendwo bemerkt Freud lakonisch, daß es dann nach der Beendigung der Analysen mit den Eheschließungen immer ziemlich rasch gegangen sei. Vermutlich wird es mir auch so ergehen, er hat ja meine Bindungslust nicht in Erbpacht genommen, im Gegenteil, viele Dimensionen einer freiwillig eingegangenen Bindung habe ich überhaupt erst durch ihn kennengelernt.
In den letzten Monaten, als schon viel von Abschied die Rede war, verdichteten sich Freundschaften mit Männern und neue kamen hinzu. Ich war zu Freundschaft und Zuneigung ganz allmählich fähig geworden.
Eines Tages, als ich auf der Couch vor freiwerdender Zuneigung bebte, sagte ich: »Wenn ich nicht mehr

hierherkomme, wird bei mir bald der furor pseudopodicus ausbrechen, das heißt, ich werde wohl von heftigem Heiratsdrang befallen werden.« Er äußerte ein bedächtiges »Hm« und dann voll feiner Ironie: »Ja, ja, mein kleines Pantoffeltierchen.« Von den Pantoffeltieren ist ja jenes Bild von den Pseudopodien der Libido genommen, die das Ich ausstrecken und wieder einziehen kann. Er aber verband damit das andere Bild vom Pantoffel, unter den ich sicher bald geraten würde. Die Heiterkeit des Gelächters, die dem folgte, hatte damit zu tun, daß meine Drachenangst mit seiner Hilfe sich stark gemildert hatte und seine Prophezeiung mir nicht mehr, wie lange Zeit, als ein In-die-Falle-Locken vorkam.

Als es einmal ein wenig bunt wurde gegen Ende mit der Zahl der freundschaftlichen Begegnungen mit Männern seines Alters, sagte er: »Es scheint, es gibt wirklich ernsthafte Umverteilungsprobleme.« Und als ich Schuldgefühle bekam und ewige Treue schwören wollte, erzählte er mir die Geschichte von der Witwe von Ephesus, zu meiner Erbauung und Gewissensentlastung, aber, wie mir bei längerem Nachdenken schien, auch ein wenig zu seinem eigenen Troste: »Eine junge Witwe weint herzzerbrechend am Grabe ihres eben beerdigten Mannes. Ein Wächter, der unter dem nahen Galgen einen frisch Gehenkten bewachen soll, damit ihn seine Familie nicht abschneide und raube und er also weiter der öffentlichen Abschreckung diene, geht dem Geräusch nach, hört ihren Kummer an, tröstet sie, und sie läßt sich trösten, und beide hören nicht mehr, was um sie herum vorgeht. Als der Wächter zum Galgen zurückgeht, ist der Gehenkte entführt und der Wächter ratlos und in Angst. Die Witwe aber war über seinen Trost so erfreut, daß sie ihm die Leiche ihres Mannes schenkte, die sie nun gemeinsam aufknüpfen. Dann entfernt sich das glückliche Paar.«

Eine solche Geschichte kommt natürlich einer überaus provozierenden Deutung gleich, und sie setzt voraus, daß man einander recht gut kennt. Trotzdem wurde ich wütend über die zynische Reduktion der Gefühle, als die mir das Ganze im ersten Augenblick erschien, und ich fragte giftig: »Und wer ist wohl die Witwe?« Denn im Abschiedskummer wurde mir das Professionelle der Beziehung, auch wenn sie von beiderseitiger Sympathie getragen war, noch einmal fratzenhaft deutlich, mindestens insoweit, als der scheidende Patient sich wünscht, wie ein Kind es sich wünschen könnte, daß die Mutter sich, kaum ist es aus dem Haus, nicht sofort ein neues Kind zulegt, oder hier: den noch warmen Platz auf der Couch oder die linke oder die rechte Brust sofort neu vergibt, anstatt zu trauern. Ich wußte ja, daß es unter den wartenden Patienten und Ausbildungskandidaten schon ein Gedränge gab. Aber es ist die bittere Realität, daß die Lücke rasch geschlossen werden muß, und überhaupt war die Geschichte ja auf mich gemünzt und nicht auf ihn, und sie war ein Hinweis, daß Treulosigkeit dort, wo man ewige Treue schwören will, ein hilfreiches Gesetz des Lebens sein kann, weil es sich von Erinnerungen und Übertragungsfetzen schlecht leben läßt.

Wenn mir die Abschiedsarbeit im ganzen qualvoll erschien und ich Angst bekam vor der Vertiefung der Gefühle und dem Chaos des Wechsels zwischen Haß und Zuneigung, mußte ich eine starke Versuchung bekämpfen, eines Tages in den letzten Wochen einfach nicht mehr hinzugehen. Das ist ein bei Patienten beliebter Weg der Beendigung einer Analyse: den Analytiker verlassen, um sich die eigene Autonomie und Unabhängigkeit zu beweisen. Ich hatte Angst vor einer Phantasie, die immer wiederkam: Zum Abschied wenigstens, in der allerletzten Stunde, wollte ich ihn umarmen, doch ich fürchtete, ich würde die Kontrolle verlieren über meine Gefühle und etwas anstellen, was dann für uns beide peinlich war.

Überhaupt spielten von einem gewissen Zeitpunkt an Überlegungen über die Art der Trennung eine Rolle. Ich hatte ihm ja ein Jahr lang in der Therapie gegenübergesessen und hatte auch vor, das am Ende wieder für einige Zeit zu tun. Nur wurde, als sich vier Wochen vor den Ferien der Zeitpunkt des Aufstehens von der Couch näherte, deutlich, wie schwierig das war. Vergleichen ließ es sich am besten mit folgendem Bild: Man ist mit einer Frau sehr nahe zusammengewesen, ohne sie im Dunklen recht zu sehen, und nun soll das Licht angemacht werden, und man sieht einander und zieht sich an und räumt gemeinsam das durcheinandergeratene Bett auf und soll von Angesicht zu Angesicht darüber reden, was man zusammen getrieben hat. Der Zeitpunkt vier Wochen vor dem Ende erwies sich für mich als zu früh, dann nahm ich mir vor: vierzehn Tage, schließlich wurden es die fünf Tage der letzten Woche. Er ließ mir freie Hand.

Aber noch gilt es, die früher erwähnte Dienstagsdepression ein wenig weiter zu klären. Mit erstaunlicher Regelmäßigkeit fiel ich, kaum lag ich auf der Couch, am Dienstag um zwei Uhr nachmittags in einen Zustand tiefer Verstimmung und dachte: alles war umsonst, ich bin so krank wie eh und je. Ich habe dies mit der Mittagszeit und der Heimkehr aus der Schule in Zusammenhang gebracht, und das war sicher richtig. Bald aber wurde deutlich, daß noch etwas anderes mitspielte. Ich hatte am Dienstag früh eine Kontrollstunde bei jenem Dr. Y, dem analytischen Vater meines Analytikers, und dieser kam mir vorübergehend vor wie ein archaisch strenger, machtvoller Mann, der im Reich des Unbewußten herrschte wie Rübezahl im dunklen Wald. Er vereinigte oder, besser, ich vereinigte in ihm alle Züge nie erlebter machtvoller Väterlichkeit einschließlich eines unerschütterlichen Festhaltens am einmal für richtig Erkannten. Für einige Monate hatte ich einmal in der Woche das Gefühl, im nahen pädagogischen Umgang auf einen Mann gestoßen zu sein, an dessen wuchtiger Strenge ich mich abarbeiten konnte, mit dem ich um meinen eigenen Weg kämpfte, und an dessen Unbeugsamkeit ich auch hätte scheitern können. Er war einige Monate Laios *vor* seiner Erkrankung, eine große Figur, anscheinend mächtig genug, einem das Rückgrat zu brechen, wenn man im Ringen mit ihm erlahmte. Eine versunkene Dimension von Männlichkeit kam da hoch, etwas Entbehrtes, um das ich noch einmal heftig trauerte, denn diese archaische Väterlichkeit war zu keiner Zeit der Übertragung auf meinen Analytiker je zustande gekommen. Obwohl bereits eingewoben in die Erwachsenenrealität der analytischen Ausbildung, war es ein Ausflug ins Reich der Phantome. Die Depression war der vorübergehende Ausbruch einer tiefliegenden Mangelkrankheit aus einer Zeit, wo Väter sonst ihren Söhnen gefährliche und bewunderte Riesen sind, doch Laios war ein gebrochener Riese, und dieser ein ungebrochener, und er brachte ein Stück vernarbter, lückenhafter innerer Struktur noch einmal in Bewegung. Der begrabene Kinderwunsch nach einem mächtigen Vater hatte sich noch einmal geregt, und da mein Analytiker dies alles ganz gut verstand, gebrauchte er für die heftige Nebenübertragung den Ausdruck der »Komplettierung«: Eine Wunde, die sich an ihm nicht geschlossen hatte, verheilte ein Stück weit bei einem anderen, und die Dienstagsdepression ging allmählich über in eine Dienstagsidentifikation mit jenem Dr. Y, von dem ich so viel gelernt habe.

Dies alles führt zu der Frage, inwieweit eine über viele hundert Stunden hingezogene analytische Abhängigkeit von einem anderen Menschen das eigene Leben beeinflußt, wie es mit der Freiheit der eigenen Entwicklung steht. Eines der am häufigsten gegen die Analyse ins Feld geführten Argumente ist ja diese Abhängigkeit, zu der man »gezwungen« wird, und die dann als illegitimer Hebel der Veränderung, als Manipulation, als Auslieferung oder demütigende Infantilisierung gesehen wird. Natürlich habe ich heute das Gefühl, mehr denn je ich selbst zu sein. Aber wie soll man das glaubhaft machen, es könnte ja Täuschung sein, eine schmeichelnde Fiktion zur Verklärung einer Unterwerfung. Die eigene Wehrlosigkeit auf der Couch scheint immens, und in manchen Projektionen von Patienten kommt man sich wirklich vor wie ein über den Wolken thronender Tyrann, der sie vernichten könnte, oder wie ein mächtiges Ungeheuer, das sie lähmt, oder wie ein geduldiger, raffinierter Fallensteller, der versucht, ihre Seele in Bann zu schlagen. Ohne Übertreibung kann ich sagen, daß neben seiner Geduld keine Haltung bei meinem analytischen Ziehvater so ausgeprägt war wie die Respektierung meiner Freiheit. Genau dies freilich wird oft zum Skandal: Man will und drängt nach Führung, empört sich über die Distanz, das Ausbleiben der pädagogischen Machtergreifung. Erst wenn man seine eigenen Kräfte langsam wieder wachsen fühlt, erfaßt man dankbar, daß man nicht durch Ratschläge gelenkt wurde. Man könnte sagen, die Grundhypothese, von der eine Analyse getragen wird, ist die unentfaltete oder in ihrer Entfaltung behinderte Einzigartigkeit des Patienten, in deren Dienst der Analytiker tritt, und dies macht den utopischen Charakter der Analyse aus.

Er selbst hat ja, vor allem gegen Schluß, das Problem einer möglichen Überfremdung meiner Person immer wieder angedeutet. Als ich in den letzten Wochen mich einem stummen Überdenken der viereinhalb Jahre überließ, zitierte er zwei Zeilen aus Schuberts *Winterreise:* »Fremd bin ich eingezogen, fremd zieh' ich wieder aus.« Es war eine jener Reizdeutungen, wie ich sie nennen würde, wo in ein noch ungeordnetes, aber bewegtes Feld von Gefühlen und Übertragung ein scharfer, kantiger Satz fällt und Wellen auslöst und zur Klärung anregt. Das Problem ist, in welche oder wie viele eigenen Lebensbereiche sich die Identifikation mit dem Analytiker erstreckt. Und dies wird natürlich auch davon abhängen, wie weit *er* ein geheimes Bedürfnis, im Mittelpunkt des Lebens des Patienten zu stehen und zu bleiben, kontrollieren kann. Entfaltet sich die Übertragung nicht stark, so bleibt die mögliche Heilung flach. Kann sich der Analytiker nicht ganz zurücknehmen in seinem Wunsch, die wichtigsten Gefühle des Patienten auf sich zu vereinen, so könnte eine Bindung entstehen, die wieder ganz zu lösen entweder der Narzißmus des Analytikers oder andere unbewältigte Probleme verhindern. Meine Identifikation mit ihm war von Anfang an gebrochen. In zu vielen Bereichen war er nicht ein mögliches Vorbild. Die Spaltung der Identifikation zog sich sogar recht schmerzhaft durch die Analyse. Meine Haltung zu ihm war für lange Zeit mit Verachtung und Entwertung getränkt. Das Ausmaß seiner sozialen und politischen Zurückgezogenheit war für mich immer unverständlich. Über Politik habe ich

fast nie gesprochen, hier hätte ich entweder Überfremdung oder Konflikt gefürchtet. Man könnte sagen: Politik war das einzige Tabu zwischen uns, das von beiden Seiten respektiert wurde. Meiner Einschätzung nach war er gemäßigt oder konservativ liberal. Er hielt die Welt und die Menschen im Grunde nicht für veränderbar, außer in geduldiger analytischer Kleinarbeit. Als Soziologe war ich geneigt, seine in Nebensätzen durchscheinenden Vorstellungen vom Funktionieren der Gesellschaft als naiv und im psychologischen Sinne als reduktionistisch anzusehen. *Er* hielt mich vermutlich für einen halbwilden Stürmer und Dränger, bei dem vorsichtige kleine Zeichen von Reifung, Weisheit und Humor sichtbar wurden. Es ist denkbar, daß ich während der Analyse resignierter oder realistischer geworden bin hinsichtlich der Veränderbarkeit der Welt; aber dies kann genausogut mit meinen schmerzhaften Erfahrungen beim beratenden Umgang mit sozialen Institutionen zusammenhängen.
In der allerletzten Stunde, als er mich endgültig ins ganz eigene Dasein entließ, erzählte er mir, wie ein Vermächtnis, eine Geschichte, die seine Haltung meiner Freiheit gegenüber zusammenfaßte: »Einem Tierpfleger in einem großen Wildreservat war eines Tages ein junger, elternloser Löwe zugelaufen. Er zog ihn mit der Flasche auf, und der Löwe gewöhnte sich sehr an ihn und ließ sich von ihm füttern und neigte dazu, ganz zahm zu werden. Der Tierpfleger spürte die Versuchung, einen Löwen als Haustier zu haben, aber er dachte daran, daß Löwen zum Leben in freier Wildbahn geboren sind. Also zog er mit ihm hinaus und übte das Anschleichen und Schlagen von Tieren mit ihm so lange, bis die entstellten Instinkte wieder in ihre artspezifischen Bahnen kamen. Dann setzte er ihn, als er groß war, eines Tages aus, und nur alle

paar Monate traf er ihn auf einer seiner Wanderungen, und jener kam für eine Weile nahe heran und verschwand dann wieder im Wald.« Die Geschichte, der ich atemlos zuhörte, machte einen merkwürdig starken Eindruck auf mich: Es war die Abschiedsstunde. Aber ich entdeckte auch, fast unwillig und ein wenig beschämt über abergläubische Beimengungen, wie stark ich mit meinem eigenen Tierkreiszeichen identifiziert war. Die Löwengeschichte war für mich ein Stück Kindermythologie, ohne daß er davon gewußt hatte, und ich fühlte mich in den letzten Minuten noch einmal verstanden wie selten.
Vor der letzten Stunde, die ich liegend zubringen wollte, ließ er mich neun Minuten über die Zeit im Wartezimmer warten und sagte dann, als der Bursche *vor* mir sich endlich trollte, kein Wort der Entschuldigung. Am Tag zuvor hatte er mitgeteilt, daß die allerletzte Stunde wegen seiner Reisevorbereitungen voraussichtlich ausfallen müsse. Das hatte ich gerade noch ertragen, aber die neun Minuten waren nicht zu ertragen. Ich war mit einem feierlichen Gefühl gekommen und nahm natürlich, obwohl fast fünfjährig und also psychisch bald vorschulreif in der Regression an, ihm sei ähnlich zumute, und das, was vorgehe mit mir und ihm, sei von einer Tragweite, die Verzögerungen im Ablauf eigentlich nicht zulasse. Also lag ich dumpf und trotzig auf der Couch und grollte: Mit diesem Rohling redest du heute kein Wort. Das ging eine Viertelstunde gut, er ließ ein oder zwei lächerliche »Hms« fallen, die mich natürlich nicht aus der Kränkung herausholen konnten. Dann merkte ich allmählich, daß mir der Preis der Kränkung zu hoch zu werden begann, aber ich fand keinen Weg, die Kluft im ersten Anlauf zu überbrücken. Immerhin, die Gedanken gingen hin und her und mir fiel ein, wie oft ich vor Ferien kleine Anlässe

benutzt hatte, um mich grollend leichter von ihm zu trennen; eine Reihe von früheren Deutungen gingen mir durch den Kopf über meine Eigenart, andern Leuten, wenn sie mich gekränkt hatten, durch starke Verstimmung Schuldgefühle zu bereiten; schließlich kamen mir die Abschiedsmanöver in den Sinn, die ich gerade bei den eigenen Patienten erlebte, und plötzlich mußte ich lachen und sagte: »Gestern habe ich einer Patientin, als sie in der vorletzten Stunde vor den Ferien anfing zu quengeln und mich der Hartherzigkeit anzuklagen, gesagt: ›Ja, von einem Schurken trennt sich's eben leichter.‹« Da mußte er lachen, und in diesem meinem allmählichen Auftauchen aus einer Kränkung, das ich durch Einfälle, Distanzierung, Vergleich, Selbstironie und anderes zustande brachte, lag für ihn eine große Befriedigung. Er sagte: »Ich konnte grade so in Ruhe zusehen, wie Sie *allein* aus einer tiefen Grube herausgeklettert sind, und ich war eigentlich voller Zufriedenheit und Freude.« Solche Augenblicke machten die dem eigenen Innern immer wieder unsicher werdende Bilanz der Analyse sicherer, und das Erreichte ließ sich klarer unterscheiden von dem, was der Weiterarbeit ohne ihn überlassen blieb.

Die letzten Stunden im Sitzen waren der gemeinsamen Bilanz gewidmet. Das ist natürlich leichter gesagt, als es war. Ich hatte ihm nicht ganz deutlich gemacht, daß ich die letzten fünf Stunden sitzen wollte, und als ich, halb trotzig, halb verlegen, auf einem der beiden Sessel Platz nahm, die der Couch gegenüber standen, mußte er sich erst wieder aus der Tiefe seines ledernen Hintercouchpfühls hocharbeiten und sich zu mir gesellen. Nun fingen die Probleme mit dem Anschauen an. Im Grunde bin ich ganz geübt im verstohlenen Anschauen von

Menschen, und er ist es sicher auch, und keiner wollte dem anderen durch direktes Gaffen zu nahe treten, deshalb war es zuerst ein rechtes Hin und Her zwischen Gucken und wieder Weggucken und Lächeln, bis ich den ersten zusammenhängenden Gedanken packen und ausdrücken konnte. Als ich aber anfing zu sprechen, war plötzlich fester Boden zwischen uns, und es wurden fünf Stunden eines ernsten Gesprächs zwischen Männern, die eine lange Arbeit gemeinsam hinter sich gebracht haben.

Ich befragte ihn über technische Probleme meiner Analyse, über die er bereitwillig sprach. Auf die Frage, ob es nicht phasenweise ziemlich unerträglich mit mir gewesen sei und wie er es ertragen habe, sagte er: »Doch, im Anfang, das fürchterliche Gekränktsein bei geringem Anlaß, das war manchmal schon schlimm, es waren ja lauter offene Wundflächen. Ich bekam so oft Schuldgefühle, und das hat man nicht gern. Manchmal mußte ich mich halt einfach ducken, damit die Geschosse über mich hinweggingen.« Dann meditierte er ein wenig über den Unterschied zwischen Zorn und blinder Wut, sagte, Zorn sei ichnäher, auch näher einer möglichen realen Begründung, quasi schon gefilterte Wut, wirklichkeitsnäher und einer Bearbeitung zugänglich; Wut dagegen fast ungerichtet und außerhalb eines sichtbaren Verhältnisses von Ursache und emotionaler Katastrophe. Als er erkannt habe, daß meine Haßanfälle Übergangsformen zum Zorn waren, sei er beruhigt gewesen und habe sie auch überstanden, trotz ihres ätzenden Charakters wegen meiner oft ins Perfide gewendeten Sprachspiele. Dabei sei ihm mein Satz aus dem allerersten Gespräch in hilfreicher Erinnerung geblieben, daß man richtig zornig erst sein könne bei einem sicheren Angenommensein. Er sagte auch, er habe eine ganze Weile gebraucht,

bis er erkannt und akzeptiert hatte, wieviel Eigenwilligkeit und Autonomie ich beanspruchte beim Durcharbeiten der Konflikte; daß es ihm fast immer möglich gewesen sei, mir die Führung zu überlassen. Ich hätte ihm ja gelegentlich auch gehörig auf die Finger geklopft, wenn er steuernd eingreifen oder die Zügel fester ziehen wollte. Schließlich sei er völlig vom Prinzip der Freiwilligkeit in der Konfliktbearbeitung ausgegangen. Auch sei er zum ersten Mal weitgehend einem Prinzip gefolgt, bei längeren Schweigepausen von mir sich ganz seinen eigenen Phantasien zu überlassen und deren Verlauf als kennzeichnend für die Vorgänge zwischen uns anzunehmen. In der Tat überraschte er mich oft nach einer solchen Pause oder sogar, nachdem ich längere Zeit geredet hatte, mit dem Satz: »Ich will Ihnen einmal sagen, wohin *meine* Gedanken während dieser Zeit gelaufen sind«, und es ergaben sich nicht nur die erstaunlichsten Parallelen, sondern er kam, ich könnte sagen durch eine Art unterirdischer Koppelung mit meinen inneren Vorgängen, zu sehr zutreffenden Deutungen. Dies ging im Anfang nicht ohne Kränkungen, weil ich oft das Gefühl hatte, er habe nicht aufgepaßt, oder er konfrontiere mich mit *seinem* Gefühlskram, statt mir konzentriert zuzuhören. War der unterirdische Kontakt nicht da, und das kam ja auch vor, so merkte entweder er oder ich es. Ich beschwerte mich dann oder klagte: »Sie sind ja wieder mal meilenweit weg von mir«; oder er griff zum »Hm«-Köder, um mich hervorzulocken, oder er fragte: »Schweigt sich's schön?« oder: »Irgend etwas hindert Sie, sich mitzuteilen.«
Er habe auch, und zwar mit ermutigenden Resultaten, experimentiert mit der Technik, meine Gedankengänge manchmal einfach zu unterbrechen mit der Mitteilung von Beobachtungen aus dem averbalen Bereich, z. B. über

den Stimmklang, meinen Gesichtsausdruck beim Hereinkommen, die Haltung auf der Couch oder bestimmte Bewegungen. Oder er nahm allererste Bemerkungen, die ich noch für quasi zufällig hielt, plötzlich wieder auf, um eine überraschende Verknüpfung herzustellen. Diese Technik setzt im Grunde schon eine verläßliche Beziehung und eine gewisse Frustrationstoleranz beim Patienten voraus. Anfangs geriet ich häufig in Wut und konnte ihn anmaulen: »Sie sollen zuhören, was ich sage, und nicht meine Stimme oder die Art des Händedrucks kommentieren.« Zuerst ist es wie ein Ertapptwerden bei Dingen, die man nicht mitteilen wollte, oder von denen man nicht wußte, daß man sie averbal mitteilte. Allmählich faszinierte mich aber der Reichtum der unbewußten Äußerungsformen. Im Grunde hatte ich gleich zu Beginn selbst das drastischste Angebot mit dem offenen Hosenknopf gemacht. Er brauchte eigentlich nur noch zuzugreifen und hielt den Nervus rerum schon in der Hand.
Schließlich erzählte er ein wenig von seiner Familie, seiner Beziehung zur Musik, seinem eigenen Verhältnis zu Vater und Mutter, wobei sich einige merkwürdige Parallelen zu mir ergaben. Er gewann ganz langsam Gestalt als ein konkreter Mensch, dessen von mir erfühlte Eigenschaften eine realere Farbe annahmen.
Ein nicht einfach zu klärender Punkt war die Frage unserer zukünftigen Beziehungen. Obwohl ich es mir nicht eingestehen wollte, war die Phantasie in den letzten Monaten längst überaus beschäftigt mit der Erfindung und Konstellierung von Begegnungsmöglichkeiten. Das reichte von der fast noch unschuldigen Frage nach Kontrollstunden bei ihm bis zu raffinierter gelagerten Kooperationsangeboten. Gut getarnt hinter sachlich einleuchtenden Argumenten hatte ich ihn in allerlei Wunschplänen eingefangen.

Es stellte sich heraus, daß ich in hellsichtiger Aufmerksamkeit die Beziehung zwischen anderen Analytikern und den von ihnen entlassenen Kandidaten verfolgt hatte; daß ich Phantasien über gemeinsame Spaziergänge und Musikabende hegte. Es war deutlich, daß er dies, etwa um einer rigiden psychoanalytischen Moral willen, gar nicht von sich wies, aber daß ihm daran gelegen war, nicht einfach eine unabgelöste Übertragung sich in eine reale Beziehung verwandeln zu lassen. Außerdem vertrat er mit Bestimmtheit die Überzeugung, daß eine derart lange Analyse eine Beziehung schaffte, die ähnlichen Eigengesetzlichkeiten unterworfen sei wie die zwischen Eltern und Kindern, wo es auch Tabuzonen der Achtung und der Distanz gebe, durchaus wechselseitig, die man respektieren müsse. Hier liegt die Zukunft wohl offen. Aber warum sollte ich leugnen, daß ich ihn mit diesem Buch auch ein wenig umgarnen will, um ihn in die haltbaren Bande der Freundschaft zu locken?

Ende des Berichts

Reflexionen über eine Psychoanalyse

Soweit ich es zum gegenwärtigen Zeitpunkt übersehen kann, und es ist sicher unmöglich, so kurz nach der Beendigung einer Analyse alles abschließend zu beurteilen, will ich ein wenig darüber nachdenken, was diese siebenhundert Stunden gemeinsamer Arbeit an einem einzigen beschädigten Seelenleben, dem meinigen, bedeutet haben, außer der teilweise erfolgreichen Behandlung einer jahrelang drückenden neurotischen Depression und einer narzißtischen Störung.

Ich habe bereits gesagt, daß *er*, nach den Eltern, der erste wirklich unentbehrliche Mensch in meinem Leben war. Natürlich hatte ich häufig Angst, ihn zu verlieren. Ich fürchtete oft während der Analyse, daß er eines Tages plötzlich nichts mehr mit mir zu tun haben wolle und mich wegschicken werde. Die Ängste konnten sich so darstellen, daß ich mir Sorgen machte, ich könnte die Analyse eines Tages nicht mehr bezahlen, und dann wäre es halt aus.

Es gibt in jeder Analyse Phasen, in denen der Zusammenhang von Zuneigung und Geld zu einem Skandal wird. Man wettert gegen die gekaufte Beziehung, fühlt sich entwertet und entwertet das Angebot des Analytikers. Man träumt von Liebesbeweisen, die so aussehen, daß man ins Elend gerät, aber der Analytiker behandelt einen kostenlos weiter, und man fühlt sich ausgezeichnet und ganz und gar um seiner selbst willen geliebt. Es ist also klar, daß die Honorarfrage eine große reale und eine ebenso große, in der Übertragung aufgeblähte Seite hat.

Vielleicht kann ich mit dem Realen beginnen. Die hier

beschriebene Analyse hat rund dreißigtausend Mark gekostet, siebenhundert Stunden zu durchschnittlich vierzig Mark, einschließlich allerhand Nebenkosten wie z. B. für die Reise während des ersten Jahres und einige Strafmandate wegen falschen Parkens in der Nähe seiner Praxis. Das meiste davon habe ich selbst aufgebracht, anfangs durch journalistische Arbeit, später durch eigene Behandlungen und durch das Assistentengehalt. Etwas mehr als ein Jahr hatte ich ein staatliches Stipendium, das für diesen Zeitraum die Hälfte der Analysekosten deckte.

Obwohl es möglich gewesen wäre, da ich am Anfang ja als Patient kam, von der Krankenkasse einen Teil ersetzt zu bekommen, hatte ich das abgelehnt, zum Teil deshalb, weil ich, lange vor der Zulassung zur Ausbildung, Analytiker werden wollte und daher die Analyse immer als ein Stück Ausbildung ansah, zum Teil aber auch aus dem Gefühl, daß ich es selbst tragen solle und könne. Vielleicht hing es mit meinen starken Autonomiebedürfnissen zusammen. Sicher hatte ich auch den Eindruck, daß die Depression so sehr zu mir gehörte und in meine Identität längst eingewoben war, daß sie mir nicht wie eine Krankheit vorkam, die mich eines Tages überfallen hatte und wegen der ich mich an die Krankenkasse hätte wenden können. Sie war Lebensgepäck, und ich habe meiner Neurose gegenüber, natürlich erst im Verlauf der Analyse, auch immer mehr den Eindruck bekommen, aus dem Fluch werde allmählich ein Segen, die Neurose sei ein Pfund, mit dem sich wuchern läßt, ihre Erhellung und Heilung sei Ausgangspunkt für therapeutische und wissenschaftliche Kreativität. Allerdings läßt sich nicht übersehen, daß das Bild von dem Pfund, mit dem sich wuchern läßt, auf eine fast obszöne Weise doppeldeutig ist.

Wenn man das Individuelle und Private beiseite läßt und über den Vorgang der Analyse und seine ökonomischen und menschlichen Bedingungen allgemein nachdenkt, kommen einige ganz andere Gesichtspunkte zum Vorschein, z.B. die Frage ihrer Zugänglichkeit für viele Menschen, die psychisch leiden und mit dieser Behandlungsform etwas anfangen könnten. Die Wartelisten werden immer länger; Therapeuten gibt es in manchen Regionen überhaupt nicht, und die neuen, großzügigen Krankenkassenregelungen sind noch keine zwei Jahre alt. Gegen Ende der Analyse haben sich während der Stunden die Anrufe gehäuft, auf die der Analytiker stereotyp antwortete: »Tut mir leid, ich bin auf Jahre besetzt.« Angesichts dieser Situation stellt sich auf der Couch fast zwangsläufig das Gefühl ein, man erlebe etwas, das überhaupt nur zu Ausnahmebedingungen zugänglich ist, das unter Ausnahmebedingungen abläuft und das ein Maß an menschlicher Zuwendung und Einfühlung beinhaltet, wie es, außer Kindern in innerlich und äußerlich beschützten Familien, Partnern in glücklichen Liebesbeziehungen oder Menschen in tragfesten Freundschaften, niemandem zuteil wird. Man steht für einige Jahre, freilich nur für eng umgrenzte Stunden, an deren Rahmen man immer wieder gewaltsam oder schmeichelnd und klagend rütteln möchte, im Mittelpunkt einer ungeteilten Aufmerksamkeit, und Kümmernisse und Verstimmungen, auf die die Umwelt nicht mehr reagiert oder die ihr auf die Nerven gehen, oder die man verzweifelt geheimhält, finden eine lindernde und eine die mögliche Heilung vorbereitende Beachtung. Da man einem *anderen* so viel wert ist, nimmt der eigene Wert zu, den man für sich selbst verloren hatte. Stillgelegte Entfaltungs- und Erlebnismöglichkeiten kommen wieder in Gang. Am ehesten könnte man

eine Analyse als einen kontinuierlichen Differenzierungsprozeß bezeichnen, der die Wahrnehmung für einen selbst und andere steigert.
Ich glaube nicht, daß man darüber ein besserer Mensch wird, aber es sieht so aus, als sei man auf das Schlechte in sich nicht mehr so stark angewiesen, um sich »psychisch über Wasser zu halten«. Die Zunahme des Wohlergehens und des möglichen Genusses am Dasein, der Leistung wie des möglichen Abscheus vor vielen Seiten der Wirklichkeit erlauben mehr Toleranz und Großmut. Die heimlichen Beschädigungen des Mitmenschen, kompensatorische Aggressivität, Mißgunst, Neid, Rivalität, Schadenfreude scheinen sich zu ermäßigen. Vielleicht läßt sich besser unterscheiden, wofür und wogegen man seine Kräfte einsetzen soll. Es gibt jedoch keine Garantie gegen den Egoismus: Wie einer seine Analyse innerlich verwendet, dazu kann der Analytiker nur wenig tun. Wenn jemand sie ausschließlich in den Dienst des Erfolgs stellen will, kann man ihn sicher nicht daran hindern; allerdings, er müßte Scheuklappen haben für vieles, was in ihm und seinen Mitmenschen vorgeht.
Es ist klar, daß die Psychoanalyse einzelner Personen nicht im geringsten die Gesellschaft und deren Institutionen verändert. Sicher, sie mag ausstrahlen auf diejenigen, mit denen der Analysierte zu tun hat, und in den Überlegungen der Analytiker, wen sie analysieren wollen, spielen Gedanken eine Rolle, ob man, wie es schon häufig geschieht, nicht solchen Personen den Vorzug geben soll, die in Berufen arbeiten, in denen sie mit vielen Menschen pädagogisch, beratend, seelsorgerisch, therapeutisch usw. zu tun haben. Man wird der Kompliziertheit der Frage sofort ansichtig, wenn man fragt: Hindert eine Analyse einen Menschen daran, andere auszubeuten? Sie hindert

ihn vielleicht daran, es in einer über den durchschnittlichen gesellschaftlichen Ausbeutungsgrad hinausgehenden, rüden und zusätzliches Leid zufügenden Art zu tun; aber eine Analyse würde vermutlich einen Unternehmer nicht hindern, aus seinen Arbeitern und Angestellten das Ortsübliche an Arbeit gegen das Ortsübliche an Entgelt herauszupressen, um die ortsüblichen oder auch darüber liegende Gewinne zu machen. Die Moral der Psychoanalyse scheint die Mechanismen des gesellschaftlichen Lebens nicht zu berühren. Von dem Ziel der Veränderung der Gesamtbedingungen menschlichen Zusammenlebens her ist sie nicht zu rechtfertigen. Ihr utopischer Gehalt – *so* geht ein Mensch mit einem anderen, seelisch erkrankten Menschen unter bestimmten, nicht leicht zu realisierenden Bedingungen um – ist von der gegenwärtigen gesellschaftlichen Praxis, wie sie das Leben der meisten ihr Unterworfenen bestimmt, meilenweit entfernt. Sie ist zwar nicht mehr nur da für die »happy few«, einzig die Wohlhabenden, ihre Selektionskriterien sind komplizierter geworden, wenngleich das ökonomische Moment sie noch gründlich durchtränkt. Die westdeutsche Kassenregelung hat hier, mindestens vordergründig, eine breiter gestreute »Gerechtigkeit« gebracht, obwohl es sich natürlich wieder nur um eine Umverteilung innerhalb der Schicht der Kassenpatienten handelt, deren Begünstigungslinien sich heute noch nicht klar bestimmen lassen.

Ich möchte, um Allgemeineres zu erhellen, noch einmal beim Subjektiven ansetzen: Die Wochen oder Monate, die ich mehrmals in meinem Leben nach einem Therapeuten gesucht habe, waren qualvoll und demütigend. Die Angebotsseite, also die Analyse als Institution oder der einzelne Analytiker, wird in einer solchen Situation

leicht ins Magische überhöht, Fügsamkeit und Unterwerfungsbereitschaft werden dabei nicht gerade kleiner. Die Marktposition des Analytikers *muß* abfärben auf seinen Umgang mit der potentiellen Gesamtklientel, aus der er den kleinen Zirkel seiner Patienten auswählt. Wenn man Studenten analysiert, die in einem analysefreundlichen Milieu leben, wo man seelische Probleme im Licht der Möglichkeit sieht, bei der Psychoanalyse Hilfe zu finden, kann man oft erleben, daß der Patient, der endlich in Analyse ist, beneidet wird, und es kann zu einem analytischen Problem werden, wie Therapeut und Patient mit dem Gefühl der Auserwähltheit umgehen, das bei den vielen narzißtischen Störungen gegenwärtig von vielen Patienten geradezu gesucht wird. Es bleibt andererseits eine Tatsache, daß im Durchschnitt von einem psychoanalytischen Institut von hundert Ambulanzpatienten, die rat- und hilfesuchend kommen, etwa fünf, höchstens zehn für eine Psychoanalyse vorgeschlagen werden. Die Kriterien der Auswahl sind ein komplexes Geflecht von realen Indikationsmomenten – Leidensdruck, Motivation, sprachliche und psychische Differenziertheit –, aber auch ökonomischen Momenten, trotz der Kassenregelung. Eine Psychoanalyse funktioniert, im Durchschnitt, nicht, wenn nicht gewisse Grundvoraussetzungen verbaler Kommunikationsmöglichkeiten zwischen Therapeut und Patient erfüllt sind. Eine zu große kulturelle oder auch nur schichtkulturelle Verschiedenheit von Analytiker und Patient frustriert den Analytiker zu sehr, ein Teil seines inneren Instrumentariums läuft leer.
Einer der Rechtfertigungsversuche für die Konzentrierung auf die Einzelanalyse mit wenigen Patienten ist die These, es handle sich um einen Vorgang, in dem ein utopisches Moment: wie ein Mensch mit einem anderen

hilfreich, unentfremdet und ohne Ausübung von Herrschaft und allzuviel Ausbeutung umgeht, exemplarisch zum Ausdruck komme und quasi stilles Zeugnis ablege wider die durchschnittliche Inhumanität des normalen Umgangs vieler Menschen miteinander im Alltag. Es ist ein Argument aus der Position der Ohnmacht, das den winzigen Inseln der Humanität einen exemplarisch-demonstrativen Gehalt zuspricht. Es ist das Argument, das auch häufig zur Rechtfertigung von Kunst auf der Ebene von Streichquartett und Miniaturmalerei gebraucht wird: gültig, wie ich meine, aber nicht zureichend, geht man wirklich davon aus, daß Psychoanalyse eine Wissenschaft und Behandlungskunst im Bereich menschlicher Charakterentwicklung und menschlichen Zusammenlebens ist.

Einen ernsthafteren Rechtfertigungsversuch hat Heinz Kohut zum fünfzigjährigen Bestehen des Berliner Psychoanalytischen Instituts unternommen unter dem Titel *Ist das Studium des menschlichen Innenlebens heute noch relevant?* (*Psyche*, 1971). Sein Hauptargument lautet: Einzelanalyse heißt Forschung, und die unerforschten Bereiche im Seelenleben sind noch immer größer als die erforschten. Das ist ohne Zweifel richtig, und Kohuts wissenschaftliche Ernte aus seinem ausschließlichen Beharren auf der einzelanalytischen Beobachtung bestätigt sein Argument. Doch die Zahl der Analytiker, die Forschung treiben, ist gering, und noch geringer ist die Zahl derer, die eine Neigung zeigen oder in der Lage sind, Erkenntnisse aus dem Innern des Individuums fruchtbar umzudenken für eine mögliche Gestaltung seines äußeren Lebens oder der Bedingungen, unter denen es aufgewachsen ist und seine Neurose, Psychose oder Verwahrlosung erworben hat.

Horst Eberhard Richter hat einige dieser Probleme in seinen Büchern *Die Gruppe* und *Lernziel Solidarität* weit ausführlicher diskutiert, als es hier möglich ist.
Die Rechtfertigung des psychoanalytischen Forschers in der Situation der Einzelanalyse für sein soziales Handeln kann nicht die Globalrechtfertigung für alle übrigen sein, auch wenn sie, wie Kohut es ausdrückt, mit ihrem Tun »zu einer tiefgreifenden Besserung eines einzelnen Menschenschicksals beitragen«. Diese Aufgabe hat zwar ohne jeden Zweifel ihren Sinn in sich, aber nicht ohne Nachdenken darüber, warum sich die Einzelschicksale über das möglicherweise Naturgegebene hinaus psychisch derart destruieren. Und wie lange noch soll die Psychoanalyse im stillen Kämmerlein Zeugnis ablegen für ein nicht untergegangenes Menschliches, zu dem ein paar hundert Patienten unter Spezialbedingungen Zutritt erhalten, gegen die entsprechende individuelle oder soziale Entrichtung des entsprechenden Eintrittsgeldes?
Die Frage führt in ein kompliziertes Dilemma: In der Tat ist weder psychoanalytische Ausbildung noch Forschung, noch in vielen Fällen Hilfe für psychisch schwer Leidende möglich ohne das Arrangement der Einzelanalyse. Dieser Analysebericht macht vielleicht auch deutlich, daß, wollte man nicht Heilung und Differenzierung künstlich unterbrechen und durch willkürliche Icheinschränkung eingrenzen, keine der siebenhundert Stunden überflüssig war: Voraussetzung ist, daß der Patient selbst sein Heilungs- und Reifungstempo bestimmen darf. Schon der Kassenpatient steht hier oft unter einem gewissen Druck der begrenzten Stundenzahl.
Auf der anderen Seite ist klar, daß die gegenwärtig praktizierte Form der psychoanalytischen Ausbildung mit ihrer sehr stark klinisch-handwerklichen Orientierung wenig

zur Forschung anregt und also eine der Grundbedingungen des Kohutschen Arguments gar nicht erfüllt. In noch viel stärkerem Maße vernachlässigt die psychoanalytische Ausbildung die Entwicklung und die Differenzierung eines gesellschaftlichen Engagements, das den Anreiz böte, soziale Anwendungsformen der Psychoanalyse zu erforschen und zu erproben. Der Ausbildungskanon ist fast ausschließlich zugeschnitten auf die sachgerechte Behandlung quasi standardisierter Neuroseformen. Es wird zwar gesagt, daß diese Ausbildung als Grundlage späterer selbständiger Forschungs- und Anwendungsarbeit angesehen werde, die Praxis indes zeigt, daß das einmal erlernte Handwerk des Anasysierens von Einzelpatienten fast unbeirrbar fortgeführt wird. Um es ganz grob zu sagen: Die gegenwärtig in der Bundesrepublik, stärker noch die vielerorts in den USA praktizierten Ausbildungsformen behindern geradezu die Entwicklung eines sozialen Gewissens der institutionalisierten Psychoanalyse, soweit es sich nicht auf die Verantwortung für die schließlich in Behandlung genommenen Patienten bezieht. In polemischer und gelegentlich verzerrter Form hat dies unlängst auch Horst Eberhard Richter in seinem Buch *Die Gruppe* betont. Zwischen dem von einzelnen hochgehaltenen Anspruch, daß die Psychoanalyse neben ihrer klinischen Bedeutung eine kritische Wissenschaft von den Entwicklungsbedingungen des Menschen sei, und der Realität der psychoanalytischen Praxis klafft ein Riß. Das gesellschaftliche Moment in der Entstehung individuellen psychischen Elends wird vernachlässigt, Psychoanalyse erscheint immer nur als die nachträgliche individuelle Korrektur der mißglückten Entfaltung eines einzelnen.

Ein schweres Mißverständnis ist dabei durch die von

Anna Freud und anderen gezogene kritische Bilanz nach dem Scheitern einer psychoanalytischen Reformpädagogik der zwanziger und dreißiger Jahre ins Spiel gekommen. Es wurde zu Recht auf das Illusionäre der Hoffnung verwiesen, Menschen mit psychoanalytisch eingefärbter Pädagogik neurosefrei großzuziehen: Die Neurose wurde, mit vollem Recht, angesichts des Ursprungs des menschlichen Charakters in der Bewältigung unausweichlicher Kindheitskonflikte, als ubiquitär angesehen. Aber schließlich läßt sich unterscheiden zwischen der unumgänglichen Konflikthaftigkeit menschlicher Charakterentwicklung und dem Ausmaß an zusätzlicher und nicht notwendiger Deformierung von Menschen unter Familienbedingungen, deren Repressivität vielfach direkt oder, über einige Generationsfolgen mittelbar, auf soziale Zustände partiell zurückzuführen ist.
Dem Zwang zur Reflexion ihres Handelns sind viele erfahrene Analytiker seit Jahren und vielleicht noch für Jahre zum Teil dadurch enthoben, daß sie mit Ausbildungsaufgaben vollauf in Anspruch genommen sind, denen sie oft aufopfernd und mit bewundernswertem Engagement nachkommen. Aber es hat gegenwärtig nicht den Anschein, als befähige die qualifizierte Ausbildung an Instituten den Nachwuchs dazu, über sein eigenes Handeln zu reflektieren oder gar aus der Psychoanalyse ein Instrument zu machen, mit dem massenhaftes psychisches Elend durchschaubar gemacht und vielleicht Abhilfe geschaffen werden könnte.
Hinderlich bei der Ausweitung des Reflexions- und Ausbildungsprogrammes ist auch die Angst vor den Richtlinien der Internationalen Psychoanalytischen Vereinigung, deren Mitglied die Deutsche Psychoanalytische Vereinigung ist. Wer möchte bezweifeln, daß die Aus-

bildungsrichtlinien, was die Garantie des sicheren Verstehens und Handhabens unbewußter Prozesse in einzelnen angeht, einer wachsamen Kontrolle bedarf, schon allein angesichts der zahllosen Varianten von Therapie, die auf das Verstehen zugunsten rascher Wandlung von unbekannter Gründlichkeit verzichten? Es besteht aber real die Gefahr, hierzulande die internationale Sklerotisierung der Psychoanalyse mitzumachen, wie sie sich auf den großen Kongressen in geradezu beängstigender Weise zeigt. Dabei soll noch einmal deutlich gemacht werden, daß das Verstehen des Individuums unter den einzigartigen Bedingungen der Einzelanalyse unabdingbar Grundlage psychoanalytischer Erkenntnis sein muß. Doch sie müßte nicht zelebriert werden, als sei sie alleinseligmachend, und vor allem: sie sollte nicht zum sozialen Rückzugsfeld werden für den analytischen Nachwuchs, nur weil er nicht gelernt hat, die gesellschaftliche Wirklichkeit von psychischem Elend anders wahrzunehmen als durch die Brechung in der verbal zu handhabenden Übertragungsbeziehung, zu der die meisten Menschen, die seelisch leiden, gar nicht in der Lage sind.

Eine Psychoanalyse ist der Versuch, psychische Behinderungen nicht an den Symptomen zu beheben, sondern auf dem Weg, die gesamte Charakterstruktur zu differenzieren und den eingeklemmten Trieben, Ängsten, Hemmungen neue Entwicklungsmöglichkeiten zu verschaffen innerhalb eines neuen, an der Stärkung der Ichkräfte orientierten inneren Gleichgewichts. Die Behinderungen überhaupt zu verstehen, bedarf es einer breiten weiteren Forschung. Das in der Erhellung von psychischen Störungen bisher Erreichte ist freilich ansehnlich genug, um einen Teil des Forschungsstroms endlich auch auf die soziale Anwendung außerhalb der psychoanalytischen *Einzelfallhilfe*, die in der Sozialarbeit in eine heilsame Krise geraten ist, zu leiten. Es kommt sonst zu dem von anderen medizinischen Gebieten längst bekannten Phänomen einer immer größeren Distanz zwischen den möglichen Spitzenleistungen therapeutischer Versorgung für wenige und den geringen Versorgungschancen für sehr viele Notleidende, eine Distanz, in der sich längst ein Stück Inhumanität eingenistet hat. Es wird zu wenig reflektiert, wie mit Menschen in Kinder- und Fürsorgeheimen, in psychiatrischen Krankenhäusern, Behindertenanstalten, Gefängnissen, aber auch Kindergärten und Schulen umgegangen wird, weil das analytische Instrument der Erforschung unbewußter Vorgänge, die dort ja keine geringere Rolle spielen, kaum angewandt wird auf diese Bereiche; weil die dort Tätigen wenig Zugang finden zu einem für sie hilfreichen psychoanalytischen Verstehen ihrer Klientel. Humanität am wohlabgeschirmten Einzelfall zu dokumentieren, ohne sich das eigene Instrumentarium anzusehen auf die Möglichkeit hin, Humanität in den typischen Institutionen zu verwirklichen, in denen Menschen entweder verwahrt oder aufs beschädigte Leben vorbereitet werden, kann selbst inhuman werden. Man kann nicht voller Stolz immer wieder betonen: Wir haben mit der Psychoanalyse ein wunderbares Instrument aus der Hand des großen Freud erhalten, aber wir wollen es, um der Reinheit der Anwendung willen, gegenwärtig und für einige weitere Jahrzehnte, unserer vorsichtigen Anwendung auf Einzelpatienten vorbehalten. Zehntausende von Menschen in sozialen Berufen arbeiten, weil sie zu psychoanalytischen Erkenntnissen keinen Zugang haben, gegen ihren Willen oft weiter an den Deformationen ihrer Klientel, während sich einige Hundert Analytiker bemühen, sorgsam ausgewählte Patienten aus ihrer Deformation herauszuführen. Was Menschen anderen Menschen in vielen Institutionen antun, weil sie es nicht besser wissen oder können, oder weil die Gesellschaft sie dazu zwingt, bleibt unaufgehellt, solange die Reflexion von der Erforschung und Heilung des beschädigten einzelnen auf die allgemeinen Mechanismen der Beschädigung nicht stattfindet.

Alle diese Überlegungen gehen aus von der ganz individuellen Frage: Was fange *ich* an mit dem Ergebnis der Analyse, deren Verlauf ich in diesem Buch zu skizzieren versuchte? Es sind quasi moralische Überlegungen, die sich jedem stellen könnten, der durch Zufall, Neigung und Ausdauer ein differenziertes Instrument für den Umgang mit Menschen in die Hand bekommen hat. Ich sagte bereits, daß die Reflexion über den sozialen Gebrauch dieses Instruments nicht zum Ritual seiner Tradierung, der psychoanalytischen Ausbildung, gehört.

Die neuen Honorierungsordnungen könnten leicht eine korrumpierende Wirkung entfalten. Innerhalb weniger Jahre ist Psychoanalyse ein therapeutisches Handwerk geworden, in dem man sich ohne Überanstrengung der Zehntausendmark-Linie monatlichen Einkommens nähert. Psychoanalytiker zu sein, ist ein honoriger und gefragter Beruf, die Gratifikationen im Umgang mit Patienten sind manchmal groß. Das Instrumentarium des Verstehens von Vorgängen in Menschen vermag sogar leicht eine gewisse überlegene Haltung gegenüber dem gesellschaftlichen »Tun und Treiben« der Menschen vermitteln, dem man als insgeheim Wissender aus sicherer Distanz zuschaut. Die Etablierung der Psychoanalyse als garantiert hochdotierter therapeutischer Beruf hat inzwischen schon Auswirkungen auf die Rekrutierung des Nach-

wuchses, so wie sie diese in den USA ohne Zweifel gehabt hat: die handwerklich-pragmatische Orientierung überwiegt. Es gibt sogar Anzeichen dafür, daß die Krankenkassenregelung, nach der nur Ärzte und Psychologen über die Kasse abrechnen können, die (negative) Haltung der Zunft gegenüber jenen in der Frage der Zulassung zur psychoanalytischen Ausbildung bestimmen, die der Psychoanalyse Anwendungsfelder in *ihren* sozialen Berufsbereichen erschließen wollen: Sozialpädagogen, Lehrer, Strafjuristen und andere.
Freuds Hoffnung, daß die psychoanalytischen Erkenntnisse auch denen als therapeutische Hilfe zuteil werden, die den bildungsbürgerlichen Bedingungen einer großen Psychoanalyse nicht entsprechen, hat sich bisher nicht erfüllt, auch kaum auf dem indirekten Weg der Supervision derer, die mit dieser Klientel arbeiten. Ein noch schmaler Weg scheint sich in den allmählich offiziell akzeptierten Balint-Gruppen zu öffnen, in denen kleine Gruppen von Ärzten, Lehrern, Theologen usw. im analytischen Verstehen des Verhaltens- und Übertragungsangebotes ihrer Klientel geschult werden. Aber in meiner ganzen Ausbildung bin ich nicht ein einziges Mal auf die Frage gestoßen: Wie hätten die familiäre Umwelt und die helfenden sozialen Eingriffe aussehen müssen, die die Herausbildung einer schweren Neurose hätten mildern oder verhindern können? Die rekonstruktive, wiedergutmachende, archäologisch forschende und archäologisch konstruierende Einstellung der Psychoanalyse kann doch nicht die einzige Leistung sein, die sie gegenwärtig und vor allem in Zukunft erbringen kann. Die Psychoanalyse weiß inzwischen genug über die fundamentalen Gefährdungen einer erträglichen und nicht durch zuviel Konflikt und Defekt lädierten Persönlichkeitsentwicklung,

als daß sie sich nicht Gedanken machen müßte über die komplizierten Voraussetzungen *relativer* seelischer Gesundheit in der Gesellschaft, das heißt, über Lebensbedingungen, die die naturgegebenen Konflikte der Sozialisation nicht ins Destruktive potenzieren. Dies freilich erfordert Gesellschaftskritik; und Gesellschaftskritik setzt Kenntnisse über das Funktionieren der Gesellschaft und ihrer Institutionen voraus; doch diese ergeben sich weder im Studium von Medizin und Psychologie, noch werden sie in der gegenwärtigen psychoanalytischen Ausbildung vermittelt. Das führt zu einer fast subkulturellen Asozialität der Psychoanalyse, die sich heute weder mit der Pioniersituation noch mit dem Stande der Forschung noch mit dem Argument des Festhaltens am exemplarisch Menschlichen in einer abgeschirmten Zweierbeziehung rechtfertigen läßt.

Die große Analyse wird der Königsweg der Forschung und Behandlung bleiben. Aber allmählich häuft sich der angesammelte Wissensstoff und beginnt, in den Wiederholungen der psychoanalytischen Zeitschriften und Handbücher wie in den Rekapitulierungszeremonien der Kongresse langsam zu faulen. Frischer Wind weht nur noch dort, wo einige wenige Pioniere neue technische Varianten entdecken und damit den Kreis der möglichen Patienten innerhalb des bisherigen sozialen Einzugsgebietes erweitern und damit auch neue Dimensionen der Erkenntnis über Formen und Gesetze der Persönlichkeitsentwicklung erschließen.

Es scheint fast so, daß ich die hinter mich gebrachte Psychoanalyse, gerade aufgrund des Gefühls, etwas ungewöhnlich Hilfreiches, aber nicht allgemein Zugängliches erlebt zu haben, auch als ein leicht drückendes Vermächtnis empfinde. Analytisch gesprochen ließe es sich in Zusammenhang bringen mit dem Gerechtigkeitsgefühl, durch dessen Entwicklung eine starke Geschwisterrivalität in Schach gehalten wird. Der Analytiker meinte gelegentlich, er habe den Eindruck, die Angst vor dem Neid imaginärer anderer hindere mich an der Realisierung bestimmter Möglichkeiten oder bisweilen am Genießen erfreulicher Situationen. Es wäre dies dann die projektive Umkehrung meines eigenen Neides, der mich fast zerfressen hätte. Der analytische Aspekt ist jedoch nur die eine Seite. Auch in der Realität ist jeder, der eine – geglückte – Analyse hinter sich bringt, ein Privilegierter, und es dürfte wenig Analysierte geben, die dem nicht zustimmen. Damit ist der seelische Aspekt der Privilegierung gemeint, die einer der Grundmechanismen unserer Gesellschaft ist.

Ich will gern zugeben, daß hinter den Aufgaben, die ich vor der Psychoanalyse aufgetürmt sehe, noch der Größenwahn sichtbar wird und daneben eine idealisierende Überhöhung der gesellschaftlichen Möglichkeiten der Psychoanalyse überhaupt. Dem jungen Adepten mag es oft so gehen, daß er die Psychoanalyse als Institution und Wissenschaft in ihrer sozialen Mächtigkeit überschätzt und von ihr einen Beitrag zur Besserung der Condition humaine erwartet. Sie stellt ihn vor die Frage des Einflusses der Erkenntnis auf die träge Wirklichkeit. Und obwohl die siebenhundert Stunden einen ja eigentlich darüber belehren könnten, mit welcher Trägheit selbst das eigene Seelenleben auf diese Kur aus Erkenntnis und Verstehen reagiert, die eine Analyse darstellt, mit wieviel Widerstand nur es Erkenntnis in Einsicht und unmerkliche Veränderung verwandelt, hält sich zäh der Wunsch, die psychoanalytische Erkenntnis möge etwas bewirken in der Welt. Wenn die Analogie möglich ist, geschähe es auf die Weise, daß auch bei der Analyse des psychischen Unrechts in der Gesellschaft und ihren Institutionen der Analytiker ein Spiegel ist, der das gespiegelte Bild in scharfen Umrissen zurückwirft und die Konflikte erhellt. Die Analogie stimmt aber in einem Punkt nicht: Der Patient trägt die Utopie seiner eigenen Entfaltung in sich selbst, und sei es nur, daß er sich erst einmal in blinden Bewegungen von seinem unerträglich gewordenen Leiden wegzustoßen versucht; später werden verschüttete Entwicklungslinien deutlicher, die er selbst festzuhalten und auszubauen beginnt. In der Gesellschaft scheint dies nicht der Fall, sie trägt ihre Utopie nicht in sich selbst. Vom bloßen Interpretieren und Zurückspiegeln wird die Welt nicht besser. Und obwohl klar ist, daß der Analytiker kaum je handelnd eingreifen wird, steckt im bloßen Zurückspiegeln, falls es überhaupt geschieht, zuviel Passivität. Die Analogie der Spiegelhaltung bedarf deshalb der Korrektur: Für die kritische Einwirkung auf die Gesellschaft braucht der Analytiker selbst ein Stück gesellschaftlicher Utopie. Die soziale Realität kann sich nicht, wie der Patient, allmählich an der Differenz von Übertragung und analytischer Ruhe des neutralen Therapeuten zu fassen kriegen. Sie braucht ein ihr aktiv zurückgespiegeltes Bild davon, wie sie werden soll, mindestens aber: wie sie nicht bleiben darf.

Es scheint, als ruhe Freuds gesellschaftlicher Pessimismus noch immer zentnerschwer auf der heutigen Psychoanalyse und lähme sie, ihre kritischen, über den einzelnen hinausgehenden Möglichkeiten neu zu überdenken. Wenn das so ist, so folgt unausgesprochen daraus, daß wir, da wir auf eine Veränderung der Condition humaine, und sei es in einem realistisch eingegrenzten Rahmen, nicht hinarbeiten, dabei bleiben, einzelne aus ihrem psychischen Elend zu befreien. Damit wäre das Prinzip der Privilegierung zum Prinzip einer ganzen Wissenschaft und Behandlungslehre geworden. Kann dies das Ziel sein?

Tilmann Moser, Gespräche mit Eingeschlossenen
Gruppenprotokolle aus einer Jugendstrafanstalt
Mit einem Kommentar von Eberhard Künzel
es 375, 320 Seiten

»Dies ist das aufregendste und zugleich bedrückendste pädagogische Buch, das ich in den letzten zehn Jahren gelesen habe.«
Hermann Giesecke, *betrifft – erziehung*

Tilmann Moser, Repressive Kriminalpsychiatrie
Vom Elend einer Wissenschaft. Eine Streitschrift
es 419, 256 Seiten

»Mosers böses Buch sollte Psychiater nachdenklich, Richter hellhörig machen und vor allem die Länder heftig stoßen, mit dem Bau psychotherapeutischer Anstalten zu beginnen ...
... scheint mir diese Schrift für die Rechtspolitik eine der wichtigsten der letzten Jahre ...«
Hanno Kühnert, *Frankfurter Allgemeine Zeitung*

Tilmann Moser, Jugendkriminalität und Gesellschaftsstruktur
380 Seiten

»Mosers Buch dürfte das erste in deutscher Sprache sein, das die Ergebnisse der Soziologie, Psychologie und Psychoanalyse zum Thema so gut zusammenfassend und verbindend darstellt ...«
Das Argument

Tilmann Moser, Gespräche mit Eingeschlossenen
Gruppenprotokolle aus einer Jugendstrafanstalt
Mit einem Kommentar von Eberhard Künzel
es 375, 320 Seiten

»Dies ist das aufregendste und zugleich bedrückendste pädagogische Buch, das ich in den letzten zehn Jahren gelesen habe.«
Hermann Giesecke, *betrifft – erziehung*

Tilmann Moser, Repressive Kriminalpsychiatrie
Vom Elend einer Wissenschaft. Eine Streitschrift
es 419, 256 Seiten

»Mosers böses Buch sollte Psychiater nachdenklich, Richter hellhörig machen und vor allem die Länder heftig stoßen, mit dem Bau psychotherapeutischer Anstalten zu beginnen ...
... scheint mir diese Schrift für die Rechtspolitik eine der wichtigsten der letzten Jahre ...«
Hanno Kühnert, *Frankfurter Allgemeine Zeitung*

Tilmann Moser, Jugendkriminalität und Gesellschaftsstruktur
380 Seiten

»Mosers Buch dürfte das erste in deutscher Sprache sein, das die Ergebnisse der Soziologie, Psychologie und Psychoanalyse zum Thema so gut zusammenfassend und verbindend darstellt ...«
Das Argument